Concours externe, interne et 3e voie

Devenez ATSEM / ASEM en 60 jours

Marie-Hélène Abrond (journaliste)
Nathalie Assouly-Brun (consultante-formatrice dans les domaines de la petite enfance, l'enfance et la créativité)

Avec la contribution de Corinne Pelletier

DUNOD

Ressources numériques. Comment y accéder ?

Pour aller plus loin et mettre toutes les chances de votre côté pour réussir l'examen, des compléments sont disponibles sur le site www.dunod.com.

Connectez-vous à la page de l'ouvrage (grâce aux menus déroulants, ou en saisissant le titre, l'auteur ou l'ISBN dans le champ de recherche de la page d'accueil). Sur la page de l'ouvrage, cliquez sur le logo « Les + en ligne ».

LES + EN LIGNE

Illustration de couverture : © A.D.S.Portrait, Adobe Stock

11 rue Paul Bert, 92240 Malakoff
www.dunod.com

ISBN 978-2-10-085272-7

Votre préparation en 60 jours !

Jour 1

La profession d'ATSEM/ASEM ☐

Jour 2

Tout savoir sur le concours ATSEM ☐

Jour 3

Tout savoir sur le concours ASEM ☐

Jour 4

Les indicateurs de développement ☐

Jour 5

Les institutions : la Ve République de 1958 ☐

Jour 6

Les besoins des enfants ☐

Jour 7

Une double hiérarchie ☐

Jour 8

Régions, départements, communes : les différentes collectivités territoriales et leur rôle ☐

Jour 9

Un binôme professionnel ☐

Jour 10

Le jeu : moteur du développement ☐

Jour 11

Le service public et la laïcité ☐

Jour 12

Communication et langage ☐

Jour 13

Communication professionnelle : formes et outils

Jour 14

Devenir élève : un enjeu essentiel pour le devenir scolaire

Jour 15

Les activités périscolaires (APE)

Jour 16

L'organisation d'une école

Jour 17

L'estime de soi : un passeport pour la réussite scolaire

Jour 18

La surveillance

Jour 19

L'accompagnement de l'enfant

Jour 20

« La communication avec les ATSEM est essentielle »

Jour 21

Le fonctionnement de l'école : les spécificités de l'école maternelle

Jour 22

La sécurité

Jour 23

Mieux connaître les enjeux de la maternelle

Jour 24

Temps périscolaire, temps extrascolaire : des temps complémentaires

Jour 25

Interview – Pédiatre

Jour 26

L'hygiène : principes généraux

Jour 27

Le temps méridien, un temps essentiel

Jour 28

L'hygiène : mesures renforcées

Jour 29

La sieste, un besoin physiologique

Jour 30

L'épreuve d'entretien : les attentes du jury

Jour 31

L'entretien des locaux

Jour 32

Organiser ses révisions

Jour 33

Les sorties scolaires : organisation et fonctionnement

Jour 34

Interview – Psychologue

Jour 35

Clarifier son projet

Jour 36

L'aide pédagogique, une spécificité du temps scolaire

Jour 37

Mettre en avant sa candidature, présenter ses atouts ☐

Jour 38

La communauté éducative ☐

Jour 39

Interview – Orthophoniste ☐

Jour 40

Savoir synthétiser, un enjeu pour la réussite ☐

Jour 41

Le climat scolaire, la qualité de vie à l'école ☐

Jour 42

Handicap et petite enfance : contexte et enjeux ☐

Jour 43

Réussir sa présentation ☐

Jour 44

Handicap et petite enfance : accueillir et scolariser ☐

Jour 45

Une communication orale efficace ☐

Jour 46

La santé à l'école : les soins et l'urgence ☐

Jour 47

Les risques professionnels ☐

Jour 48

Gérer son stress ☐

Jour 49

Interview – ASEM

Jour 50

La mise en situation professionnelle

Jour 51

L'accueil de l'enfant malade

Jour 52

Les sigles : se repérer

Jour 53

Une journée type

Jour 54

Derniers conseils

Jour 55

Le dossier d'admissibilité du concours ASEM

Jour 56

La lettre de motivation du concours ASEM

Jour 57

Annales 2022 - Sujet 1

Annales 2022 - Sujet 2

LES ÉPREUVES DU CONCOURS ATSEM

Concours externe

Épreuve écrite d'admissibilité (45 minutes ; coef. 1)

QCM de 20 questions sur des situations concrètes rencontrées dans le cadre des fonctions d'ATSEM

Épreuve orale d'admission (15 minutes ; coef. 2)

Entretien permettant d'apprécier l'aptitude du candidat et sa motivation à exercer les fonctions d'ATSEM et ses connaissances de l'environnement professionnel.

Concours interne

Épreuve orale d'admission (20 minutes dont 5 minutes d'exposé ; coef. 1)

Entretien débutant par une présentation du candidat et se poursuivant par une conversation permettant d'évaluer sous forme de mises en situation professionnelles les capacités du candidat.

Troisième concours

Épreuve écrite d'admissibilité (2 heures ; coef. 1)

3 à 5 questions à réponse courte posées à partir d'un dossier portant sur les problèmes susceptibles d'être rencontrés par un ATSEM.

Épreuve orale d'admission (20 minutes dont 5 minutes d'exposé ; coef. 2)

Entretien débutant par une présentation du candidat et se poursuivant par une conversation permettant d'évaluer sous forme de mises en situation professionnelles les capacités du candidat.

LES ÉPREUVES DU CONCOURS ASEM

Admissibilité sur examen du dossier du candidat

Examen du dossier du candidat constitué d'une lettre de motivation et d'un document type retraçant son parcours et son expérience.

Épreuve orale d'admission

Exposé de 3 minutes puis entretien avec le jury afin d'apprécier les capacités du candidat à exercer les fonctions d'ASEM. L'examen se termine par une transcription écrite d'un message relatif à une mise en situation professionnelle.

Devenir ATSEM/ASEM

JOUR 1

La profession d'ATSEM/ASEM

Le métier d'ATSEM/ASEM a fortement évolué ces dernières années. Avec la mise en place de la réforme des rythmes scolaires et du décret du 1er mars 2018 (nº 2018-152), les ATSEM/ASEM ont désormais un rôle éducatif renforcé auprès des enfants en collaboration avec l'enseignant.

ATSEM et ASEM sont deux dénominations pour le même métier. La plus couramment utilisée est la première. Certaines collectivités, telles que la Ville de Paris, ont opté pour la seconde.

Le cadre d'emploi

Le décret nº 92-850 du 28 août 1992 définit le statut particulier d'ATSEM : « Les agents territoriaux spécialisés des écoles maternelles sont chargés de l'assistance au personnel enseignant pour la réception, l'animation et l'hygiène des très jeunes enfants ainsi que la préparation et la mise en état de propreté des locaux et du matériel servant directement à ces enfants ».

Ce décret précisait que les ATSEM participaient de la communauté éducative. Depuis, leur statut a fortement évolué et ils en font désormais partie (décret nº 2018-152). En ce sens, ils jouent un rôle dans l'organisation de l'école (participation au conseil d'école par exemple) et au niveau des relations avec les différents acteurs de l'école, et notamment les parents d'élèves.

Les ATSEM peuvent également exercer des activités de surveillance dans les restaurants scolaires et assister les personnels enseignants qui accueillent dans leur classe des enfants en situation de handicap, ou plus généralement des enfants à besoins éducatifs particuliers.

On peut considérer que les fonctions de l'ATSEM sont de trois ordres :

- l'assistance au personnel enseignant pour tout ce qui concerne la prise en charge des très jeunes enfants, notamment en matière d'hygiène mais également en tant que relais et soutien dans les activités pédagogiques ;

- l'entretien des locaux et du matériel destiné aux enfants ;
- l'encadrement et l'animation des activités périscolaires.

Le statut de l'emploi

L'ATSEM/ASEM est soumis au statut général de la fonction publique territoriale, placé sous l'autorité hiérarchique du maire de la commune sur laquelle il exerce.

Ce métier appartient au secteur social de la filière médico-sociale de la fonction publique territoriale.

Depuis le 1er janvier 2017, le statut d'agent territorial spécialisé des écoles maternelles est composé de deux grades, au lieu de trois précédemment, de la catégorie C :

- 1er grade : C2 – agent spécialisé principal de 2e classe (regroupant les échelles 4 et 5 de rémunération) ;
- 2e grade : C3 – agent spécialisé principal de 1re classe (correspondant à l'échelle 6 de rémunération) ;
- le grade d'ATSEM de 1re classe a été supprimé.

L'ATSEM est « stagiaire » lors de sa première année d'exercice. Sa titularisation intervient à la fin du stage par décision de l'autorité territoriale qui l'a nommé. À titre exceptionnel, la durée du stage peut être prolongée d'un an.

Si la titularisation n'est pas décidée, l'ATSEM est licencié ou réintégré dans son grade antérieur (dans le cas où il avait déjà la qualité de fonctionnaire avant sa nomination).

L'évolution de carrière

La fonction publique territoriale prévoit une évolution de carrière de l'ATSEM en deux grades. Le premier est celui d'ATSEM principal de 2e classe. Il a ensuite, s'il le souhaite, la possibilité de devenir ATSEM principal de 1re classe après au moins un an dans le 4e échelon du grade ATSEM de 2e classe et au moins 5 ans de service effectif dans ce grade ou un grade d'un autre cadre d'emploi de catégorie C doté de la même échelle de rémunération (ou grade équivalent si le cadre d'emploi d'origine est situé dans une échelle de rémunération différente ou non classée en catégorie C).

L'avancement d'un échelon au suivant s'effectue entre l'ancienneté minimale et maximale requise précisée dans une grille indiciaire prédéfinie. Cet avancement est plus ou moins rapide selon la notation annuelle et l'appréciation professionnelle de l'agent.

La rémunération

La rémunération de l'ATSEM dépend de son grade et de son échelon. On parle de traitement indiciaire.

Rémunération d'un ATSEM au 1er juillet 2022

	ATSEM principal 2e classe	ATSEM principal 1re classe
Nombre d'échelons	12	10
Indices bruts [1]	de 368 à 486	de 388 à 558
Rémunération	de 1 1653,86 € au 1er échelon à 2037,01 € au 12e échelon	de 1 721,76 € au 1er échelon à 2 294,06 € au 10e échelon

[1] Les indices sont des nombres qui, multipliés par la valeur du point d'indice, donnent le montant du salaire du fonctionnaire.

La rémunération comprend également un supplément familial versé en fonction du nombre d'enfants à charge effective et permanente du fonctionnaire.

Des primes et indemnités supplémentaires peuvent être versées par la collectivité territoriale.

La hiérarchie de l'emploi

L'ATSEM est mis à la disposition de l'école maternelle par le maire. La mairie reste l'employeur mais l'ATSEM est placé sous l'autorité fonctionnelle du directeur ou de la directrice de l'établissement sur le temps scolaire.

Les ATSEM sont placés sous l'autorité exclusive du maire pour toutes les activités réalisées en dehors du temps scolaire (garderie, restaurant scolaire, TAP, etc.).

En dehors de ses horaires de travail habituels, la participation de l'ATSEM (fête de l'école, sortie scolaire, etc.) se fait sur la base du volontariat et avec accord du représentant de la municipalité dont il dépend.

JOUR 2

Devenir ATSEM/ASEM

Tout savoir sur le concours ATSEM

Il n'existe pas un mais trois concours qui s'adressent à des publics différents :

- **le concours externe** ouvert aux candidats titulaires d'un CAP AEPE accompagnement éducatif petite enfance ou d'une qualification équivalente ;
- **le concours interne** réservé aux fonctionnaires et agents publics pouvant justifier d'une expérience d'au moins deux ans auprès de jeunes enfants ;
- **le troisième concours** destiné aux candidats pouvant attester d'une expérience d'au moins quatre ans dans le secteur de la petite enfance.

Les épreuves de ces concours sont différentes. Elles portent sur le même champ de connaissances mais se basent sur des méthodologies bien distinctes.

Près de 20 000 candidats tentent le concours chaque année pour un peu plus d'un millier de postes disponibles. Finalement, 2 000 sont inscrits sur une liste d'aptitude nationale. Autrement dit, le taux de réussite est faible, de l'ordre de 10 %. Même si les épreuves ne sont pas *a priori* très compliquées, le succès du concours le rend très sélectif.

Chaque type de concours correspond à un pourcentage d'attribution de poste :

- concours externe : 60 % de postes à pourvoir ;
- concours interne : 30 % de postes à pourvoir ;
- 3e concours : 5 à 10 % de postes à pourvoir.

Le concours externe

Les conditions d'accès

Ce concours est ouvert aux candidats titulaires du certificat d'aptitude professionnelle (CAP) Accompagnement éducatif petite enfance ou justifiant d'une qualification reconnue comme équivalente dans les conditions fixées par le décret du 13 février 2007.

La procédure d'équivalence de diplôme peut permettre de reconnaître l'expérience professionnelle ou de prendre en compte d'autres diplômes que ceux requis. Le contenu de cette expérience ou de ces diplômes est comparé avec celui de la formation requise pour exercer les fonctions auxquelles le concours donne accès.

Cette comparaison peut permettre d'accorder une dérogation pour se présenter au concours mais n'équivaut pas à la détention du diplôme.

Deux instances sont compétentes au niveau national pour examiner les demandes de dérogation : une placée auprès du ministre de l'Intérieur chargé des collectivités territoriales (DGCL) et une placée auprès du président du Centre national de la fonction publique territoriale (CNFPT).

Attention

Pour obtenir une équivalence de diplôme, il faut saisir une des commissions citées ci-dessous. Celle-ci va examiner le dossier que le candidat doit présenter au plus vite, sans attendre l'inscription au concours.

Commissions à saisir pour obtenir une équivalence

<table>
<tr><th colspan="2">Cas de figure</th><th>Commission à saisir</th></tr>
<tr><td rowspan="3">Diplômes français avec ou sans expérience professionnelle

ou

Expérience professionnelle sans diplôme</td><td>Le candidat justifie de trois ans d'expérience professionnelle.</td><td rowspan="3">Centre national de la fonction publique territoriale

Commission reconnaissance de l'expérience professionnelle.

Sur le site du CNFPT : www.cnfpt.fr

Le candidat peut télécharger directement le dossier de demande d'équivalence pour le concours externe d'ATSEM.</td></tr>
<tr><td>Le candidat justifie de deux ans d'expérience et possède un diplôme de niveau immédiatement inférieur à celui requis.</td></tr>
<tr><td>Le candidat justifie d'une formation suivie en France et non inscrite au répertoire national des certifications professionnelles.</td></tr>
<tr><td>Diplômes étrangers avec ou sans expérience professionnelle</td><td>Le candidat possède un diplôme relevant du domaine d'activité de la profession correspondant au concours, et délivré par un autre État que la France.</td><td>Ministère de l'Intérieur

Direction générale des Collectivités locales Bureau FP 1

Commission d'équivalences pour les diplômes délivrés par des États autres que la France (FPT)

Place Beauvau 75 008 PARIS CEDEX 08</td></tr>
</table>

L'équivalence peut être délivrée sur la justification d'une activité professionnelle salariée ou non, exercée de façon continue ou non pendant une durée cumulée de trois ans équivalent temps plein (35 heures/semaine) dans l'exercice d'une profession comparable par sa nature et son niveau à celle d'ATSEM.

Lorsque le diplôme détenu est immédiatement inférieur à celui requis, des mesures compensatoires consistant à prendre en compte l'expérience professionnelle du candidat ou à mettre en place une épreuve d'aptitude ou un stage, peuvent être envisagées et organisées par le CNFPT.

Si la décision de la commission est favorable, elle est définitive. Si elle est défavorable, le candidat doit laisser passer une année avant de représenter une demande de dérogation.

Une dérogation de diplôme peut être accordée aux pères et mères de famille d'au moins trois enfants qu'ils élèvent ou ont élevé effectivement ainsi qu'aux sportifs de haut niveau.

Les épreuves du concours

1. L'écrit d'admissibilité

Lors de cette épreuve, les candidats doivent répondre à 20 questions à choix multiples (QCM) portant sur des situations concrètes habituellement rencontrées par les membres du cadre d'emploi (ATSEM) dans l'exercice de leurs fonctions. L'épreuve dure 45 minutes. Elle est notée sur 20 points et est de coefficient 1.

2. L'oral d'admission

Il s'agit d'un entretien permettant d'apprécier l'aptitude du candidat et sa motivation à exercer les missions dévolues à l'ATSEM et ses connaissances de l'environnement professionnel dans lequel il sera appelé à exercer ses missions. L'épreuve dure 15 minutes. Elle est notée sur 20 points et est de coefficient 2.

La notation

Il est attribué à chacune des épreuves une note variant de 0 à 20.

Le nombre minimum de points exigé pour l'admissibilité et l'admission est fixé par le jury. Il ne peut en aucun cas être inférieur à une moyenne de 10/20.

Il existe, pour chaque épreuve, une note dite « éliminatoire » ou note « plancher ». Si le candidat obtient, à une épreuve, une note inférieure ou égale à la note éliminatoire, il est immédiatement recalé. Elle est généralement de 5/20 mais elle peut être plus sélective.

La note finale s'obtient en appliquant la formule suivante :

$$\frac{(\text{note écrit d'admissibilité}) + (\text{note oral d'admission} \times 2)}{3}$$

À noter

Si plusieurs candidats obtiennent la même note globale, la priorité est accordée à celui qui aura obtenu la meilleure note à l'épreuve orale d'admission.

Le concours interne

Les conditions d'accès

Ce concours est ouvert aux fonctionnaires et agents des collectivités territoriales, y compris ceux de la fonction publique hospitalière (article 2 de la loi n° 86-33 du 3 janvier 1986), aux fonctionnaires et agents de l'État et des établissements publics qui en dépendent, aux militaires ainsi qu'aux agents en fonction au sein d'une organisation intergouvernementale.

Les candidats doivent justifier de deux années au moins de services publics effectifs effectués auprès de jeunes enfants en milieu scolaire ou maternel (enfants scolarisés dans une classe maternelle et âgés de 2 à 6 ans).

Le concours est également ouvert aux contractuels. En revanche, les agents sous contrat d'insertion dans l'emploi (parcours emploi compétences) ne peuvent pas se présenter au concours interne, mais uniquement au troisième concours. Les contrats d'apprentissage ou contrats de professionnalisation ne donnent accès ni au concours interne ni au troisième concours.

Seules les personnes exerçant toutes les fonctions dévolues aux ATSEM peuvent s'inscrire au concours interne. Autrement dit, un agent en charge uniquement de l'entretien des locaux n'a pas accès au concours.

L'épreuve du concours

1. L'oral d'admission

Contrairement au concours externe, le concours interne ne comporte qu'une épreuve. Il s'agit d'un entretien débutant par une présentation du candidat à l'appui d'un document retraçant son parcours professionnel et se poursuivant par une conversation permettant d'évaluer, le cas échéant sous forme de mises en situation professionnelle, la capacité du candidat à analyser son environnement professionnel et à résoudre des problèmes rencontrés par un ATSEM. L'épreuve dure 20 minutes dont 5 minutes d'exposé. Elle est notée sur 20 points et est de coefficient 1.

La notation

Pour le concours interne, la note finale est celle obtenue à l'oral d'admission puisqu'il n'y a qu'une seule épreuve.

Le candidat se voit attribuer une note variant de 0 à 20 points.

Le troisième concours

Les conditions d'accès

Ce concours est ouvert aux candidats d'une expérience de quatre années au moins :

- soit liée à une ou plusieurs activités professionnelles du secteur privé accomplie(s) auprès de jeunes enfants ;

- soit liée à un ou plusieurs mandats au sein d'une assemblée délibérante d'une collectivité territoriale ;
- soit liée à une ou plusieurs activités en qualité de responsable d'une association.

Il est recommandé aux candidats qui ne sont pas sûrs de remplir les conditions d'accès au concours interne, de s'inscrire parallèlement aux concours externe et de troisième voie. Ainsi, ils se gardent une chance de passer le concours en cas de rejet de leur inscription au troisième concours.

Les épreuves du concours

1. L'écrit d'admissibilité

Lors de cette épreuve, les candidats doivent répondre à 3 à 5 questions à réponse courte (QRC) posées à partir d'un dossier succinct remis aux candidats portant sur les problèmes susceptibles d'être rencontrés par un ATSEM dans l'exercice de ses fonctions. L'épreuve dure 2 heures. Elle est notée sur 20 points et est de coefficient 1.

2. L'oral d'admission

Il s'agit d'un entretien débutant par une présentation du candidat à l'appui d'un document retraçant son parcours professionnel et se poursuivant par une conversation permettant d'évaluer, le cas échéant sous forme de mises en situation professionnelle, la capacité du candidat à analyser son environnement professionnel et à résoudre des problèmes rencontrés par un ATSEM. L'épreuve dure 20 minutes dont 5 minutes d'exposé. Elle est notée sur 20 points et est de coefficient 2.

La notation

Il est attribué à chacune des épreuves une note variant de 0 à 20.

Le nombre minimum de points exigé pour l'admissibilité et l'admission est fixé par le jury. Il ne peut en aucun cas être inférieur à une moyenne de 10/20.

Il existe, pour chaque épreuve, une note dite « éliminatoire » ou note « plancher ». Si le candidat obtient, à une épreuve, une note inférieure ou égale à la note éliminatoire, il est immédiatement recalé. Elle est généralement de 5/20.

La note finale s'obtient en appliquant la formule suivante :

$$\frac{(\text{note écrit d'admissibilité}) + (\text{note oral d'admission} \times 2)}{3}$$

Les modalités des concours

L'organisation

L'organisation de la quasi-totalité des concours et examens professionnels de la fonction publique territoriale relève de la compétence des centres de gestion départementaux (CDG), qui les organisent pour les collectivités affiliées et pour celles qui ont passé convention à cet effet. Cependant, certaines grandes collectivités locales non affiliées à un centre de gestion organisent leurs propres concours. C'est le cas, par exemple, de la Ville de Paris. Au niveau régional ou interrégional, les CDG peuvent conclure ensemble une charte/convention par laquelle ils désignent un centre de gestion coordonnateur organisateur du concours.

Les regroupements conduisent à une limitation des dates de concours. On s'oriente progressivement vers l'organisation d'un concours national.

Les CDG demandent chaque année aux collectivités si elles envisagent de procéder à des recrutements. Ils comparent les besoins exprimés avec la liste des candidats inscrits sur la liste d'aptitude issus des concours précédents mais toujours à la recherche de poste et celle des agents en attente de réintégration.

S'il y a plus de postes à pourvoir que de postulants potentiels, le CDG ouvre un concours. Dans le cas contraire, le concours n'est pas organisé et les collectivités recrutent des professionnels inscrits sur la liste d'aptitude ou des remplaçants en CDD.

La périodicité des concours et des examens professionnels peut varier selon les départements : certains sont annuels, d'autres sont organisés tous les 2 ou 3 ans en fonction des besoins de recrutement.

Chaque session de concours fait l'objet d'un arrêté d'ouverture qui précise la date limite de dépôt des candidatures, la date et le lieu des épreuves, le nombre de postes à pourvoir ainsi que l'adresse à laquelle les candidatures doivent être déposées.

Inscription

Vous trouverez les coordonnées de tous les CDG ainsi que le calendrier des concours sur le site national des centres de gestion de la fonction publique territoriale : www.fncdg.com.

Les inscriptions peuvent se faire en ligne ou sur dossier à télécharger en format papier et à adresser au centre de gestion de votre choix. Lisez bien les formalités à accomplir et respectez la date limite de dépôt des dossiers de candidature.

La composition du jury

L'autorité territoriale qui organise le concours, nomme au minimum six examinateurs. Ces derniers constituent le jury « plénier ». Ils sont répartis, quel que soit leur nombre, équitablement dans trois collèges distincts :

- des fonctionnaires territoriaux ;
- des personnalités qualifiées ;
- des élus locaux.

Parmi ces membres, sont désignés un président et son remplaçant (pour le cas où il serait dans l'impossibilité d'accomplir sa mission).

En cas de partage égal des voix, celle du président est prépondérante.

Les examinateurs peuvent se constituer en plusieurs sous-jurys de 2 ou 3 personnes pour réaliser les oraux d'admission de l'ensemble des candidats.

Des correcteurs spécialisés peuvent également être nommés par l'autorité territoriale pour participer à la correction des épreuves sous le contrôle du jury plénier. Ils participent aux délibérations du jury avec une voix consultative, pour l'attribution des notes se rapportant aux épreuves qu'ils ont évaluées ou corrigées.

Remarque

La note d'admission finale varie de 12/20 à 18/20 selon les concours. Figurer sur la liste d'aptitude finale n'est donc pas aisé. Il est indispensable de bien se préparer aux épreuves du concours pour se donner les meilleures chances de réussir.

La liste d'aptitude

À l'issue des épreuves, le jury arrête la liste d'admission sur laquelle figurent les noms des candidats admis et ayant obtenu une note supérieure à la note d'admission dans la limite des places ouvertes au concours.

La collectivité organisatrice du concours établit, au vu de la liste d'admission, la liste d'aptitude sur laquelle figurent les lauréats classés par ordre alphabétique.

L'inscription sur la liste d'aptitude permet de postuler auprès de collectivités territoriales : communes, départements, régions et leurs établissements publics (à l'exception de villes comme Paris qui organisent leur propre concours externe).

La recherche d'emploi est une démarche personnelle du lauréat, sachant que les centres de gestion proposent une liste d'offres d'emplois consultables sur leur site internet.

L'inscription sur la liste d'aptitude est nationale. Elle ne vaut pas recrutement. Il appartient aux personnes retenues de postuler auprès des collectivités ayant des postes d'ATSEM vacants en faisant valoir leur inscription sur la liste d'aptitude.

La durée de validité de la liste est d'un an. Elle est reconduite d'une voire de deux années supplémentaires pour les lauréats non recrutés dans ce délai. Toutefois, pour bénéficier d'une réinscription pour une deuxième ou une troisième année, ils doivent en faire la demande auprès du centre de gestion par courrier recommandé avec accusé de réception, un mois avant le terme de la première ou de la deuxième année.

Le délai maximal de trois années d'inscription sur la liste d'aptitude peut être suspendu en cas de congé maternité ou de congé parental si le lauréat en fait la demande par écrit auprès du centre de gestion.

À noter

En cas de réussite simultanée au concours dans deux centres de gestion différents, le lauréat a 15 jours pour opter pour une inscription sur une des deux listes d'aptitude.

Les dispositions applicables aux candidats en situation de handicap

La loi n°2005-102 du 11 février 2005 pour l'égalité des droits et des chances, la participation et la citoyenneté des personnes handicapées réaffirme le principe de non-discrimination des personnes en situation de handicap dans le cadre professionnel : « Aucune personne ne peut être écartée d'une procédure de recrutement ou de l'accès à un stage ou à une période de formation en entreprise, en raison de son état de santé et de son handicap. »

C'est au candidat de faire sa demande d'aménagement des épreuves dans son dossier d'inscription auprès de chaque service organisateur de concours. Un formulaire académique est à remplir, accompagné d'informations médicales certifiées par un médecin spécialiste, ainsi que des éléments pédagogiques permettant d'évaluer la situation du candidat. Le président du jury du concours examine la demande après avis médical d'un médecin agrée par l'Agence de santé régionale (ARS). Étudiées au cas par cas, en fonction du handicap du candidat, les demandes ne sont pas accordées automatiquement.

Les postulants doivent justifier des mêmes diplômes et niveaux d'études et peuvent se présenter aux concours d'accès à la fonction publique en tant que personne en situation de handicap dans les cas suivants :

- les travailleurs reconnus handicapés par la Commission des droits et de l'autonomie des personnes handicapées (CDAPH) auprès de la maison départementale des personnes handicapées (MDPH) ;
- les victimes d'accident du travail ou de maladie professionnelle ayant entraîné une incapacité permanente d'au moins 10 % et titulaires d'une rente ;
- les titulaires d'une pension d'invalidité ;
- les sapeurs-pompiers volontaires titulaires d'une allocation ou d'une rente d'invalidité ;
- les victimes d'acte de terrorisme
- Titulaires d'une carte d'invalidité ou de l'allocation aux adultes handicapés (AAH).

En cas de réussite à un concours de la fonction publique, le lauréat est inscrit sur une liste d'aptitude et, comme tout agent intégrant la fonction publique, soumis à une visite médicale d'aptitude. Le médecin agréé de l'administration vérifie que le handicap n'est pas incompatible avec l'exercice des fonctions postulées, « compte tenu des possibilités de compensation du handicap ».

JOUR 3

Devenir ATSEM/ASEM

Tout savoir sur le concours ASEM

La Ville de Paris organise son propre concours externe pour le recrutement d'agent spécialisé des écoles maternelles (ASEM) et le recrutement ne vaut que pour ses structures. Les lauréats des concours parisiens ne peuvent se faire nommer dans une autre collectivité locale, et sont affectés directement à un poste sans passer par une liste d'aptitude. Réciproquement, les lauréats des concours des centres de gestion ou du Centre national de la fonction publique (CNFPT) ne peuvent pas se faire nommer stagiaires à la Ville de Paris. Une fois fonctionnaire et relevant définitivement de la fonction publique territoriale, les agents peuvent être nommés sur des emplois de la Ville de Paris, non par pas voie de mutation mais par voie de détachement.

Les conditions d'accès

Le concours ASEM de la Ville de Paris est ouvert aux titulaires du CAP Accompagnement éducatif petite enfance au jour de l'épreuve. De plus, en application des dispositions du décret n° 2007-196 du 13 février 2007, peuvent être admis à concourir, les candidats titulaires d'un autre diplôme et ayant une décision favorable d'équivalence émanant de la commission d'équivalence pour l'accès aux concours des administrations parisiennes (CEACAP).

Par ailleurs, les pères et les mères d'au moins trois enfants, qui sont ou ont été une charge avant leurs 16 ans ainsi que les sportifs de haut niveau inscrits sur une liste établie par le ministre chargé des Sports, ont la possibilité de s'inscrire au concours sans condition de diplôme.

Les épreuves du concours

Le concours externe organisé par la Ville de Paris comprend deux épreuves :

L'admissibilité sur examen du dossier du candidat

Le jury examine le dossier du candidat constitué d'une lettre de motivation manuscrite et d'un document type à remplir retraçant son expérience et son parcours. Le jury déclare le candidat admissible ou non admissible.

L'oral d'admission

L'épreuve débute par un exposé de 3 minutes du candidat sur son parcours professionnel et sa motivation. Il est suivi d'un entretien avec le jury destiné à apprécier la capacité du candidat à exercer les fonctions d'ASEM, sa connaissance des missions d'un ASEM et de son environnement de travail ainsi que sa capacité à travailler en équipe et en autonomie avec les enfants.

Les 3 dernières minutes de l'entretien sont consacrées à la transcription écrite, en 2 lignes maximum, d'un message relatif à une mise en situation professionnelle communiquée par le jury au candidat. L'épreuve dure 18 minutes et est de coefficient 1.

La notation

Seule l'épreuve orale est notée de 0 à 20.

Toute note inférieure à 5/20 à l'épreuve d'admission est éliminatoire.

La note finale est celle de l'épreuve orale puisque c'est la seule à être notée.

Remarque

Toutes les modalités d'inscription sont consultables sur le site internet www.paris.fr/recrutement. Avant de vous inscrire, prenez le temps de lire le règlement général des concours de la Ville de Paris.

Les modalités du concours

La composition du jury

Le jury du concours ASEM de la Ville de Paris est composé d'au moins six membres répartis, de façon égale, dans trois collèges :

- fonctionnaires territoriaux ;
- personnalités qualifiées ;
- élus locaux.

Ce jury est éventuellement complété par des examinateurs issus du métier recruté.

Le recrutement

À la fin des épreuves, le jury établit une liste d'admission en classant les lauréats en fonction de leur note finale.

La Ville de Paris prend contact avec eux au fur et à mesure des besoins en personnel et en respectant l'ordre d'inscription. Autrement dit, les ASEM n'ont pas à chercher un poste. La collectivité leur propose une affectation d'abord dans le cadre d'une période probatoire puis, s'ils donnent satisfaction, en les titularisant sur un poste d'agent de la mairie de Paris.

À noter

Les ATSEM titulaires dans une collectivité territoriale peuvent demander leur détachement à Paris.

Aspects théoriques de la petite enfance

JOUR 4

Les indicateurs de développement

Les connaissances scientifiques, tout comme les pratiques éducatives, s'accordent aujourd'hui pour parler de **développement global** composé de différentes dimensions : neurologique, psychomotrice, socioaffective, cognitive et langagière. Le développement est un processus progressif qui comprend :

- l'acquisition de connaissances ;
- la maîtrise d'habiletés ;
- le développement d'attitudes.

Le développement neurologique est à la base de tout le développement. La maturation du cerveau est un processus long, organisé et complexe qui s'appuie sur l'expérience, c'est-à-dire l'utilisation des fonctions sensorielles et motrices, sociales et affectives et cognitives.

De nombreux facteurs influencent le développement :

- **les facteurs endogènes** : dus à une cause interne au corps, ses caractéristiques biologiques, morphologiques, génétiques ;
- **les facteurs exogènes** : dus à des causes externes, l'environnement social et physique ;
- **le rythme de sommeil** : l'alternance de temps de veille et de sommeil (rythme circadien) sur une durée de 24 heures ;
- **le rythme alimentaire** : un intervalle de 4 heures entre deux repas répond aux besoins des enfants.

Le suivi de la croissance staturo-pondérale permet de mesurer le développement somatique (taille et poids).

Le développement psychomoteur

Le mouvement

Le jeune enfant a besoin de bouger, c'est dans l'expérience du mouvement qu'il développe ses habiletés motrices, son autonomie et la découverte de son environnement.

La période de 2 à 6 ans se caractérise par la diversification de ses habiletés en motricité globale et fine :

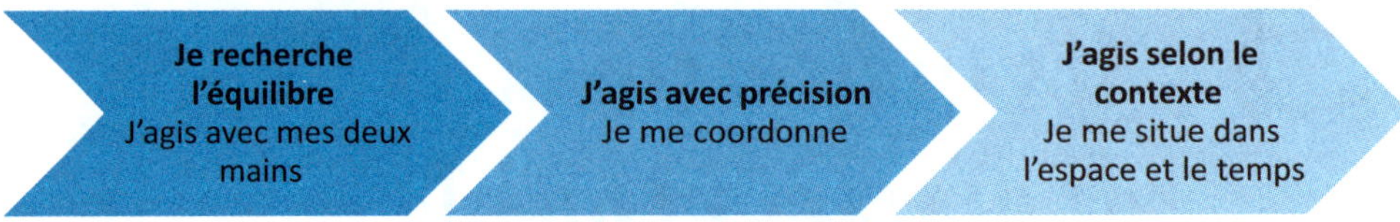

Les facteurs d'influence sur la motricité de l'enfant

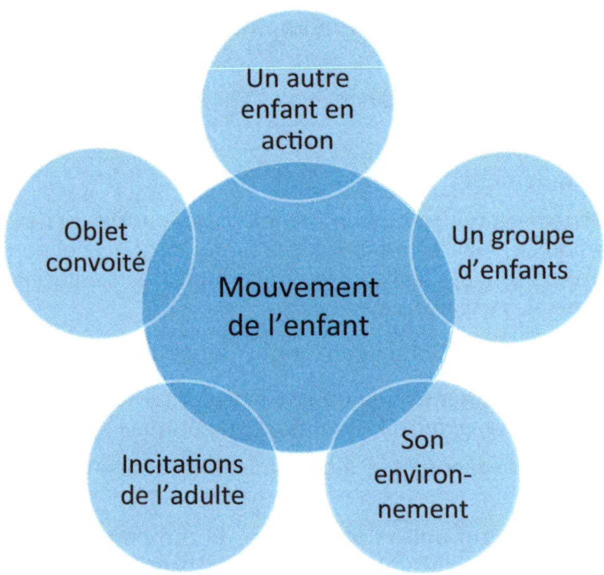

Les déplacements

À partir de 3 ans l'enfant devient de plus en plus efficace et autonome dans ses déplacements :

- enrichissement de ses façons de se déplacer : avancer/reculer, sauter à pieds joints, à cloche-pied, galoper, enjamber, grimper, se propulser dans l'eau, acrobaties, cabrioles, etc. ;
- plaisir de rouler.

La manipulation

Entre 3 et 6 ans, la saisie et la manipulation des objets s'affine et de nouvelles capacités manuelles vont émerger :

- actions dissociées : tenir un jouet d'une main pendant que l'autre dessine ;
- actions complémentaires : tenir un seau à deux mains ;
- actions différenciées : découper des aliments avec une fourchette et un couteau.

Lorsque l'enfant manipule des objets, il traite des informations visuelles, tactiles et auditives. Il développe aussi son appréciation des caractéristiques spatiales et temporelles :

Caractéristiques spatiales	Caractéristiques temporelles
Devant/derrière	Vite/lent
Haut/bas	Aujourd'hui/demain/hier
Près/loin	Début/fin
Dessus/dessous	Maintenant/plus tard
Avant/après	Se dépêcher/ralentir
Etc.	Etc.

À noter

L'ATSEM/ASEM doit être attentif aux petits ajustements que l'enfant effectue pour réussir une tâche.

Le développement socioaffectif

Dès sa naissance, l'enfant entre en relation avec autrui, puis apprend à se distinguer. Le développement socioaffectif est fondamentalement relié aux interactions de l'enfant avec ses différents milieux de vie, dont l'école.

La période entre 2 et 6 ans est marquée par la construction de son identité et par le développement des relations avec ses pairs. Par les réactions et les commentaires (positifs comme négatifs) des personnes présentes dans son environnement, l'enfant va apprendre à moduler ses comportements et la façon de se percevoir. C'est le début de l'estime de soi. Il est très important que l'ATSEM/ASEM, comme tout professionnel de la petite enfance, soit attentif aux messages envoyés à l'enfant.

La gestion des émotions

L'apprentissage de la régulation des émotions est le défi majeur de cette période. L'enfant va progressivement passer de l'aide totale de l'adulte à une maîtrise progressive pour nommer se émotions, comprendre ce qui est attendu de lui dans ses comportements, découvrir et comprendre les règles sociales pour bien s'intégrer socialement.

La socialisation et les conflits

Les comportements agressifs (mordre, pousser, arracher des mains, etc.) atteignent leur apogée entre 2 et 3 ans. Cette fréquence diminue avec la capacité à communiquer verbalement. Cependant, 5 à 10 % des enfants continuent d'y avoir recours par une accumulation de frustrations, d'incompréhensions et de stimulations excessives liées à la vie en collectivité.

Le rappel de **règles claires, concrètes, connues à l'avance** et la prévention de certaines situations (moments de transitions, consignes contradictoires, manque de disponibilité de l'adulte, etc.) sont les stratégies à mettre en œuvre par les adultes.

Les règles sont toujours reliées à trois principes :

- l'intégration physique et morale (faire attention à l'autre) ;
- les attendus relationnels (manger calmement et pouvoir discuter au restaurant scolaire, courir et crier dans la cour) ;
- l'utilisation du matériel et de l'environnement (ranger, remettre la salle en état).

Le défi pour le jeune enfant est de comprendre qu'il existe des comportements inappropriés envers les autres, puis de comprendre le sens des règles dans le groupe, afin de se sentir responsable de ses paroles et actes en fin de grande section pour aborder l'école élémentaire dans les meilleures dispositions.

À noter

L'ATSEM/ASEM doit faire preuve d'une fermeté bienveillante : protéger et sécuriser tout en contenant et en donnant des limites aux comportements socialement inappropriés. Le comportement exprime un besoin. Se situer dans une fermeté bienveillante c'est ne pas accepter les comportements qui portent tort, tout en maintenant une relation de confiance avec l'enfant. C'est le comportement qui n'est pas accepté. L'enfant a besoin d'être accepté dans ses difficultés et d'avoir le soutien de l'adulte pour faire évoluer ses comportements.

Le développement cognitif

Le développement cognitif concerne la façon dont l'enfant comprend le monde qui l'entoure, ainsi que les aptitudes telles que la mémoire, le raisonnement et l'apprentissage.

Pour se repérer

La théorie de Jean Piaget sur le développement intellectuel reste très influente aujourd'hui dans notre compréhension de l'organisation des comportements et de la pensée. Entre 2 et 6 ans on parle de période préopératoire.

L'enfant :

- peut adopter uniquement son point de vue (on parle d'égocentrisme) ;
- prête une intention aux objets inanimés (« elle est méchante la table » après s'être cogné) ;
- cherche une finalité à toute chose (« Pourquoi... ?).

Pour Piaget, c'est vers 4 ans que les enfants commencent à tenir compte du point de vue de l'autre.

Le sens premier du mot intelligence est relier, c'est ce qui permet de mettre peu à peu en relation les actions et les effets obtenus.

À noter

L'école organise des modalités spécifiques d'apprentissage : apprendre en jouant, en réfléchissant, en résolvant des problèmes, en s'exerçant, en se remémorant et en mémorisant.

L'ATSEM/ASEM veillera à faire attention à renforcer son professionnalisme en évitant de faire à la place de l'enfant, que ce soit pour ses productions (découpage, coloriage, etc.) ou lors des activités de la vie quotidienne.

Le schéma corporel

L'enfant prend conscience progressivement de son corps qui bouge qui sent et agit. Il expérimente la connaissance de lui-même.

Le schéma corporel se définit comme la conscience du corps en mouvement ou statique, mais aussi la place qu'il occupe dans l'espace. L'enfant prend alors conscience de :

- ses possibilités motrices (agilité, flexibilité, rapidité, etc.) ;
- ses possibilités expressives (mimiques, gestes, intentions, etc.) ;
- ses caractéristiques morphologiques (taille, position, mouvement, etc.).

Le schéma corporel c'est aussi la connaissance du vocabulaire du corps et de ses différentes parties.

Trois étapes sont repérables :

- corps vécu (0-3 ans) : conscience du corps grâce aux expériences sensori-motrices (sens, muscles, organes, etc.) ;

- corps perçu (4-7 ans) : connaissance de son propre corps, l'enfant reconnaît, identifie et nomme les différentes parties de son corps (sensibilisation aux activités physiques et sportive) ;
- corps représenté (7-12 ans) : image mentale du corps, l'enfant devient de plus en plus conscient de la mobilité de son corps (premières initiations aux disciplines physiques et sportives).

Remarque

L'ATSEM/ASEM contribue au développement du schéma corporel par des jeux : comptines de doigts, mime, danse, nommer les parties du corps au quotidien, relaxation, etc.

Entraînez-vous !

Aspects théoriques de la petite enfance

1. **Samy, 4 ans, dessine un bonhomme têtard. Est-ce le signe d'un retard mental ?**
2. **L'enfant montre un important développement moteur entre 3 et 6 ans. Que sait-il faire à 4 ans ?**
3. **Aurore, 3 ans, ne parvient pas à mettre son manteau. Comment pouvez-vous lui apprendre à gagner en autonomie ?**
4. **Quels types d'activités soutiennent le développement moteur de l'enfant ?**

Vérifiez vos réponses

Aspects théoriques de la petite enfance

1. Non, cela est tout à fait normal. Entre 3 et 4 ans, l'enfant se représente sous la forme d'un « bonhomme têtard ».
2. Entre 3 et 6 ans, l'enfant développe des aptitudes au niveau de la motricité globale (tricycle, sauter à pieds joints, s'habiller tout seul, monter les escaliers, etc.) et au niveau de la motricité fine (enfiler des perles, boutonner son manteau, utiliser des ciseaux, etc.).
3. L'ATSEM/ASEM peut venir en aide à Aurore en lui apprenant étape par étape la technique du papillon par exemple.
4. Les activités de motricité, les parcours, les ateliers de manipulation etc. Bouger est un besoin physiologique et permet une plus grande concentration chez l'enfant.

JOUR 5 Connaissance des institutions et du métier

Les institutions : la Ve République de 1958

1958 est l'année marquant l'avènement de la Ve République et de sa nouvelle Constitution. La Constitution est la **loi fondamentale de la République** réglant les rapports entre gouvernants et gouvernés. Elle organise les différents pouvoirs et rappelle les principes essentiels de la **Déclaration des droits de l'Homme et du citoyen de 1789,** la **liberté** et l'**égalité** entre tous les citoyens. La notion de fraternité apparaîtra un an plus tard lors d'un discours de Robespierre. La Déclaration des droits de l'Homme et du citoyen précise que la France est une République indivisible, laïque, démocratique et sociale. Celle-ci peut être modifiée par le Parlement ou par référendum.

La Ve République, un exécutif fort, des rôles très définis

La Constitution de 1958 distingue **trois pouvoirs politiques séparés** :

- **le pouvoir législatif** propose, discute, amende, vote les lois (rôle du Parlement comprenant l'Assemblée nationale avec les députés et le Sénat avec les sénateurs) ;
- **le pouvoir exécutif** fait appliquer les lois (mission du Gouvernement et ses représentants locaux : préfets et maires) ;
- **le pouvoir judiciaire ou « Autorité judiciaire »** veille au respect des lois, de leur application et sanctionne en cas de non-respect (mission des magistrats).

Le pouvoir législatif

Le Parlement est composé de deux « chambres » : l'Assemblée nationale et le Sénat.

L'Assemblée nationale siège, à Paris, au **palais Bourbon** avec **577 députés** représentant chacun une circonscription. Ils sont élus pour **cinq ans** par les Français.

Le Sénat siège à Paris au **palais du Luxembourg** et est composé de **348 sénateurs** élus au **suffrage universel indirect** pour **6 ans** par de **grands électeurs** (conseillers régionaux, départementaux, etc.) élus au suffrage universel.

Le vote d'une loi et le rôle des deux chambres

Députés, sénateurs et Gouvernement peuvent proposer une loi. La proposition est inscrite à **l'ordre du jour** des discussions du Parlement. Le texte de loi est discuté une première fois, à l'Assemblée. Le texte, une fois adopté par une majorité de députés, est soumis au Sénat qui doit en faire autant.

Si ce n'est pas le cas, le texte repart à l'Assemblée et fait la « navette ». Pendant ce temps, la proposition de loi est discutée et souvent changée ou améliorée en « commission ». Si, après deux allers-retours, les deux assemblées ne sont pas d'accord sur le même texte, une **commission** composée de sept députés et sept sénateurs se réunit. Et si aucune solution n'est trouvée, l'Assemblée nationale aura le dernier mot et le texte deviendra une loi promulguée par le président de la République. Des **décrets d'application** seront écrits pour la mettre en œuvre.

On notera également l'existence du **CESE** (Conseil économique social et environnemental) qui est une assemblée composée de membres de la société civile dont le rôle est consultatif. Il conseille le Gouvernement et le Parlement sur l'élaboration des lois et les orientations des politiques publiques et favorise le dialogue entre les catégories socio-professionnelles.

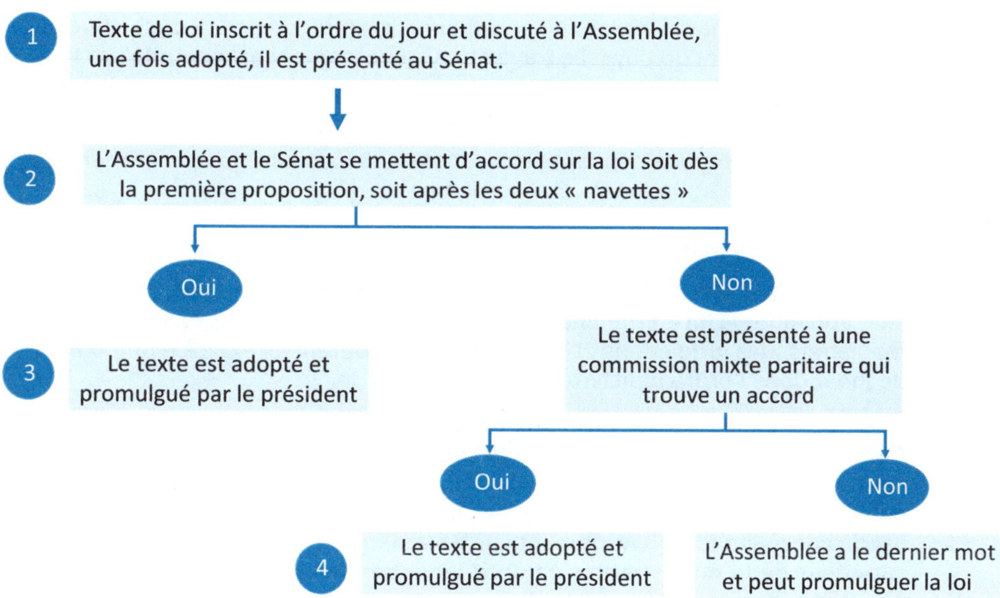

Le pouvoir exécutif

Le président de la République, est élu au suffrage universel direct depuis 1962. Tout citoyen français, majeur (soit 18 ans), jouissant de ses droits civils et politiques et inscrit sur une liste électorale peut voter.

Les pouvoirs du président de la République

Élu pour **cinq ans** (quinquennat depuis 2000) comme **chef de l'État**, il dispose de **nombreux pouvoirs** : choix de son Premier ministre qui constituera le futur Gouvernement et présidence du Conseil des ministres. Il promulgue les lois, peut décider d'un référendum ou de dissoudre l'Assemblée nationale, en cas de désaccord. Il représente la France à l'étranger, est le chef des armées et contrôle l'arme nucléaire. Sa résidence officielle est le palais de l'Élysée. Depuis 2017, M. Emmanuel Macron est président de la République.

Le Gouvernement

Le Premier ministre dirige l'action du Gouvernement, entouré de différents ministres et secrétaires d'État, chargés chacun d'un domaine comme la Justice (dirigée par **le garde des Sceaux**), l'Agriculture, l'Éducation nationale, etc. Les ministres ne sont pas élus mais nommés par le président de la République, sur proposition du Premier ministre.

Le Gouvernement détient le pouvoir exécutif. Il propose des lois mais ne les vote pas. Il est chargé de les faire appliquer, promulgue des décrets et veille au fonctionnement du pays. Le travail du Gouvernement est contrôlé par l'Assemblée nationale. Chaque semaine, les ministres répondent aux questions des députés lors de séances retransmises à la télévision.

L'Assemblée nationale peut voter une motion de censure pour exprimer son désaccord sur la politique du Gouvernement.

L'autorité judiciaire

L'autorité judiciaire désigne **l'ensemble des institutions dont la fonction est de faire appliquer la loi en tranchant les litiges**. Elle désigne donc l'ensemble des magistrats, des juridictions et des organes concourant à l'exercice du pouvoir de juger dans l'ordre judiciaire.

D'autres organes constitutionnels complètent ces trois pouvoirs comme le **Conseil constitutionnel** veillant à la régularité des élections et vérifiant la conformité des lois avec la Constitution. **La Cour des comptes** est chargée de vérifier l'emploi des fonds publics tandis que la mission du **Conseil d'État** est de conseiller le Gouvernement sur l'examen des projets de loi. Le **Conseil supérieur de la magistrature** garantit l'indépendance de la magistrature et assiste le président de la République en tant que garant de l'indépendance de la Justice.

Les principes de la République française

Après la Révolution française de 1789 et la publication de la Déclaration des droits de l'Homme et du citoyen, les premiers principes de la démocratie sont établis. La République française est dite **indivisible.** Le peuple exerce la souveraineté nationale par ses représentants ou le référendum. L'unité et l'indivisibilité permettent l'application du droit sur l'ensemble du territoire.

Depuis 1905, le principe **de laïcité** sépare le fonctionnement des églises et de l'État. Tous les cultes sont respectés.

La République favorise **l'égalité des chances** sans distinction. Elle est aussi **sociale** et vient en aide aux plus démunis.

Quelques symboles de la République

Le drapeau tricolore est le drapeau national associant le blanc de la royauté au bleu et rouge, **symboles de la ville de Paris**.

La Fête nationale, le 14 juillet, commémore le premier anniversaire de la prise de la Bastille du 14 juillet 1789. Mais ce n'est qu'en **1880**, que la date devient « fête nationale ».

La devise républicaine « Liberté, Égalité, Fraternité » reprend deux termes de la Déclaration des droits de l'Homme et du citoyen de 1789, y ajoutant la « fraternité ». En 1848, cette devise est définie comme un **« principe »** de la République.

La Marseillaise, devenu hymne national en 1879 a été composé par **Claude-Joseph Rouget de Lisle** en 1792.

Quant au **buste de Marianne,** il représente souvent la République française et est présent dans toutes les mairies.

Entraînez-vous !

Connaissance des institutions et du métier

1. **Le Parlement est constitué :**

a. Du président de la République et de l'Assemblée nationale.

b. De l'Assemblée nationale et du Sénat.

c. De l'Assemblée nationale et du Conseil constitutionnel.

2. **Où se trouve le siège de l'Assemblée nationale ?**

a. Au palais Bourbon.

b. Au palais du Luxembourg.

c. À l'hôtel de Matignon.

3. **Les textes de lois sont votés par les sénateurs et les députés. S'ils ne parviennent pas à se mettre d'accord, qui a le dernier mot ?**

a. Le président de la République.

b. L'Assemblée nationale.

c. Le Sénat.

4. **Le président de la République est élu pour :**

a. 7 ans.

b. 5 ans.

c. 6 ans.

5. **La Constitution comporte :**

a. Trois pouvoirs.

b. Quatre pouvoirs.

c. Un pouvoir unique.

Vérifiez vos réponses

Connaissance des institutions et du métier

1. **b.** De l'Assemblée nationale et du Sénat.
2. **a.** Au palais Bourbon.
3. **b.** L'Assemblée nationale.
4. **b.** 5 ans.
5. **a.** Trois pouvoirs.

Aspects théoriques de la petite enfance

JOUR 6

Les besoins des enfants

Répondre aux besoins

Les enfants ont des besoins spécifiques liés au développement de leur corps, de leur pensée, du langage et de la socialisation. Le respect de ces besoins fondamentaux conditionne leur disponibilité pour apprendre, mais aussi pour leur santé et leur épanouissement.

En collectivité, il est de la responsabilité des adultes de répondre aux besoins des enfants.

Ces besoins sont reconnus comme fondamentaux dans le sens où leur satisfaction permet à l'enfant de :

- se construire dans la plénitude de ses potentialités et du respect de ses droits ;
- préserver son bon développement en ayant progressivement accès à l'autonomie et à la socialisation.

La sécurité affective

Le besoin de sécurité affective est un méta-besoin, c'est-à-dire que ce besoin est lié à la satisfaction d'autres besoins fondamentaux :

- les **besoins primaires** : physiologiques, de santé, l'alimentation, le sommeil, les soins corporels liés à la relation avec l'adulte ;
- les **besoins de protection** : le jeune enfant a besoin d'un adulte pour le protéger de tout excès qu'il ne peut gérer tout seul ;
- les **besoins affectifs** : besoin d'être regardé, valorisé, besoin d'empathie ;
- les **besoins de relation** : de confiance, de proximité, d'engagement et de dialogue.

Le jeune enfant a besoin de disponibilité (soutien), de stabilité (rythme) et de prévisibilité (repères).

La carte des besoins fondamentaux universels de l'enfant

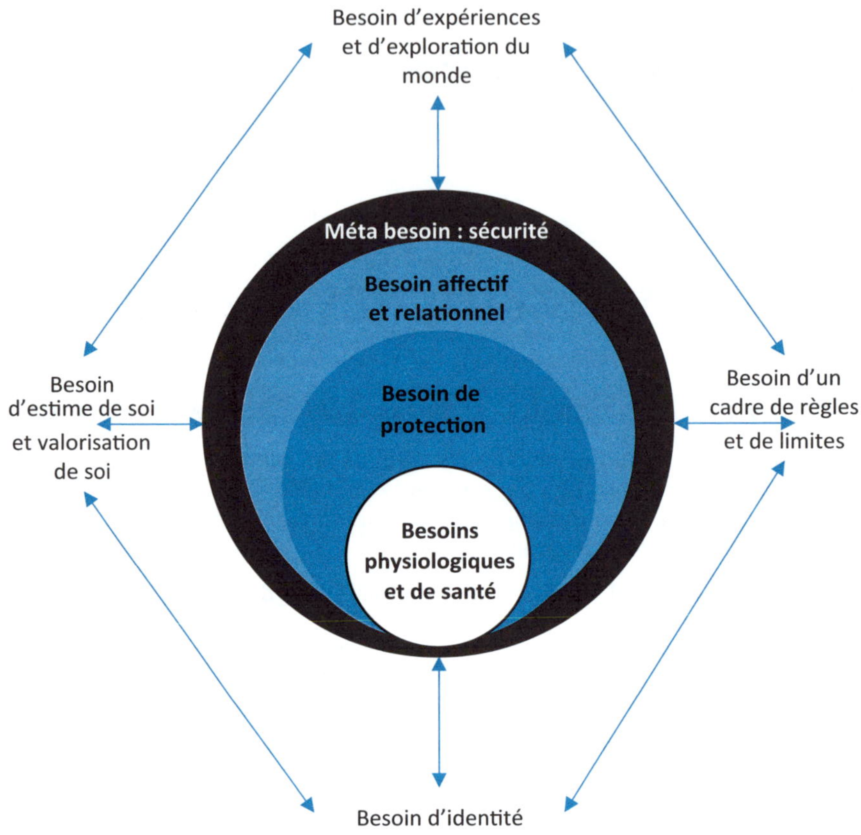

L'exploration

Le jeune enfant a un besoin impérieux de s'exercer au niveau moteur et au niveau du développement de sa pensée, il a un besoin d'expériences et d'exploration :

- expériences corporelles et physiques : besoin de bouger, d'expression, de développer des habiletés, etc. ;
- expériences ludiques et créatives : besoin de manipuler, d'assembler, de construire, de faire comme si, etc. ;
- expériences langagières : besoin d'entendre des histoires, d'en raconter, d'explorer les gestes, les sentiments, les mots, d'être écouté et compris, etc. ;
- expériences cognitives : besoin de comparer, catégoriser, trier, s'interroger résoudre des problèmes, etc.

Le cadre et les limites

Le jeune enfant a besoin d'intérioriser progressivement un ensemble de codes et de valeurs sociales. Une absence de cadre ou un cadre excessivement rigide ou surprotecteur n'est pas compatible avec le nécessaire apprentissage de l'autonomie. Le jeune enfant apprend davantage par ce qu'il voit faire que parce qu'il s'entend dire.

L'identité

Entre 2 et 6 ans, le sentiment d'identité se relie à la connaissance de soi, à une période d'affirmation de soi qui peut se traduire par des refus et des oppositions et par une expression symbolique au travers du jeu dans ses activités.

L'enfant a besoin d'être reconnu dans sa singularité : par exemple, par son prénom et son nom, premiers marqueurs sociaux de son histoire.

Les besoins éducatifs particuliers (BEP)

Les besoins éducatifs particuliers désignent les besoins liés à une situation particulière, impactant la relation à l'école et aux apprentissages. Il s'agit de contraintes ou d'obstacles que ne rencontrent pas la majorité des élèves. Cette dénomination n'est pas réservée aux élèves en situation de handicap : elle concerne également, par exemple, les élèves en grande difficulté scolaire, les élèves allophones (nouvellement arrivés ou issus de familles itinérantes et de voyageurs), des élèves intellectuellement précoces ou des élèves ayant eu des contextes de scolarisation atypiques.

Certaines maladies non détectées (autisme, etc.) peuvent impacter fortement les apprentissages scolaires justement parce qu'ils ne sont pas décelés et qu'ils peuvent générer des malentendus pédagogiques. Il existe une grande variété dans l'impact de ces contextes sur les apprentissages, ainsi qu'un fort retentissement psychologique pour les adultes qui les accueillent. (par exemple les troubles envahissants du développement –TED).

Pour apprendre à l'école au même titre que ses camarades, un enfant présentant des besoins éducatifs particuliers a en général besoin d'adultes attentifs, informés et confiants pour qu'il puisse garder confiance en ses capacités et se sentir appartenir à la communauté scolaire.

À noter

Dans le cadre de ses missions et sous la responsabilité de l'enseignant, l'ATSEM/ASEM contribue à la prise en compte des besoins éducatifs particuliers des enfants. L'ATSEM/ASEM peut être amené à travailler conjointement avec l'AESH (accompagnant de l'enfant en situation de handicap).

En tant que membre de la communauté éducative, l'ATSEM/ASEM s'informe des besoins particuliers de l'enfant et participe, si nécessaire, aux réunions d'équipe éducative.

La protection de l'enfance

La ratification par la France le 2 septembre 1990 de la convention des droits de l'enfant, en particulier l'article 19, a institué la nécessaire prise en compte du droit de l'enfant à être protégé de toute forme de maltraitance.

La loi du 14 mars 2016, puisant dans les valeurs de cette convention, affirme d'une part, la nécessité de centrer les interventions sur l'enfant, et d'autre part, le rôle de l'État dans la protection des enfants les plus vulnérables.

Au-delà des enfants maltraités, la protection de l'enfance concerne les mineurs en danger ou en risque de l'être.

L'article L. 112-3 du Code de l'action sociale et des familles précise que : « La protection de l'enfance vise à garantir la prise en compte des besoins fondamentaux de l'enfant, à soutenir don développement physique, affectif, intellectuel et social et à préserver sa santé, sa sécurité, sa moralité et son éducation, dans le respect de ses droits. »

Le ministère de l'Éducation nationale concourt activement à la politique interministérielle dans ce domaine et son implication a été renforcée par cette loi.

L'école est un lieu privilégié d'observation, de repérage, d'évaluation des difficultés scolaires, personnelles, sociales, familiales et de santé des élèves. Au contact quotidien des élèves et des parents, les personnels offrent un cadre favorable au recueil de la parole des enfants et aux échanges avec les parents sur les questions éducatives.

Tout personnel de l'école peut être amené à :

- recevoir des confidences d'un élève dont les propos évoquent des tensions ou des violences dans la famille ;
- être alerté par des signes de souffrance ou de mal-être :
  - des symptômes physiques (traces de coups, blessures, accidents à répétition, etc.),
  - des troubles du comportement (notamment un changement récent et massif du comportement),
  - des troubles psychosomatiques grandissant (sommeil, maux de ventre, malaise, etc.),
  - des comportements des adultes eux-mêmes en grande difficulté (fragilité psychologique, addiction, violence conjugale, etc.).

Un signe se définit comme un signal d'alarme à prendre en compte dans un contexte plus global. Tous ces signes peuvent avoir une autre signification. C'est souvent un faisceau de signes, leur aspect cumulatif, qui caractérisent la situation de danger ou de risque de danger.

Face à ces situations, **la règle est de ne jamais rester seul**.

Pour rappel

- Ne pas rester isolé avec un doute.
- Permettre aux services compétents d'évaluer et de traiter la situation.

- Prendre contact avec le directeur d'école qui relayera les informations préoccupantes en lien avec le service social en faveur des élèves.
- le 119, accessible 24 h/24 h et 7 jours/7 est un numéro d'appel pour toute personne confrontée ou préoccupée par une situation d'enfant en danger ou en risque de l'être : famille proche, famille élargie, voisins, communauté éducative, etc.
- En cas de danger grave et immédiat avec nécessité d'intervention sur place, contacter sans délai les services de première urgence : police et gendarmerie (17 ou 112), pompiers (18 ou 112) ou SAMU (15).

Entraînez-vous !

Aspects théoriques de la petite enfance

1. **L'école maternelle accueille des « enfants à besoins éducatifs particuliers ». Quels sont les profils regroupés sous ce terme ?**
2. **Thomas est un enfant timide, il interagit peut avec les autres. Comment pouvez-vous l'aider ?**
3. **Clara pleure beaucoup au moment de l'accueil et ne veut pas que sa mère parte. Que pouvez-vous faire ?**

Vérifiez vos réponses

Aspects théoriques de la petite enfance

1. Les élèves en situation de handicaps physiques, sensoriels ou mentaux ; en difficulté d'apprentissage ; atteints d'une maladie chronique ; en situation familiale ou sociale dégradée ; allophones nouvellement arrivés ; ou issus de familles itinérantes ou du voyage.
2. L'ATSEM/ASEM peut jouer un rôle de médiateur en lui accordant son attention même s'il ne manifeste pas l'envie de communiquer, en l'encourageant à s'exprimer et en veillant à ce qu'il participe lors des tours de parole sans le brusquer, en valorisant ses progrès, en valorisant son estime de soi, etc.
3. L'ATSEM/ASEM peut proposer aux parents de rester un moment jusqu'au début de l'activité, expliquer à l'enfant qu'il retrouvera ses parents à la fin de la journée, donner son doudou à l'enfant pour le rassurer, détourner l'attention de l'enfant en lui proposant une activité attractive qui l'intéresse, etc.

JOUR 7

Aspects techniques du métier

Une double hiérarchie

Dispositions règlementaires

La mise à disposition du personnel spécialisé fait partie des **obligations de la commune** à l'égard de l'école.

Extrait du Code des communes, art. R. 412-127 : « Toute classe maternelle doit bénéficier des services d'un agent communal occupant l'emploi d'ATSEM. »

Cet agent est nommé par le maire, recruté selon les conditions générales d'accès aux emplois territoriaux (concours + inscription sur liste d'aptitude), son traitement est exclusivement à la charge de la commune. Pendant son service dans les locaux scolaires durant le temps scolaire, il est placé sous l'autorité fonctionnelle et la responsabilité du directeur de l'école chargé d'y organiser le travail des personnels communaux.

Schématiquement, on peut dire que le maire en tant qu'employeur est responsable de l'emploi et le directeur de l'école est responsable de la fonction.

Exemple d'illustration de cette double autorité : à la demande de la mairie, le directeur d'école peut émettre un avis consultatif sur le travail accompli par l'ATSEM comme support à l'entretien annuel de notation d'un agent de la fonction publique territoriale ou du corps des fonctionnaires des administrations parisiennes pour les ASEM.

À noter

Un certain nombre de communes ont élaboré avec les écoles des protocoles plus précis définissant les tâches de l'ATSEM en présence des enfants fixées par le directeur (accueil, aide, hygiène) et les tâches hors de la présence des enfants (propreté des locaux et matériels) fixées par les services communaux.

Principes généraux

Double dépendance

La double dépendance implique une gestion partagée avec :

- la recherche d'équilibre entre :
  - l'autorité du directeur responsable des enfants et de la mise en œuvre du projet d'école et le représentant de la commune,
  - l'appartenance de l'ATSEM/ASEM à l'équipe de l'école et l'ensemble des employés municipaux ;
- l'identification :
  - des conditions de collaboration ATSEM/ASEM-enseignants,
  - de la marge d'initiative de l'ATSEM/ASEM pour exercer son rôle éducatif.

Affectation

Le maire affecte des agents municipaux à une école et non à une classe. La répartition du temps de travail des ATSEM/ASEM entre les classes, la modulation horaire liée aux niveaux de classe, aux besoins et à l'organisation interne sont de la compétence du directeur d'école.

Obligations professionnelles

Dans l'exercice de toutes leurs missions, les ATSEM sont soumis aux mêmes obligations que tous les fonctionnaires territoriaux. Les ASEM relèvent du corps des fonctionnaires des administrations parisiennes.

Il convient d'insister sur le respect des obligations de discrétion professionnelle et de réserve sur tout ce qui concerne les activités scolaires.

À noter

L'ATSEM/ASEM ne peut avoir la responsabilité de reconduire un enfant dans sa famille ni rendre un service privé au directeur de l'école ou au personnel enseignant.

L'ATSEM/ASEM ne peut recevoir une rémunération des élèves, de leur famille ou du corps enseignant.

Formation

La formation des ATSEM est assurée principalement par le CNFPT, ou tout autre organisme en charge de la formation des personnels communaux, sur l'initiative du maire ou de l'agent.

L'ATSEM peut être invité à des formations mises en œuvre par l'Éducation nationale. Ces participations sont toujours soumises à l'accord du maire.

Ville de Paris

Les agents spécialisés des écoles maternelle (ASEM) sont soumis au statut général de la fonction publique ainsi qu'aux dispositions statutaires relatives aux personnels des administrations parisiennes. Ils ont les mêmes droits et obligations que les autres fonctionnaires parisiens et suivent les formations organisées par la Ville de Paris (Direction des affaires scolaires).

Le supérieur hiérarchique direct de l'ASEM est le responsable des relations humaines de la circonscription des affaires scolaires (CAS) dans laquelle se situe l'école d'affectation.

Durant les absences du gardien, la loge de l'école doit être assurée par un ASEM de l'école qui n'assurera aucun travail de nettoyage.

Entraînez-vous

Aspects techniques du métier

1. **L'enseignant n'est pas arrivé au moment de l'accueil des élèves à 8 h 50. Comment réagissez-vous ?**
2. **Quelles sont les principales responsabilités du directeur d'école ?**
3. **Comment est organisé le travail de l'ATSEM/ASEM à l'école ?**
4. **Qui nomme l'ATSEM ?**

Vérifiez vos réponses

Aspects techniques du métier

1. L'accueil des élèves dans la classe a lieu dans les dix minutes qui précèdent le début du temps scolaire et nécessite la présence d'un enseignant. L'ATSEM/ASEM ne peut pas assurer seul l'accueil des enfants et doit rapidement prévenir le directeur de l'école de l'absence de l'enseignant. Le directeur décidera alors de la procédure à suivre pour accueillir les élèves.
2. Le directeur reçoit les parents pour les inscriptions ou à leur demande, intervient en cas de conflit enseignant/parent et enseignant/ATSEM. Il s'assure des conditions nécessaires à la progression de tous les élèves, y compris ceux à besoins éducatifs particuliers. Il accompagne l'équipe scolaire, préside les conseils, veille au respect des règlements, etc.
3. Le directeur d'école organise le travail des personnels communaux en service à l'école qui, pendant leur service dans les locaux scolaires, sont placés sous son autorité. Pendant son service durant le temps scolaire, l'ATSEM ne reçoit des instructions que du directeur.
4. C'est le maire qui nomme et met fin aux fonctions de l'ATSEM, toutefois ces décisions sont soumises à l'avis préalable du directeur de l'école.

JOUR 8

Connaissance des institutions et du métier

Régions, départements, communes : les différentes collectivités territoriales et leur rôle

Des collectivités territoriales à trois niveaux

Apparues dans la Constitution de 1946 et reprises dans celle de 1958, les collectivités locales que l'on nomme communément **collectivités territoriales** depuis 1996 sont « des personnes morales de droit public distinctes de l'État et bénéficient à ce titre d'une autonomie juridique et patrimoniale ».

Trois niveaux existent : **les régions, les départements et les communes.** Il y a cependant une spécificité parisienne : Paris, la capitale française, est une collectivité territoriale à la fois commune et département. Elle est composée de vingt arrondissements dirigés chacun par un maire qui est élu au sein d'un conseil dont les décisions ont des vocations éducative, sociale... et touchent la vie locale de l'arrondissement. Les maires des vingt arrondissements forment le Conseil de Paris, dirigé par le ou la maire de Paris, Mme Anne Hidalgo depuis 2016. Ce Conseil a, à la fois, les compétences d'un conseil municipal et d'un conseil départemental.

Outre cette structure administrative, on doit souligner la position centrale de la ville de Paris puisqu'elle est aussi capitale politique, économique et culturelle avec un poids mondial. Cette centralisation est ancienne. Il suffit de comparer une carte historique et actuelle des réseaux routiers et ferroviaires pour constater que tous deux partent de la capitale.

Hormis Paris, on peut noter une dizaine de métropoles clefs en France : Lyon, Marseille, Lille, Toulouse, Bordeaux, Nice, Nantes, Strasbourg et Rennes.

Un nouveau découpage des régions

Pour mémoire, on se souviendra que les noms des régions de France ont changé en 2016. Les régions **Bretagne**, **Île-de-France**, **Provence-Alpes-Côte d'azur** et **Pays de la Loire** conservent leur périmètre, leur nom et leur préfecture. La région **Centre-Val-de-Loire** voit son nom modifié en ajoutant « Val de Loire » à la dénomination « Centre ».

Les 16 autres anciennes régions ont en revanche fusionné en 7 nouvelles : **Normandie**, **Hauts-de-France**, **Grand-Est**, **Nouvelle Aquitaine**, **Occitanie**, **Bourgogne-Franche-Comté**, **Auvergne-Rhône-Alpes**. Et on compte désormais, avec la Corse, treize régions en France métropolitaine.

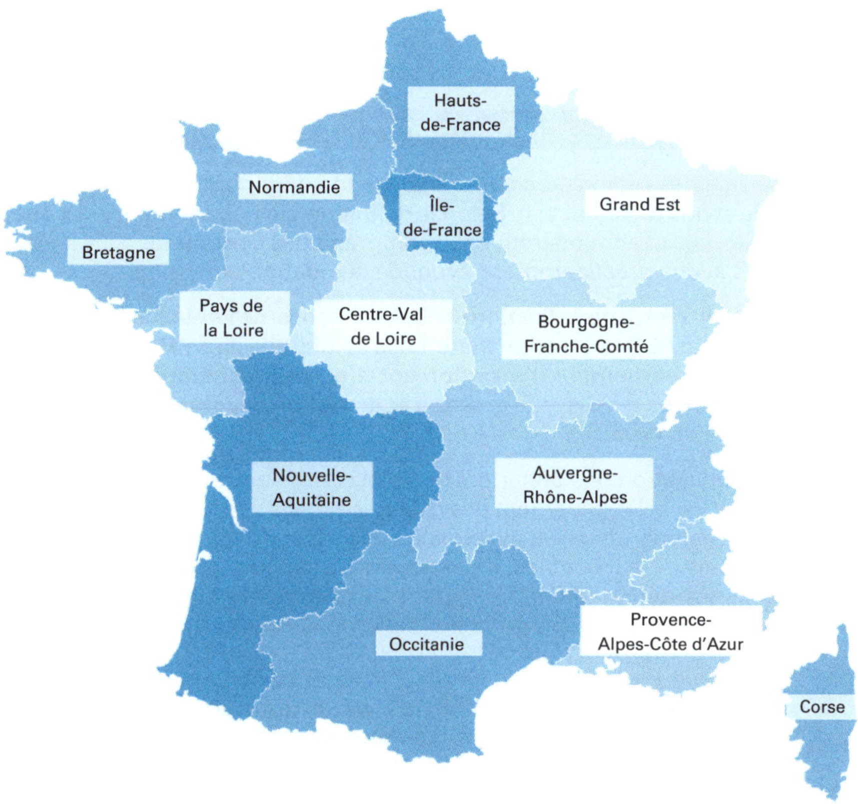

Le rôle des régions redéfini

En passant au nombre de treize, les régions ont vu leur organisation modifiée et leurs compétences élargies, certaines en lien avec les départements (tourisme, sport, culture), d'autres sont plus spécifiques.

Chaque région a un seul préfet, un unique recteur de région académique mais aussi un seul directeur d'agence régionale de santé. On compte également un directeur régional pour chaque réseau ministériel. L'objectif est « de renforcer l'efficacité de l'action de l'État et la pérennité des organisations mises en place ». C'est la loi sur la **Nouvelle Organisation Territoriale de la République (dite loi NOTRe)** qui les a redéfinies. Ainsi les régions gèrent **les transports** (ports, aéroports, trains express régionaux, transports routiers interurbains et scolaires, voirie, etc.) mais aussi **les lycées** (construction, entretien, fonctionnement). Elles travaillent sur la **formation professionnelle** dans un cadre d'insertion, formation des demandeurs d'emplois et a en charge le **développement économique**, **l'aménagement du territoire** ainsi que **l'environnement**.

Pour en savoir plus sur les régions, consultez le site : https://www.prefectures-regions.gouv.fr/Le-savez-vous/Quelles-sont-les-competences-d-une-region.

Les départements, des compétences spécifiques et partagées

Au sein des régions, on compte plusieurs départements, **101 au total** (métropole et outre-mer inclus). Selon la définition, un département est « une division territoriale et administrative qui comprend des communes ». La loi NOTRe que nous avons précédemment évoquée, a redéfini leurs rôles.

Parmi eux, on trouve **l'action sociale** qui concerne l'enfance (aide sociale à l'enfance dite ASE, protection maternelle et infantile dite PMI, adoption, etc.) mais aussi l'hébergement, l'insertion sociale, les prestations pour les personnes handicapées ainsi que la création et la gestion des maisons de retraite ou leur maintien à domicile.

Côté **éducation**, les départements s'occupent entre autres de la construction, l'entretien et l'équipement des collèges et de la voirie départementale. Le **SDIS** (service départemental d'incendie et de secours) est responsable de la protection contre les incendies. Il gère aussi les sapeurs-pompiers du département. Enfin, les départements partagent leurs compétences culturelles mais aussi dans le domaine du sport et du tourisme avec les régions et les communes.

Pour en savoir plus sur les départements, consultez le site : https://www.vie-publique.fr/fiches/les-departements

Les communes, les plus proches de notre quotidien

On compte en France 34 955 communes dont 34 916 en métropole et 215 en outre-mer. 99,6 % des communes ont moins de 50 000 habitants et 42 d'entre elles comptent plus de 100 000 habitants. La commune est la collectivité administrative la plus petite et la mieux connue des Français.

Les communes sont gérées par le **conseil municipal** et le **maire**. Élu au suffrage universel direct pour une durée de six ans, le maire est le représentant de l'État. Il gère l'état civil, organise les élections et a la qualité d'officier de police judiciaire.

Les compétences des communes sont très variées en matière d'urbanisme (plan local d'urbanisme dit PLU), logement, aide sociale, culture, patrimoine, tourisme, sport. Ce sont les **municipalités** qui décident également de la **création et de l'implantation des écoles** et **gèrent les écoles élémentaires et maternelles**.

À ce titre, **l'employeur des ATSEM** relève, pour la gestion administrative et la rémunération, de la commune. Le maire nomme les ATSEM et met fin à leurs fonctions, après avis du chef d'établissement. L'agent exerce ses fonctions sous l'autorité du directeur de l'école. L'ATSEM doit avoir réussi un concours accessible avec le CAP Petite Enfance, rebaptisé CAP Accompagnant éducatif petite enfance (AEPE) en 2018.

Si on trouve des ATSEM dénommés ASEM pour la structure de la Ville de Paris, on en trouve aussi par exemple dans l'enseignement privé catholique sous contrat. Dans ce cas, c'est l'organisme de gestion de l'établissement (OGEC) qui rémunère les ASEM. Leur emploi dépend ainsi du droit privé. Dans l'enseignement catholique, l'agent de service des écoles maternelles est recruté par le chef d'établissement. L'aide-maternelle participe, dans son champ de responsabilité, au projet éducatif de l'école.

Entraînez-vous

Connaissance des institutions et du métier

1. Paris est :

a. Une commune.

b. Un département.

c. Une commune et un département.

2. Combien compte-t-on de nouvelles régions en France ?

a. 22.

b. 13.

c. 15.

3. Quelle est, parmi les missions suivantes, celle qui incombe aux départements ?

a. La construction des lycées.

b. La construction des collèges.

c. L'entretien des écoles.

4. **À combien s'élève le nombre de communes en France ?**

a. 38 054.

b. 33 045.

c. 34 955.

5. **Quelle structure administrative gère les écoles maternelles et primaires ?**

a. La commune.

b. La région.

c. Le département.

Vérifiez vos réponses

Connaissance des institutions et du métier

1. **c.** Une commune et un département.
2. **b.** 13.
3. **b.** La construction des collèges.
4. **c.** 34 955.
5. **a.** La commune.

Aspects techniques du métier

JOUR 9

Un binôme professionnel

Travailler ensemble

La mise à disposition, par les collectivités territoriales, d'ATSEM/ASEM dans l'enseignement du 1er degré constitue un partenariat majeur entre l'État et les communes. Cette spécificité historique indispensable au fonctionnement de l'école maternelle est issue d'une longue construction de collaborations ATSEM/ASEM-enseignants : de la femme de service à l'ATSEM/ASEM, de l'instituteur au professeur des écoles, le travail commun a évolué et suivi le mouvement de professionnalisation des métiers.

Si les missions au départ sont différentes, éducation et enseignement pour les professeurs des écoles, santé, sécurité et hygiène des enfants et de leur environnement scolaire et périscolaire pour les ATSEM/ASEM, ces missions ne sont pas séparées dans le quotidien : les enseignants ont le devoir de veiller à la sécurité des enfants, à leur hygiène et à la qualité de leur environnement durant le temps scolaire tout comme les ATSEM/ASEM participent à l'apprentissage du langage, des codes et des règles de vie sociale des enfants.

Les enseignants et les ATSEM/ASEM doivent se respecter mutuellement, travailler en bonne intelligence et échanger en permanence informations et expériences pour le bien des enfants et leur épanouissement. Cette collaboration devient alors garante d'une première expérience positive de scolarité.

Le travail du binôme enseignant-ATSEM/ASEM auprès des enfants doit s'appuyer sur des relations claires et bienveillantes, pour faciliter la reconnaissance mutuelle de leurs missions et garantir la complémentarité de celles-ci.

Le travail de l'ATSEM/ASEM découle du projet pédagogique de l'enseignant et s'élabore à partir d'informations précises sur les moyens nécessaires pour le bon déroulement des activités.

À noter

L'ATSEM/ASEM ne remplace jamais l'enseignant en cas d'absence, même temporaire.

Des missions partagées

La mission pédagogique est placée sous la responsabilité de l'enseignant en cohérence avec le projet d'école. Il organise les différents apprentissages sur les temps scolaires. Il peut déléguer la préparation matérielle des ateliers, l'installation, la prise en charge d'un groupe en précisant les attendus et la durée.

Mission de communication

L'enseignant communique avec les parents sur le fonctionnement de l'école, la pédagogie, le programme, le suivi scolaire des enfants.

L'ATSEM/ASEM participe à la communication pour répondre aux familles sur les temps périscolaires et peut informer/rassurer sur le temps méridien, sur les soins, la vie quotidienne.

Le binôme trouve les moyens d'une communication organisationnelle si des temps d'échange formels ne sont pas prévus pour planifier le travail de chacun, il est important de préparer les interventions.

Mission pédagogique

L'enseignant met en œuvre les programmes, des méthodes ; prépare des activités pédagogiques, les encadre et organise l'apprentissage du langage.

L'ATSEM/ASEM aide à l'encadrement des activités, participe au temps d'accueil et de surveillance de sieste, aide à l'accès au langage.

Mission éducative

L'enseignant apprend à l'enfant à prendre soin de soi et des autres et à développer son autonomie ; il conçoit l'apprentissage des règles de vie en collectivité et leur respect.

L'ATSEM/ASEM aide à l'autonomie et à l'apprentissage des codes et des règles de la vie en collectivité. Il accompagne tous les temps de transition.

Mission de santé et sécurité

L'enseignant met en place la surveillance et la sécurité des élèves ; la gestion des PPMS (plan particulier de mise en sécurité) ; le suivi des PAI/PPS (projet d'accueil individualisé/projet personnalisé de scolarité).

L'ATSEM/ASEM participe au soin de l'enfant, aide à la surveillance sur les temps scolaires, veille à la mise en œuvre des PPMS.

Mission d'entretien

L'enseignant participe au bon entretien de la classe.

L'ATSEM/ASEM est responsable de la propreté de la classe et des sanitaires, du matériel pédagogique, des ateliers, des dortoirs.

À noter

Il existe de grandes disparités d'organisation du travail des ATSEM/ASEM sur le territoire, notamment sur l'amplitude horaire, les temps de pause, la méthode d'annualisation ; les temps de concertation formalisés ou pas. Cependant les nouveaux programmes réaffirment la nécessité du travail en équipe : « l'équipe pédagogique organise son travail en concertation avec d'autres personnels, en particulier les ATSEM/ASEM. »

Savoirs associés

- Connaissance des grands axes du programme d'enseignement de l'école maternelle (▶ *fiche n° 21 sur le fonctionnement de l'école*).
- Les missions et fonctions des membres de la communauté éducative.

Des leviers face à la complexité du travail d'équipe

Une charte de collaboration : élaborée à partir de réflexions communes entre acteurs de l'école, la charte permet de clarifier les pièges d'interprétation de la règlementation pour mieux cohabiter et collaborer dans un même espace.

La formation continue : l'objectif général est de conférer un caractère professionnel à l'acte quotidien, afin de travailler sur les représentations et conceptions des rôles et des postures pour se recentrer sur l'objectif commun d'éducation et de scolarisation de l'enfant.

Les projets de travail pour identifier les positionnements de chacun par rapport aux attentes institutionnelles et dans la prise en compte des besoins spécifiques des enfants.

Les références statutaires : la règlementation existe et évolue. Les textes doivent être connus et compris non pas comme des contraintes administratives supplémentaires mais comme des repères pour faciliter une collaboration efficace.

Les modalités de communication institutionnelle : la conduite de l'activité éducative fait apparaître un besoin de régulation, la nécessité d'un dialogue sur la base de temps d'échange prévus afin de ne pas laisser des formes d'habitudes ou de routines s'installer ou n'intervenir que sur les situations de crise.

Entraînez-vous

Aspects techniques du métier

1. **L'enseignant vous demande de surveiller la classe le temps qu'il s'entretienne avec un parent d'élève. Que lui répondez-vous ?**
2. **Le directeur d'école vous demande de renseigner chaque jour le registre d'appel de la classe dans laquelle vous être affecté. Comment réagissez-vous ?**
3. **Vous travaillez avec un enseignant débutant qui rencontre des difficultés dans la gestion de la classe. Comment réagissez-vous ?**
4. **À quoi sert la charte des ATSEM/ASEM-enseignants ?**

Vérifiez vos réponses

Aspects techniques du métier

1. Les ATSEM/ASEM ne peuvent effectuer une mission qui relève de la responsabilité de l'enseignant, comme la surveillance de la classe. Il n'est donc pas possible de le remplacer, même temporairement, sauf cas exceptionnel. Ici, l'ATSEM/ASEM peut accepter de surveiller les élèves si l'enseignant se trouve dans la classe ou à proximité immédiate. Si ce n'est pas le cas, il doit refuser. En revanche, la surveillance des élèves sur le temps périscolaire relève des tâches de l'ATSEM/ASEM.
2. L'ATSEM/ASEM n'est pas responsable des activités organisées sur le temps scolaire, cela relève de la responsabilité de l'enseignant. Il n'est donc pas habilité à remplir le registre d'appel. Ce document sert à contrôler l'assiduité des élèves mais pas seulement. En cas d'évacuation, quelle qu'en soit la raison, l'enseignant doit se munir du registre d'appel qui lui sera demandé par les services de secours afin de savoir très rapidement si un élève manque au point de regroupement. Dans la situation décrite, l'ATSEM/ASEM doit refuser de réaliser la mission confiée par le directeur en rappelant les limites de son cadre d'emploi.

3. Un enseignant débutant peut rencontrer des difficultés dans la gestion de la classe, pourtant, même si l'ATSEM/ASEM constate ces difficultés, il ne doit pas intervenir et n'est pas autorisé à faire des remarques à l'enseignant, surtout devant les enfants. En revanche, il peut en discuter avec son supérieur hiérarchique qui lui donnera des conseils sur la conduite à tenir pour les jours suivants.

4. La charte est un document de référence établi pour apporter des réponses aux interrogations des agents, enseignants et leur hiérarchie respective. Elle contient des informations pour faciliter la communication entre les différents adultes, précise le rôle de chacun, formalise le cadre professionnel des ATSEM/ASEM (emploi du temps, affectation, hiérarchie, etc.) et favorise les relations entre les acteurs de l'établissement.

JOUR 10

Aspects théoriques de la petite enfance

Le jeu : moteur du développement

La place du jeu

Tous les professionnels qui travaillent auprès de jeunes enfants s'accordent à reconnaître que le jeu favorise le développement affectif, relationnel et cognitif. Le jeu est l'activité spécifique de la petite enfance. C'est en jouant que l'enfant ajuste et stabilise sa relation aux autres, aux objets. En jouant, il recherche des stratégies, adapte ses gestes, ses attitudes, diversifie ses expériences, répond à son besoin d'exploration et construit sa pensée.

Le jeu est une activité évidente, naturelle, reliée à la singularité de chaque enfant. Pour l'enfant, le jeu est un outil de développement de ses capacités. Pour l'adulte, le jeu est un moyen de comprendre l'enfant et le point de départ de nombreuses situations d'apprentissage.

Repères

À quoi joue l'enfant ?

Le système ESAR (exercices, symbolique, assemblage, règles) est une typologie provenant du Québec qui s'appuie sur les théories du développement de Piaget et classe les jeux en catégories :

- **jeux d'exercices** : ceux qui suscitent le jeu sensoriel, moteur, répété, avec ou sans objet (dès la 1re année de l'enfant) ;
- **jeux symboliques** : ceux qui permettent de faire semblant, d'imiter, puis de mobiliser des jeux de rôles et de scénarios liés à l'imagination ;
- **jeux d'assemblage** : ceux qui consistent à réunir, combiner, agencer au départ sans but précis, puis vers une expérimentation complexe ;
- **jeux de règles** : ceux qui impliquent un code à respecter, des règles acceptées par tous les participants, un objectif (à partir de 5-6 ans).

Pourquoi l'enfant joue ?

L'enfant recherche...	Ce qui renforce...
Le plaisir	Sa motivation à agir
La découverte	Sa capacité d'adaptation
La maîtrise	Son esprit d'initiative
La créativité	Ses possibilités d'innovations
L'expression	Ses moyens de communication

Avec qui l'enfant joue ?

Types de jeux	Exemples
Jeux solitaires : l'enfant joue seul ou en utilisant du matériel différent de ceux des enfants près de lui.	Jouer à insérer des objets dans un contenant.
Jeux parallèles : les enfants jouent côte à côte au même type de jeux, pas nécessairement de la même façon, sans interaction continue.	Deux enfants se déguisent en se regardant quelques fois sans toutefois interagir entre eux.
Jeux associatifs : l'enfant joue avec les autres de manière semblable, sans organisation, ni but commun.	Un enfant réalise « un gros serpent » en pâte à modeler. Un autre enfant dit qu'il va faire un « lion ». Puis il réalise un gâteau qu'il fait semblant de manger.
Jeux coopératifs : les enfants construisent le jeu ensemble, autour d'un but commun, au fur et à mesure de son évolution.	Trois enfants construisent une cabane avec des cartons. Ils décident ensemble de l'endroit, de la porte d'entrée, etc.
Jeux d'observation : l'enfant observe des enfants qui jouent sans participer avec ou sans échange verbal.	Un enfant regarde des enfants qui jouent dans la cour à des jeux moteurs. Il suit toutes les actions de chacun des participants.

Le jeu à l'école

Les enseignants exploitent les valeurs sociales et culturelles du jeu pour différents apprentissages dans différents temps :

- les coins-jeux : un cadre pensé pour favoriser les interactions et le « vivre ensemble » ;
- les jeux du « faire semblant » : pour la construction de l'identité avec les coins imitation, marionnettes, scénettes, déguisements, jeux de rôles, etc. ;

- les jeux libres : pour favoriser la libre exploration et soutenir le développement de l'autonomie ;
- les jeux encadrés : organisés avec les intentions éducatives de l'enseignant ;
- les jeux dans la cour de récréation : avec la possibilité des jeux de grande motricité (balles, ballons, tricycles, équilibre, etc.).

Les intérêts des jeux de groupe en périscolaire

Les jeux de groupe soutiennent la socialisation en apprenant à mieux se connaître et à mieux connaître les autres. Ils stimulent le développement du langage, les aptitudes d'écoute et de concentration.

Le choix des jeux

Avant de choisir un jeu, il faut tenir compte :

- du nombre de joueurs ;
- du lieu ;
- des dispositions du local ou de l'espace extérieur ;
- du mobilier ;
- de la préparation du matériel ;
- de l'objectif (recycler du matériel de récupération, développer l'imagination et la créativité avec du tissu, favoriser l'expression corporelle avec une séance jeux dansés, etc.).

Organiser et animer une séance de jeux

Une séance de jeux doit être construite en suivant le rythme suivant :

- une phase de présentation, d'accrochage, de mise en route ;
- une phase d'exploration ;
- une phase de bouclage ;
- une phase de retour au calme, de bilan.

Évaluer la proposition

L'animation ne doit pas être occupationnelle, les enfants doivent se sentir acteurs. L'ATSEM/ASEM, en fonction d'animation, doit remettre en question et évaluer son travail :

- les consignes ont-elles été claires, comprises ?
- les règles de sécurité ont-elles été respectées ?
- les enfants ont-ils témoigné de leur intérêt, de leur satisfaction ?
- des réajustements sont-ils à prévoir (matériel, gestion du groupe, intérêt, etc.) ?

Remarque

Avant 6 ans, le fait de perdre est difficile car les enfants sont dans une période de consolidation de leur identité. Il vaut mieux privilégier les jeux coopératifs et réserver les jeux de règles et d'équipe aux plus grands.

Entraînez-vous

Aspects théoriques de la petite enfance

1. **Quels types de jeu symbolique proposeriez-vous à des enfants entre 2 et 4 ans ?**
2. **Quels types de coins jeux trouve-t-on en maternelle ?**
3. **Qu'est-ce qui caractérise le jeu libre ?**
4. **En quoi les jeux de construction participent-ils à la socialisation ?**

Vérifiez vos réponses

Aspects théoriques de la petite enfance

1. Tous les jeux de rôle liés à l'imagination avec ou sans matériel pour « faire semblant ». Ces jeux sont aussi une façon d'apprendre à interagir avec les autres, à inventer des histoires ensemble.
2. Les coins jeux sont nombreux et variés dans les classes de petite section, moins nombreux mais toujours maintenus en grande section. On y retrouve : les poupées, la cuisine, l'épicerie, le garage/voitures, la construction, la manipulation, le bricolage, les déguisements, etc.
3. C'est un jeu à l'initiative de l'enfant, sans production, où il organise ses propres scénarios, avec son imagination, son expression. L'enfant peut jouer et s'attribuer un rôle, en solitaire ou avec d'autres enfants.
4. L'enfant utilise du matériel pour construire ou créer des objets : pâte à modeler, briques, planchettes, blocs à assembler, etc. Ces expériences contribuent à construire son identité individuelle et sa place dans le groupe.

JOUR 11 Connaissance des institutions et du métier

Le service public et la laïcité

Si Charlemagne n'a pas « inventé » l'école comme l'affirme la chanson (on estime qu'il en aurait existé dès 3 000 avant Jésus-Christ), c'est néanmoins lui qui, en 789, décide de faire de l'éducation une priorité en France et ordonne l'ouverture d'écoles gérées par des abbés où on apprend à lire, écrire et compter. À l'époque, seuls les garçons sont concernés et l'objectif est de former les futurs cadres de l'empire.

Au Moyen Âge, l'éducation est confiée aux prêtres et ne concerne qu'une frange de la population. La Révolution française de 1789 fait naître l'idée d'un enseignement primaire obligatoire, laïc et gratuit. C'est pendant le Premier Empire que Napoléon Ier crée les lycées et le Baccalauréat tandis que l'idée de **l'éducation pour tous** naît juste après la chute de l'Empereur en 1816.

Mais c'est au cœur du XIXe siècle que l'école prend son essor alors que l'interdiction du travail des enfants de moins de 8 ans est décidée en 1841. Député républicain, **Jules Ferry** devient ministre de l'Instruction publique avant d'occuper le siège de président du Conseil (Premier ministre) sous la IIIe République. Successivement, il fera adopter les lois concernant **l'école primaire gratuite, laïque et obligatoire** en 1881 et 1882 pour tous les enfants de 6 à 13 ans.

L'école maternelle publique est instituée mais reste non obligatoire. On signale dans la loi que l'objectif est d'apporter aux enfants « les soins pour leur développement physique, intellectuel et moral et les préparer ainsi à recevoir avec fruit l'instruction primaire ». En 1886, l'enseignement primaire élémentaire est prolongé par les écoles primaires supérieures.

L'école devient alors le moyen de s'élever dans l'échelle sociale pour toutes les classes. Les efforts menés aboutissent à des résultats importants sur **l'analphabétisme qui disparaît quasiment à la veille de la Première Guerre mondiale** (1,3 % pour les garçons et 2,9 % pour les filles).

Autres dates clefs

- 1924 avec l'institution d'un programme similaire pour les garçons et les filles.
- 1932 avec l'expression **Éducation nationale** qui remplace l'Instruction publique et 1976 avec une mixité obligatoire dans les classes.

Laïcité et service public : les valeurs de la laïcité à l'école

Les principes du système éducatif français reposent sur plusieurs aspects : l'obligation de l'instruction, le droit à l'éducation, un enseignement scolaire public, gratuit et la laïcité. Des principes construits aux XIXe et XXe siècles que l'on retrouve inscrits dans la Constitution.

Selon le dictionnaire, le terme laïc signifie « indépendant des conceptions religieuses ou partisanes ».

Ainsi, comme le rappelle le ministère de l'Éducation nationale, « l'organisation de l'enseignement public gratuit et laïc à tous les degrés est un devoir de l'État », soulignant également que la République française assure l'égalité devant la loi de tous les citoyens « sans distinction d'origine, de race ou de religion » et « respecte toutes les croyances ».

Les croyances religieuses sont respectées mais ce respect implique à la fois l'absence d'instruction religieuse dans les programmes, la laïcité du personnel et le principe de neutralité et l'interdiction du prosélytisme (c'est-à-dire, selon la définition, le « zèle qui peut être manifesté pour répandre sa foi afin de recruter des adeptes »). L'enseignement religieux peut être dispensé à l'extérieur de l'école si les parents le souhaitent dans le cadre de la liberté de culte.

À toutes fins utiles, **une charte de la laïcité** à l'école a été créée à l'intention des personnels, des élèves et de l'ensemble de la communauté éducative. Son objectif est de rappeler les règles permettant de vivre ensemble dans l'espace scolaire, aider à les comprendre, se les approprier et les respecter.

Ainsi « les règles de vie des différents espaces, précisées dans le règlement intérieur, sont respectueuses de la laïcité ». De même, les élèves ne peuvent s'opposer à un enseignement, s'absenter de certains cours qui peuvent leur paraître contraires à leurs convictions ou porter des signes ou tenues manifestant ostensiblement une appartenance religieuse. (L. 141-5-1 du Code de l'éducation).

Pour en savoir plus sur la laïcité, consultez le site : http://classes.bnf.fr/laicite/expo/index.htm.

Le service public, qu'est-ce que cela implique ?

L'axe majeur du service public reste le principe de neutralité. Comme le souligne le ministère de l'Éducation nationale, « il implique que le service public soit assuré sans considération des opinions politiques, religieuses ou philosophiques des agents ou des usagers. » Ajoutant, « le service public de l'éducation poursuit l'intérêt général et doit répondre aux missions qui lui sont dévolues en respectant le principe de neutralité dans toutes ses dimensions : neutralité politique, religieuse, commerciale. »

Un point sur les chiffres

On dénombre au total, en France, 12 257 200 élèves. 6 528 000 sont écoliers et 86 % dans le public.

L'école maternelle accueille 2 314 893 élèves dont 69 984 élèves de moins de 3 ans et 788 070 élèves de 3 ans.

89 619 professeurs des écoles sont affectés en pré élémentaire. Environ 55 000 ATSEM sont en poste dans les écoles maternelles. On trouve une moyenne de 22 élèves par classe, avec pas plus de 24 élèves dans toutes les grandes sections à partir de la rentrée 2022 selon le ministère de l'Éducation nationale. En 2022, on dénombre 48 580 écoles, 7 200 collèges et 4 200 lycées.

Enfin, 401 535 enseignants sont en poste dans le premier degré.

- Pour en savoir plus sur les chiffres du service public, rendez-vous sur le site : https://www.education.gouv.fr/l-education-nationale-en-chiffres-edition-2022-342412.
- Pour plus de chiffres clefs de la maternelle, consultez le site : https://www.service-public.fr/particuliers/vosdroits/F1898.

Entraînez-vous !

Connaissance des institutions et du métier

1. **Qui a fait adopter les lois concernant l'école primaire gratuite et obligatoire ?**
   a. Napoléon Ier.
   b. Jules Ferry.
   c. Charlemagne.
2. **En quelle année furent adoptées les premières lois sur l'école ?**
   a. 1881.
   b. 1841.
   c. 1816.
3. **Qu'implique la notion de laïcité ?**
   a. L'interdiction de pratiquer une religion en France.
   b. L'obligation de neutralité religieuse au sein du service public.
   c. L'autorisation de sa pratique religieuse au sein des écoles.
4. **Combien d'enfants compte-t-on dans les écoles maternelles en France ?**
   a. 4 millions.
   b. 1 million.
   c. 2 millions et demi.
5. **La charte de la laïcité est un texte destiné à :**
   a. Énoncer des droits.
   b. Expliquer le respect de la laïcité.
   c. Afficher le règlement et les horaires des personnels.

Vérifiez vos réponses

Connaissance des institutions et du métier

1. **b.** Jules Ferry.
2. **a.** 1881.
3. **b.** L'obligation de neutralité religieuse au sein du service public.
4. **c.** 2 millions et demi.
5. **b.** Expliquer le respect de la laïcité.

JOUR 12

Aspects théoriques de la petite enfance

Communication et langage

Connaître

Dans toutes les cultures, le langage s'acquiert naturellement, contrairement à la lecture et l'écriture qui sont enseignées. L'enfant doit posséder un équipement neurologique et physique fonctionnel (système auditif, appareil phonatoire) et bénéficier d'une exposition à ce que l'on appelle le **bain de langage**.

Le tout-petit est un être de communication. Bien avant de prononcer ses premiers mots, il se montre très attentif aux personnes, leur visage, leur voix, leurs gestes, leurs mimiques et leurs paroles. Il interagit avec les autres par ses pleurs, ses sourires et ses propres mimiques. En 5 années, l'enfant va construire les principales fondations du langage oral.

Le langage s'inscrit dans la communication. Il est associé à la communication non-verbale : regard, mimique, gestualité.

Le développement du langage comporte deux mouvements : la compréhension et la production. Il est constitué de quatre composantes : les sons, les mots, les phrases, la communication. L'enfant entre dans le langage par les sons.

0-12 mois	12-18 mois	18-30 mois	30-36 mois	3-6 ans
Sons Babil « ba-ba, ma-ma »	Mots Association parole/geste « au revoir »	Phrases Mots-phrases « maman » peut signifier « quand est ce que maman revient ? » « j'entends maman arriver » « c'est le foulard de maman »	Conversation	Expression de sentiments, pensées, émotions
			Apparition du « Je »	

Les différences individuelles sont importantes dans le développement du langage.

Repères

Âge	Étapes de développement du langage : l'enfant peut...
À 3 mois	• Produire des rires et petits cris de joie et exprimer des émotions différentes par des gazouillis spécifiques.
À 6 mois	• Répondre par des vocalisations lorsqu'on lui parle. • Produire des syllabes (babillage). • Tenter de reproduire des sons et des bruits.
À 12 mois	• Imiter le discours de l'adulte. • Dire ses premiers mots (papa, maman, etc.).
À 18 mois	• Utiliser 7 à 20 mots de vocabulaire sous une forme simplifiée. • Demander quelque chose en le nommant. • Juxtaposer deux mots. • Dire « non ». • Comprendre les consignes simples.
À 2 ans	• Posséder de 50 à 200 mots de vocabulaire. • Faire des phrases de 2 ou 3 mots (« papa parti »). • Commencer à poser des questions. • Comprendre des ordres simples (« va chercher ton pyjama »). • Utiliser son prénom.
À 3 ans	• Posséder de 400 à 900 mots de vocabulaire. • Utiliser le pronom personnel « Je » pour parler de lui. • Construire des phrases avec sujet + verbe + adjectif. • Chanter des comptines. • Décrire un dessin.
À 4 ans	• Maîtriser tous les sons de la langue sauf : ch-j et s-z qui peuvent ne pas être différenciés. • Inventer des mots. • Produire des phrases complexes avec des propositions relatives. • Nommer les couleurs. • Compter jusqu'à 5.
À 5 ans	• Tenir une conversation. • Comprendre les consignes complexes avec des mots abstraits. • Réciter les lettres de l'alphabet. • Compter jusqu'à 10 voire 15.
À 6 ans	• Il est prêt pour l'apprentissage de l'écrit. La lecture est normalement acquise en une année scolaire et se perfectionne par la suite.

Accompagner

L'acquisition du langage se développe dans des activités partagées.

- L'ATSEM/ASEM, en ajustant le ton de sa voix et en utilisant des expressions faciales animées établit des échanges chaleureux propices à la communication.
- Les mots accompagnent les gestes et l'activité qui est en cours. En expliquant à l'enfant ce qui se passe et ce qu'il fait, l'ATSEM/ASEM contribue à comprendre le sens des situations.
- En cherchant à comprendre son expression (pleurs, sourires, regards, gestes, etc.), l'ATSEM/ASEM témoigne d'une écoute et d'une attention propices au développement de la communication verbale.
- Les situations du quotidien permettent d'offrir un bain de langage. L'ATSEM/ASEM veille à employer un langage correct pour servir de modèle à l'enfant.
- L'ATSEM/ASEM peut reformuler correctement si nécessaire sans faire répéter à l'enfant.
- En se mettant à hauteur des yeux de l'enfant, l'ATSEM/ASEM gagne en attention de l'enfant qui se sent écouté.
- L'ATSEM/ASEM veille à utiliser le « Je » et le « Tu » plutôt que le « On » trop généraliste.
- Avec l'enfant qui ne parle pas ou peu, l'ATSEM/ASEM peut se rapprocher de lui, attirer son attention avec un objet, entrer en interaction comme support de langage.
- Le langage véhicule l'image de soi. L'ATSEM/ASEM évite toute forme de jugement ou de préjugés sur l'enfant et sa famille.
- En utilisant les comptines et les chansons, l'ATSEM/ASEM soutient les processus de mémorisation.

Les troubles de l'évolution du langage

4 à 5 % des enfants d'une tranche d'âge sont concernés par des troubles de l'évolution du langage, ce qui représente un enfant par classe. Les troubles de l'évolution du langage peuvent avoir une origine fonctionnelle : retards simples de parole et de langage. Plus rarement, les troubles isolés peuvent être structurels et spécifiques (dysphasie). Enfin, les troubles de l'évolution du langage peuvent être associés à une déficience intellectuelle, une surdité, des troubles envahissants de développement ou des carences psychoaffectives.

Toute difficulté de langage doit être prise en compte. Les deux facteurs de prévention sont la fréquence d'exposition au langage oral et la qualité du langage avec laquelle on s'adresse aux enfants. Les retards de langage simples évoluent rapidement avec une prise en charge orthophonique entre 3 et 4 ans. La précocité du dépistage des troubles de l'évolution du langage permet de réduire les difficultés d'apprentissages et de minimiser l'impact sur l'estime de soi associé au sentiment d'échec.

Entraînez-vous !

Aspects théoriques de la petite enfance

1. **De quelle façon l'ATSEM/ASEM contribue-t-il au développement du langage de l'élève ?**
2. **Sarah propose beaucoup de gros mots. Comment pouvez-vous améliorer son niveau de langage ?**
3. **La classe accueille un enfant allophone. Comment allez-vous communiquer avec lui ?**

Vérifiez vos réponses

Aspects théoriques de la petite enfance

1. L'ATSEM/ASEM doit toujours veiller à utiliser des formulations correctes et à multiplier les situations d'acquisition de vocabulaire. Il reprend systématiquement les erreurs de français et l'utilisation d'un vocabulaire inadapté. Il est à l'écoute et répond aux questions. Il doit également être capable de repérer les difficultés de langage et d'alerter l'enseignant en cas de doute.
2. Les enfants connaissent, pour la plupart d'entre eux, une période de gros mots entre 2 et 5 ans. Face à cela, l'ATSEM/ASEM doit rester calme et ne pas punir ou réprimander. Il doit expliquer à l'enfant que les termes employés ne sont pas corrects et doit proposer un vocabulaire adapté. L'ATSEM/ASEM ne doit en aucun cas émettre un jugement sur le niveau de langage de l'enfant ou de son entourage familial et doit faire part de ses observations à l'enseignant.
3. Pour communiquer avec lui, il faut mobiliser tous les moyens de communication possibles pour se faire comprendre et comprendre l'enfant : passer par une autre langue commune (anglais, allemand, etc.), utiliser des supports visuels (imagiers), le dessin, les gestes (pour mimer ou pour montrer), l'utilisation de figurines, etc. Par ailleurs, il est important de faire preuve de bienveillance, de valoriser tous les essais de communication de l'enfant, de favoriser les prises de parole, d'adapter son langage lorsqu'on s'adresse à lui, de faire des phrases simples mais bien construites et de s'exprimer clairement.

JOUR 13

Aspects techniques du métier

Communication professionnelle : formes et outils

Clé de voute

« La communication est le fait de communiquer, de transmettre quelque chose. » *Larousse*

La communication est un acte, l'information est son contenu. Elle est **la clé de voute** de tout système relationnel et peut porter sur des domaines très divers : connaissances, informations, opinions, sentiments, etc.

Dans une situation de communication interpersonnelle, il y a deux partenaires : l'émetteur et le récepteur du message.

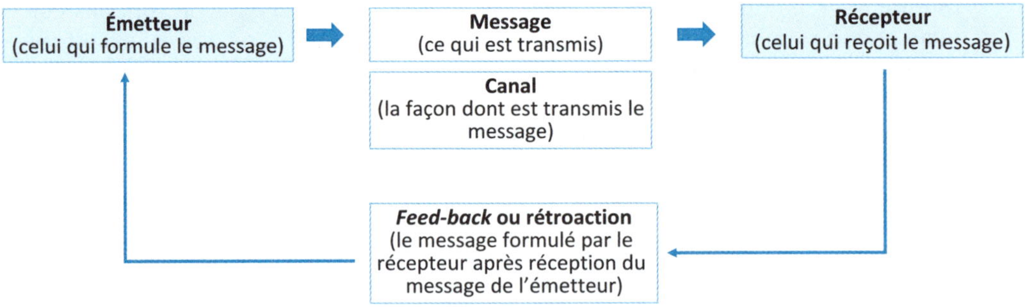

Pour assurer une qualité relationnelle quelques conditions sont indispensables : utiliser un langage clair, simple, adapté et être prêt et disponible pour recevoir le message.

À noter

Au sein d'un établissement scolaire (ou d'un ACM – accueil collectif de mineurs) les professionnels et les parents peuvent être dans une situation de défiance par méconnaissance réciproque.

Une situation de communication est fonctionnelle lorsqu'elle est fondée sur les cinq axiomes suivants :

- il est impossible de ne pas communiquer ;
- la communication repose sur un contenu et une relation ;
- une bonne relation de communication dépend de la régularité des échanges ;
- la spontanéité d'un échange permet de transmettre des informations justes ;
- l'interaction doit être dénuée de toute situation de domination.

À l'école maternelle, tous les acteurs de la communauté éducative ont un objectif commun : garantir une première expérience de scolarité positive. L'épanouissement de l'élève est largement influencé par la qualité des relations entre les adultes, professionnels-parents mais aussi enseignant-ATSEM/ASEM. Des relations difficiles entre adultes constituent une source majeure d'insécurité pour l'enfant.

À l'inverse, le sentiment de continuité et des objectifs communs soutiennent le parcours nécessaire pour une scolarité bénéfique.

Mise en œuvre d'une communication positive

Il existe quelques invariants essentiels à toute situation de communication positive.

Écoute active

- Accueillir le point de vue de l'autre, entendre et accepter les points de divergence.
- Faire preuve d'empathie, essayer de comprendre sans juger les attentes et les mots de ses interlocuteurs.

Non-verbal

En toute situation, adopter une posture accueillante : établir un contact visuel, accueillir avec le sourire, poser des questions plutôt que froncer les sourcils, se tenir droit avec une position ouverte pour montrer sa volonté d'interagir.

Échanges constructifs

- Veiller à la circulation de la parole.
- Montrer que l'on cherche à comprendre.
- Mobiliser un langage professionnel (attention au langage trop familier).

Dialogue

Certaines questions, remarques, interrogations peuvent apparaître comme une critique injustifiée, une remise en cause, des tentatives de contrôle ou d'empiètement sur les actions de l'autre.

Une communication positive s'appuie sur une confiance mutuelle qui rend possible l'expression des désaccords comme une opportunité de changement et non comme une menace de danger. Toute forme d'agressivité et de discrimination sont à bannir.

Reformulation

La reformulation facilite la communication en répétant une partie du message pour le rendre plus compréhensible.

Feed-backs

Le *feed-back* est un mot anglais qui signifie « information en retour ». C'est un moyen de vérifier et de s'assurer quel l'on a bien compris ou que l'on s'est bien fait comprendre.

À noter

En cas de désaccord sur l'organisation de travail préalablement décidée par l'enseignant, l'ATSEM/ASEM doit aborder le sujet avec l'enseignant. Il évoque ses difficultés ou préoccupations en faisant preuve de respect et d'ouverture. L'objectif est que chacun exprime son point de vue et de parvenir à un compromis.

Si ce premier niveau de concertation ne donne pas satisfaction, l'ATSEM/ASEM sollicite le directeur de l'école qui a pour mission la résolution de conflits ATSEM/ASEM-enseignant. En cas de difficulté majeure, un deuxième niveau de concertation pourra associer le supérieur hiérarchique de l'ATSEM/ASEM (un représentant de la commune par exemple).

Dans tous les cas, l'ATSEM/ASEM n'exprime jamais son désaccord en présence des enfants et/ou des familles.

Des enjeux

La communication a pour but premier de faire passer un message, cependant elle revêt plusieurs enjeux.

- **enjeu informatif** : transmettre des informations, des connaissances, des émotions, des sentiments ;
- **enjeu identitaire** : permettre de trouver sa place dans un groupe. Par la manière dont nous interagissons avec autrui, nous créons notre rôle au sein de la société ;
- **enjeu relationnel** : créer ou entretenir des relations pour garantir une entente ;
- **enjeu d'influence** : permettre d'agir sur l'autre en modifiant ses pensées ou ses actions en l'incitant à agir selon sa propre volonté.

Quelques outils de communication

En milieu professionnel trois formes de supports sont privilégiées :

- support oral : entretien direct, réunion, entretien téléphonique ;
- support écrit : lettres notes d'informations, mail, etc ;
- support visuel : tableau, planning, affiches, photographies, vidéo, etc.

Outil	Forme	Exemples
Transmissions quotidiennes	Communication orale	• Modalités d'échanges ATSEM/ASEM-enseignant • Modalités d'échanges enseignant-parents • Etc.
Écrits professionnels	Communication écrite	• Compte-rendu • Notes de service • Etc.
Affichage technique	Communication visuelle	• Protocole d'évacuation • Organigramme • Trombinoscope • Menu du jour • Etc.
Courrier administratif	Communication interne	• Autorisation d'absence • Etc.
Téléphone	Communication externe	• École-parents • Etc.
Cahier de liaison	Communication écrite	• Cahier de suivi du projet pédagogique • Cahier de liaison famille-école • Pochette travail de l'élève • Etc.
Classeurs	Communication interne	• Classeur des PAI • Classeur des FDS • Etc.
Réunion	Communication orale	• Réunion de rentrée • Réunion de coordination des ATSEM/ASEM

Entraînez-vous !

Aspects techniques du métier

1. **Un parent arrive à la garderie en vous reprochant de ne pas avoir déneigé la cour. Que lui répondez-vous ?**
2. **Un de vos collègues est absent au moment de l'accueil. Que faites-vous ?**
3. **Vous êtes en désaccord avec l'enseignant sur l'organisation de votre travail. Comment allez-vous surmonter cette difficulté ?**

Vérifiez vos réponses

Aspects techniques du métier

1. Dans la plupart des communes, le balayage, déneigement, ramassage des feuilles, etc. relèvent des services municipaux compétents. Quand ce n'est pas le cas, c'est à l'ATSEM/ASEM ou à l'agent d'entretien de s'en occuper. L'ATSEM/ASEM doit donc garder son calme et expliquer calmement au parent d'élève et de façon la plus neutre la raison pour laquelle le déneigement n'a pas été effectué.
2. En cas d'absence d'un collègue, il convient de redistribuer le travail entre les autres ATSEM/ASEM présents afin de permettre un accueil optimal des élèves et un fonctionnement de toutes les classes dans les meilleures conditions. En attendant l'arrivée du directeur de l'école qui donnera les directives, les ATSEM/ASEM ouvrent les portes, les rideaux et les volets. Ils s'assurent du rangement et de la propreté minimale de la classe et des sanitaires, etc.
3. En cas de désaccord, l'ATSEM/ASEM doit aborder le sujet avec l'enseignant en évoquant ses difficultés ou ses préoccupations dans le respect et écoute les arguments de l'enseignant. Si cette discussion n'aboutit pas positivement, l'ATSEM/ASEM peut solliciter le directeur d'établissement. Il est important de ne jamais exprimer de désaccord devant les enfants.

Aspects théoriques de la petite enfance

JOUR 14

Devenir élève : un enjeu essentiel pour le devenir scolaire

Extraits du programme de l'école maternelle du 26 mars 2015

L'école maternelle structure les apprentissages autour d'un enjeu de formation central pour les enfants : « Apprendre ensemble et vivre ensemble ». La classe et le groupe constituent une communauté d'apprentissage, les enfants apprennent à repérer :

- les rôles des différents adultes ;
- la fonction des différents espaces dans la classe, dans l'école ;
- les règles qui s'y rattachent.

L'école maternelle assure ainsi une première acquisition des principes de la vie en collectivité. L'accueil et la scolarisation des enfants en situation de handicap participent à cet enjeu et contribuent à développer pour tous un regard positif sur les différences. L'école maternelle construit les conditions de l'égalité, notamment entre les filles et les garçons.

L'enfant apprend en même temps à entrer dans un rythme collectif : faire quelque chose ou être attentif en même temps que les autres, tenir compte de consignes collectives.

Il apprend à se construire comme personne singulière : découvrir le rôle du groupe, participer à la réalisation de projets communs et apprendre à coopérer.

Devenir élève relève d'un processus progressif de la petite section à la grande section.

Repères

Quand, à la fin du cycle 1 (grande section), l'enfant est capable de :

- savoir ce qu'il apprend ;
- se repérer dans l'organisation matérielle et temporelle de la classe ;
- apprendre avec les autres.

Alors, cet enfant est devenu un élève qui a compris ce qu'est l'école et le sens des apprentissages : il sait ce qui est attendu de lui, ce qu'il apprend et pourquoi il l'apprend.

À noter

Contrairement à ce que croient certains enfants ou adultes, les élèves ne sont pas de simples exécutants des consignes de l'enseignant : « bien écouter, faire ce que dit la maîtresse ». Dès la petite section, les enfants découvrent ce qu'est apprendre : « je ne savais pas faire/ maintenant je sais faire ».

La scolarisation des enfants de moins de trois ans

Pour un enfant de moins de trois ans, l'entrée à l'école maternelle correspond fréquemment à une première expérience éducative en contexte collectif. Elle est marquée par une séparation parents-enfant sensible qui nécessite un accompagnement particulier. De grands changements sont présents : passage de lieux connus à des espaces plus vastes, passage d'un langage familier à d'autres registres de langage, découverte d'un grand groupe d'enfant et seulement deux adultes, découverte d'activités inconnues pouvant générer de l'insécurité affective.

Si certains enfants investissent facilement ce nouveau lieu, la plupart manifestent une grande insécurité affective qui se traduit par une intensité des pleurs, de l'agressivité et du repli sur soi.

Cette première scolarisation s'aménage avec un temps de familiarisation qui doit permettre aux jeunes enfants et à leurs parents de s'approprier l'école. Une période d'adaptation est indispensable pour que l'enfant trouve les repères nécessaires pour se sentir en sécurité et se séparer de ses parents en confiance. Un étalement des rentrées sur plusieurs jours peut être proposé afin de permettre à l'enseignant et l'ATSEM/ASEM d'être pleinement disponibles pour accueillir chaque enfant et ses parents arrivant et être auprès des enfants dont les parents ne sont pas ou plus présents.

Quelles que soient les modalités d'accueil, il est essentiel que l'enfant de moins de trois ans trouve la possibilité de construire avec les adultes de référence une relation suffisamment stable et chaleureuse sur laquelle il va pouvoir s'appuyer.

La scolarisation des très jeunes enfants doit être anticipée, préparée par l'école, les parents et les autres partenaires pour rendre lisible progressivement l'école maternelle. Les enfants entre 2 et 4 ans ont un cerveau émotionnel encore très dominant, les activités sont plus courtes, plus ritualisées.

La classe de toute-petite section, en s'adaptant au mieux aux besoins et rythme des enfants, leur permet d'aborder l'école maternelle dans de bonnes conditions. Tout en proposant une certaine souplesse, la fréquentation doit être régulière et l'école demeure un lieu d'apprentissages.

Attention

L'acquisition de la propreté est une étape du développement qui s'accompagne dans le respect de la maturation physiologique de l'enfant et de son intimité. C'est une éducation conjointe à l'école et au sein de la famille qui doit s'appuyer sur le rôle des adultes, notamment celui de l'ATSEM/ASEM, afin d'accompagner les régressions possibles et la manière de les prendre en charge.

Le rôle de l'ATSEM/ASEM

Devenir élève c'est donc se socialiser et apprendre à apprendre avec les autres. L'ATSEM/ASEM, comme acteur de la communauté éducative, aide les enfants à prendre confiance en eux et à entrer progressivement dans le statut d'élève :

- en soulignant par les paroles les réussites, les progrès et en reconnaissant les essais et les tâtonnements ;
- en accueillant chaque enfant, en le prénommant ;
- en étant à l'écoute, avec une attitude ouverte sans juger ;
- en encourageant l'entraide ;
- en s'assurant de ce que l'enfant a compris dans les situations au quotidien.

Par sa posture, l'ATSEM/ASEM participe à montrer à l'enfant que l'école est un lieu où l'on apprend ce que l'on ne sait pas encore, avec l'aide de l'adulte ou des autres enfants.

Entraînez-vous !

Aspects théoriques de la petite enfance

1. **En quoi l'erreur soutient le devenir de l'élève ?**
2. **Quelles sont les dimensions de l'autonomie ?**
3. **Comment l'ATSEM/ASEM participe-t-il au développement de l'autonomie de l'enfant ?**

Vérifiez vos réponses

Aspects théoriques de la petite enfance

1. Les erreurs ne sont pas synonymes d'échecs et doivent servir de base pour permettre à chaque élève de mesurer le chemin parcouru, pour qu'il ait conscience de ce qu'il apprend et entre dans une dynamique de projet dans ses apprentissages scolaires et dans la vie quotidienne.
2. L'autonomie concerne la relation (progressivement l'enfant a moins besoin de l'aide de l'adulte), les habiletés corporelles (l'enfant apprend à agir seul dans de nouvelles situations) et la pensée (l'enfant pense par lui-même et construit sa personnalité).
3. En donnant le temps de découvrir les situations nouvelles, en montrant comment faire tout seul, en incitant à faire seul et en proposant son aide si nécessaire. En valorisant leurs essais-erreurs et en favorisant leur sentiment de sécurité.

Aspects techniques du métier

JOUR 15

Les activités périscolaires (APE)

L'engagement des communes

Grâce à l'engagement des communes, la généralisation des nouveaux temps d'activités périscolaires (TAP) est désormais effective sur l'ensemble du territoire. Davantage d'enfants bénéficient d'activités de découverte et d'enrichissement culturel. Cette dynamique participe notamment à réduire les inégalités sociales.

60 % des TAP sont organisés sous forme d'accueil de loisirs sans hébergement (ALSH) ce qui implique des normes d'encadrement, de qualifications du personnel et un projet pédagogique. Cela témoigne de la volonté des élus de s'engager dans l'égalité d'accès aux activités qualitatives et de favoriser la gratuité dans un souci de justice sociale. Cette démarche volontaire des collectivités territoriales peut s'inscrire dans le cadre d'un PEDT.

Le décret n° 2013-77 du 24 janvier 2013 relatif à l'organisation du temps scolaire dans les écoles maternelles et élémentaires prévoyait une semaine à 4 jours et demi.

En juin 2017 un décret a été publié permettant d'assouplir la réforme afin de pouvoir choisir un retour à la semaine de 4 jours (87 % des écoles publiques en 2018).

Des activités spécifiques

Il existe un grand nombre d'activités possiblement proposées dans le cadre des activités périscolaires. Voici la part des activités variées et spécifiques (en %) au sein des communes (source ministère de l'Éducation nationale) :

- 94 % activités artistiques et culturelles : chant, danse, éveil musical, arts plastiques ;
- 87 % activités physiques et sportives (sensibilisation, initiation) ;

- 84 % jeux collectifs, grands jeux en extérieur ;
- 70 % jeux calmes, repos, détente ;
- 56 % ateliers autour du livre ;
- 41 % sensibilisation au développement durable ;
- 28 % activités scientifiques ;
- 27 % sensibilisation à la citoyenneté et au vivre ensemble ;
- 24 % activités liées au numérique ;
- 24 % ateliers langues.

Ces activités n'ont pas de caractère obligatoire. Elles doivent favoriser le développement personnel de l'enfant, en complémentarité et cohérence avec le projet d'école.

À noter

Les TAP ne sont pas à confondre avec les activités pédagogiques complémentaires (APC) assurées par les enseignants pour des petits groupes d'élèves afin de mettre en place un accompagnement lors de difficultés d'apprentissage.

Rôle de l'ATSEM/ASEM

Animer une activité périscolaire est une fonction complexe qui nécessite de :

- concevoir, préparer, organiser un temps collectif ;
- prendre en compte les besoins de sécurité, le rythme, les intérêts des enfants ;
- énoncer clairement les consignes ;
- veiller à la compréhension et l'application des règles de vie collective ;
- adopter une posture d'animateur : donner à jouer, faire jouer, jouer avec ;
- inciter, encourager, faire participer, soutenir ;
- favoriser un climat de plaisir et de convivialité ;
- prévoir l'aménagement de l'espace ;
- savoir adapter ses propositions ludiques ;
- savoir accepter le refus : solliciter sans insister.

Remarque

L'activité n'est pas une fin en soi, le rôle de l'animateur est d'être attentif à ce que vivent les enfants au travers de l'activité proposée.

Entraînez-vous !

Aspects techniques du métier

1. **Quelles sont les particularités du rôle de l'ATSEM/ASEM dans les activités périscolaires ?**
2. **Quel est l'intérêt d'un fonctionnement par thématique pour les activités périscolaires ?**
3. **Quels sont les buts recherchés pendant les activités périscolaires ?**

Vérifiez vos réponses

Aspects techniques du métier

1. Pendant les activités périscolaires, l'ATSEM/ASEM change de rôle auprès des enfants et des familles, change de responsabilité en prenant en charge des groupes d'enfant, change de hiérarchie, travaille en équipe avec les autres intervenants chargés d'animation.
2. Le choix d'une thématique permet de captiver l'intérêt des enfants, de communiquer facilement sur les propositions, d'aborder différents supports : musical, plastique, sportif, scientifique, etc.
3. La mission de l'ATSEM/ASEM est de proposer aux enfants d'explorer des thématiques, de développer leur habileté en faisant par eux-mêmes, de s'ouvrir aux autres, de s'approprier l'espace et de proposer des sources d'épanouissement.

JOUR 16

Connaissance des institutions et du métier

L'organisation d'une école

À partir de l'âge de trois ans, un enfant a l'obligation d'être inscrit à l'école maternelle, sauf si l'instruction se fait dans la famille.

Si un enfant est âgé de 2 ans, sous certaines conditions, comme la propreté acquise ou un certain niveau de langage, il peut être admis dans la limite des places disponibles. Suivant les cas, sa scolarisation peut alors se faire dans une classe spécifique (nommée toute petite section) ou non.

Rappel

Certaines écoles comprennent des classes de maternelle et des classes de primaire dans la même enceinte.

Trois cycles existent au sein de ces écoles :

- le **cycle 1 ou cycle des apprentissages premiers,** regroupe les trois années de maternelle (petite, moyenne et grande section) ;
- le **cycle 2 ou cycle des apprentissages fondamentaux :** comprend le cours préparatoire (CP), le cours élémentaire première année (CE1) et le cours élémentaire deuxième année (CE2) ;
- le **cycle 3 ou cycle de consolidation** : concerne le cours moyen première année (CM1) et le cours moyen deuxième année (CM2).

À noter

Le niveau de 6e est dispensé hors des murs de l'école primaire, puisqu'appartenant au collège, mais fait partie du cycle 3.

Hiérarchiquement, les écoles ont à leur tête un directeur ou une directrice, des professeurs des écoles et des personnels dits non enseignants.

Le directeur d'école

Le rôle du directeur ou de la directrice d'école est multiple et essentiel dans un cadre d'organisation, de la coordination des équipes, d'accueil des élèves, de leur suivi et de la sécurité.

Dans le cadre du projet d'école, il coordonne, anime l'équipe pédagogique et veille au bon déroulement des enseignements. Il dirige, consulte, organise le travail au sein du conseil des maîtres mais aussi du conseil de cycle qui se réunit régulièrement. Il veille, entre autres, à la mise en place et au suivi des dispositifs de soutien, par exemple, le **PPRE** (programme personnalisé de réussite éducative) pour les élèves en difficultés, étudie et met en œuvre avec les équipes les aménagements pour l'accueil d'enfants handicapés dans le cadre d'un **PPS** (projet personnalisé de scolarisation) ou d'un **PAP** (plan d'accompagnement personnalisé) pour les élèves qui ont des difficultés scolaires liées à un trouble d'apprentissage.

Le professeur des écoles

Si l'objectif du professeur des écoles est d'apprendre aux élèves à lire, écrire et compter, il est un professionnel de la pédagogie aux rôles très variés. En effet, il est « multi-matières », enseignant aussi bien le français que les mathématiques, l'histoire et la géographie, les sciences expérimentales, une langue vivante, la musique, les arts plastiques, l'éducation sportive, la culture numérique, etc. Il peut être amené à enseigner à tous les niveaux de classe de la maternelle au CM2.

Le professeur organise les espaces de vie de la classe, l'apprentissage et garde une liberté pédagogique tout en suivant les programmes de l'Éducation nationale. Il élabore des progressions d'apprentissage scolaire dans lesquelles il insère des projets pédagogiques en organisant, par exemple, des sorties scolaires.

Capter l'attention, s'adapter en permanence au groupe-classe et à chacun des élèves tout en ayant un regard particulier sur le parcours et les difficultés, son rôle est aussi d'évaluer l'évolution de chaque enfant dans les connaissances et sa capacité à réinvestir les acquis.

Il doit aussi garder une vigilance sur le savoir-être. En effet, on peut comparer la classe à une micro-société dans laquelle chacun est unique mais vit au sein d'un groupe. Le professeur des écoles est aussi à l'écoute : il est le principal interlocuteur des parents, qu'il reçoit pour échanger sur l'évolution de leur enfant dont ils restent les principaux éducateurs.

Les personnels non-enseignants

Leurs rôles sont très variés en raison de leurs fonctions très différentes.

Il peut s'agir des personnels de santé comme le médecin, les infirmières, les psychologues scolaires… qui participent au suivi des enfants.

On notera le rôle important des personnels administratifs tout comme celui les agents de maintenance et de service qui veillent au bon fonctionnement à l'entretien et l'hygiène des locaux. Les agents de service de restauration scolaire jouent, eux, un rôle indispensable au bon fonctionnement de la cantine.

Si les ATSEM/ASEM ont un rôle essentiel en tant que personnel non-enseignant dans les classes de maternelle en accompagnant les enfants au quotidien, on peut noter aussi la présence d'AESH (accompagnant des élèves en situation de handicap) qui aident les élèves en situation de handicap parfois de la maternelle jusqu'à la fin de l'école primaire, à chaque moment de la journée.

On trouve enfin des animateurs qui encadrent les activités périscolaires.

Entraînez-vous !

Connaissance des institutions et du métier

1. **À partir de quel âge, l'école est-elle obligatoire ?**
   a. 2 ans.
   b. 3 ans.
   c. 6 ans.
2. **Combien compte-t-on de cycles au sein des écoles primaires incluant des classes maternelles ?**
   a. 2.
   b. 4.
   c. 3.
3. **Quel est le rôle des AESH ?**
   a. Aider les enfants atteints de handicap en classe.
   b. Aider les ATSEM dans leurs fonctions.
   c. Organiser le temps scolaire avec les enseignants.
4. **Qu'est-ce qu'un PPS ?**
   a. Projet personnel de soutien.
   b. Projet personnalisé scolaire.
   c. Projet personnalisé de scolarisation.
5. **Un professeur de classe maternelle peut-il enseigner dans un niveau de classe élémentaire ?**
   a. Oui.
   b. Non.

Vérifiez vos réponses

Connaissance des institutions et du métier

1. **b.** 3 ans.
2. **c.** 3.
3. **a.** Aider les enfants atteints de handicap en classe.
4. **c.** Projet personnalisé de scolarisation.
5. **a.** Oui.

JOUR 17

Aspects théoriques de la petite enfance

L'estime de soi : un passeport pour la réussite scolaire

Estime de soi et apprentissage

L'estime de soi correspond à la valeur que chacun s'accorde, à partir de la conscience de ses ressources et de ses difficultés, de sa capacité à surmonter les obstacles et à trouver des solutions pour agir. C'est un sentiment personnel qui se construit et évolue tout au long de sa vie, à partir de ses expériences propres à travers le regard de l'autre.

Pour le jeune enfant, c'est une construction très précoce dans le regard des adultes prêts à reconnaître et à valoriser (ou pas) ses compétences.

Les attitudes éducatives des adultes ont une importance considérable dans les représentations que les jeunes enfants se construisent d'eux-mêmes, de ce que l'on attend d'eux et de ce qu'ils peuvent réaliser.

L'estime de soi est fortement liée à la sensibilité des adultes à la réussite ou l'échec, à la valeur de l'apprentissage par essais et tâtonnements et au sentiment de fierté ou de honte.

Nouveauté, surprise, difficulté, tâtonnement, erreur, déstabilisation et restructuration font partie intégrante de tout apprentissage. L'enfant qui deviendra élève doit posséder une sorte de « capital-confiance », des repères et l'assurance de pouvoir relever les défis qui s'imposent à lui.

Le statut de l'erreur

Les erreurs ne sont pas synonymes d'échecs, mais « curseurs de réussite ». En effet, l'erreur est une base pour permettre à chaque élève de mesurer le chemin parcouru, pour qu'il ait conscience de ce qu'il apprend, et pour entrer dans une dynamique d'évolution et de progrès que ce soit dans les apprentissages académiques comme dans les apprentissages liés à la vie quotidienne.

Les composantes de l'estime de soi

Une conception développementale de l'estime de soi fait préciser trois étapes en lien avec la consolidation de l'identité :

- avant 5 ans : on parle d'émergence du soi, les bases, l'enfant a un point de vue égocentrique ;
- entre 5 et 8 ans : on parle d'expansion du soi, les relations aux autres évoluent ;
- après 7/8 ans : on parle d'estime de soi en lien avec l'articulation des connaissances et le point de vue de l'autre.

Il existe quatre composantes de l'estime de soi.

Le sentiment de sécurité

Grâce à des repères stables dans le temps et dans l'espace, avec l'accompagnement de personnes sécurisantes, dignes de confiance, qui posent des règles claires, concrètes et constantes, l'enfant renforce sa base de sécurité interne. Dans la stabilité de son environnement, le jeune enfant va repérer les attentes des adultes, il va prévoir leurs réactions, accepter les limites et développer sa confiance.

Le sentiment d'identité

Progressivement, l'enfant prend conscience de ses caractéristiques, de ses capacités, de ses besoins et de ses sentiments. Il se fait une représentation de son corps, de sa manière d'entrer en relation avec les autres et de sa place dans le groupe. Il se découvre comme un être unique par le regard porté sur lui et les rétroactions qu'il reçoit.

Le sentiment d'appartenance

Par la qualité d'accueil et la place réservée à chacun, l'enfant développe une aptitude à accepter l'autre, à partager des expériences, à se construire au travers d'un vécu commun dans un groupe sous le regard de l'adulte.

Le sentiment de réussite

La reconnaissance par l'adulte de ses essais impulse chez l'enfant l'expérience du succès qui engendre la motivation et permet la persévérance devant la difficulté. Pour oser s'engager et mettre en place des stratégies pour surmonter des difficultés, l'enfant doit pouvoir s'appuyer sur ses ressources et se sentir capable.

C'est le sentiment d'efficacité qui pousse à relever de nouveaux défis.

À noter

En soulignant les gestes positifs ou les petits succès de l'enfant, l'ATSEM/ASEM fait en sorte qu'il en garde un souvenir et soutient la prise de conscience de ses capacités. L'estime de soi fonctionne par la mémoire et grâce à elle.

Le rôle de l'ATSEM/ASEM

L'estime de soi se construit au fil des jours et l'enfant a besoin de chaque adulte au quotidien pour développer une vision positive de lui-même.

Quelques pistes à suivre et développer :

- leur permettre de faire leur propre choix dans certaines situations ;
- les faire parler de ce qui les rend fiers et heureux, les écouter ;
- lancer des petits défis à leur mesure ;
- impliquer et responsabiliser les enfants dans différentes tâches ;
- encourager l'entraide et la coopération entre enfants ;
- les aider à reconnaître leurs forces, leurs efforts ;
- avoir une attitude chaleureuse et sécurisante ;
- exercer une fermeté bienveillante.

Entraînez-vous !

Aspects théoriques de la petite enfance

1. **Pourquoi la question de l'estime de soi se pose-t-elle à l'école ?**
2. **Comment l'école influence-t-elle l'estime de soi ?**
3. **Comment l'ATSEM/ASEM gère-t-il une crise de colère ?**

Vérifiez vos réponses

Aspects théoriques de la petite enfance

1. L'estime de soi est fondamentale parce qu'elle est nécessaire à la réussite scolaire, parce qu'elle permet une prise de risque pour se lancer et progresser dans tout apprentissage. C'est une sorte de capital confiance pour faire face à la nouveauté, aux déstabilisations et aux difficultés.
2. L'école se doit d'être sécurisante et protectrice : des repères spatio-temporels stables, un cadre apaisant et contenant, une attitude et un regard positif de l'ATSEM/ASEM – comme de tout membre de l'équipe pédagogique – vont permettre à l'enfant de dépasser et surmonter ses difficultés.
3. L'ATSEM/ASEM doit prendre du recul par rapport à la situation, conscient que l'élève exprime par la colère une émotion qui le dépasse. Les phrases de jugement sont à proscrire (« tu es méchant »). L'important pour l'enfant est de comprendre qu'il peut gérer différemment que par l'agressivité. L'ATSEM/ASEM fait part de ses observations à l'enseignant.

JOUR 18

Aspects techniques du métier

La surveillance

Responsabilité

L'école est responsable des élèves qui lui sont confiés. Elle doit veiller à leur sécurité. Cette responsabilité s'applique à l'intérieur de l'établissement, mais aussi en dehors, au cours des activités, qu'elles soient obligatoires ou facultatives. La surveillance doit être exercée de façon continue.

Avant la prise en charge par les enseignants, les enfants sont sous la seule responsabilité des parents, qui indiquent également le choix de la personne désignée pour reprendre un enfant à la sortie des classes.

Les temps périscolaires sont sous la responsabilité de la commune : accueil-garderie du matin, restauration-temps méridien, activités périscolaires, garderie du soir.

Les transports scolaires sont sous la responsabilité du département ou de l'organisateur secondaire désigné. La commune est responsable de la sécurité sur la voie publique et de l'aménagement des aires de stationnement des cars.

À noter

L'aménagement et l'entretien des espaces extérieurs réservés aux élèves ainsi que l'installation et l'entretien des matériels mis à leur disposition relèvent de la compétence des communes. Il appartient au directeur d'école d'être vigilant en matière de sécurité des locaux, matériels et espaces auxquels les élèves ont accès.

Accueil dans la classe

L'accueil des élèves a lieu 10 minutes avant le début de chaque demi-journée de classe, plage horaire qui peut être modifiée par l'école pour faciliter l'entrée des élèves et réduire les temps d'attente sur la voie publique.

Attention

L'ATSEM/ASEM peut être amené à surveiller les élèves en présence de l'enseignant. En classe, cet accueil peut être prévu de manière collaborative : aider les enfants à se dévêtir, s'installer dans la classe, mener quelques activités. L'ATSEM/ASEM peut également encadrer un atelier pour lequel une activité pédagogique a été conçue et organisée par l'enseignant. Les contacts avec les parents lors de ces moments permettent des échanges d'informations sous la responsabilité de l'équipe enseignante.

Récréation

Chaque enseignant est responsable de sa classe pendant les temps de récréation. Ce service peut être réparti entre les enseignants. En cas d'absence ou d'urgence, l'ATSEM/ASEM peut être amené à surveiller la cour de récréation de manière très exceptionnelle, momentanée, jusqu'à ce qu'une organisation soit mise en place par l'équipe pédagogique.

À noter

Par sa surveillance des installations, l'ATSEM/ASEM participe à la mise en sécurité de la cour de récréation en informant le directeur de constats pouvant toucher à la sécurité des enfants : usure des protections des poteaux et des angles, des revêtements des sols, etc.

Temps méridien

La pause méridienne (temps de surveillance et de loisirs avant et après le temps de repas collectif) est placée sous l'autorité du maire. Selon les écoles, la pause méridienne peut être encadrée par des enseignants (sous la responsabilité de la commune). Sinon un relai et une coordination s'opère entre les enseignants et le personnel communal (ATSEM/ASEM, animateurs, personnel de restauration, agents techniques).

Pendant le temps méridien, l'ATSEM/ASEM participe à la surveillance du repas, travaille en collaboration avec les animateurs et établit un relai avec l'enseignant pour le retour en classe ou pour les temps de sieste. Tout dépend de l'organisation mise en place par la commune.

Remarque

La pause méridienne doit aussi permettre à l'enfant de « se restaurer » dans tous les sens du terme : outre le repas, elle doit permettre la coupure, la détente, le loisir, le jeu, le repos entre deux séquences scolaires où des apprentissages vont nécessiter attention et concentration.

Sieste

La responsabilité de l'organisation de la sieste incombe à l'enseignant. Il participe avec les ATSEM/ASEM à l'endormissement des enfants. En accord avec le directeur, la surveillance peut être confiée à l'ATSEM/ASEM qui, dans ce cas, se consacre exclusivement à cette tâche durant tout le temps de sieste jusqu'au réveil des enfants. L'enseignant reste responsable de sa classe, présent et vigilant quant au déroulement de ce moment, tout en étant disponible pour des activités décloisonnées avec d'autres classes ou pour des activités pour ceux qui ne dorment pas.

Le plus souvent, ce sont les enfants les plus jeunes (TPS et PS) qui en bénéficient quotidiennement, cependant selon le rythme propre à chaque enfant, il peut arriver que des élèves de moyenne section, parfois de grande section, aient encore besoin de ce temps de récupération.

À noter

Pendant la sieste, l'ATSEM/ASEM peut effectuer des tâches compatibles avec le sommeil des enfants (remplir des cahiers de liaison, etc.) cependant l'activité de surveillance reste prioritaire.

L'ATSEM/ASEM peut faire partie de l'équipe d'un accueil collectif de mineurs de moins de 6 ans. La règlementation fixe la norme d'encadrement à 1 adulte pour 8 enfants, et la présence obligatoire d'un adulte avec une qualification petite enfance (CAP AEPE, BAFA, etc.).

Accueil et sortie école

Les enseignants surveillent les élèves jusqu'à leur prise en charge par les parents ou la personne désignée, les responsables de la garderie du soir, les responsables des transports scolaires ou les organisateurs d'activités périscolaires. La surveillance peut alors être confiée à l'ATSEM/ASEM lors du transfert de responsabilité entre école et commune selon l'organisation du temps de travail.

Dans le cadre du plan Vigipirate, le ministère de l'Éducation nationale a demandé aux écoles de contrôler les entrées/sorties en positionnant un adulte au portail de l'établissement. L'ATSEM/ASEM sollicité pour cette mission a pour consignes de :

- contrôler et filtrer les entrées, donner l'alerte en cas d'intrusion ;
- opérer un contrôle visuel des personnes qui entrent dans l'établissement ;
- verrouiller l'accès à l'école à la fin de l'accueil.

Attention

Un contrôle d'identité à l'entrée de l'école ne peut être réalisé sans le consentement de la personne concernée. En cas de refus de cette dernière, l'ATSEM/ASEM peut seulement lui refuser l'accès aux locaux.

Entraînez-vous !

Aspects techniques du métier

1. **Vous êtes affecté à la surveillance de la récréation. Quel est votre rôle ?**
2. **Vous êtes chargé de la surveillance des élèves dans le car qui les conduit au cinéma. En quoi consiste votre rôle ?**
3. **Vous surveillez la récréation un jour de canicule. Quel comportement adoptez-vous ?**

Vérifiez vos réponses

Aspects techniques du métier

1. Un ATSEM/ASEM peut participer à la surveillance de la récréation en présence ou sous la responsabilité de l'enseignant. Son rôle est d'assister les enseignants dans l'habillage et le déshabillage des enfants, de veiller à la sécurité des élèves et au respect des règles de vie, d'encadrer un jeu pendant le temps de récréation et de soigner un enfant si besoin.
2. Dans le cadre d'une sortie scolaire, l'ATSEM/ASEM peut être chargé d'accueillir les enfants et de contrôler leur présence, d'aider les enfants à descendre et monter dans le bus, de vérifier que les enfants ont attaché leur ceinture, d'intervenir en cas de malaise ou d'accident, de surveiller le groupe et d'intervenir en cas d'excitation excessive des enfants. Il veille continuellement à la sécurité des enfants.
3. En cas de canicule, il convient de veiller à ce que les enfants portent chapeaux et casquettes, de les faire boire régulièrement, de privilégier les jeux à l'ombre et de renforcer la vigilance pour les enfants atteints de pathologies respiratoires ou en situation de handicap.

JOUR 19

Aspects théoriques de la petite enfance

L'accompagnement de l'enfant

Le contexte

L'ATSEM/ASEM exerce une fonction éducative dans ses interventions, son langage et son attitude. Son action consiste à favoriser l'activité de l'enfant :

- rappeler les consignes ;
- rappeler les règles ;
- favoriser la socialisation et l'autonomie ;
- donner l'envie d'agir.

Sous la responsabilité de la collectivité employeur, l'ATSEM/ASEM accompagne l'enfant durant :

- les temps périscolaires du matin et/ou du soir ;
- le temps méridien ;
- les autres temps périscolaires.

Sous la responsabilité de l'enseignant, l'ATSEM/ASEM accompagne les enfants :

- pour les accueillir avec leurs parents ;
- pour les soins de la vie quotidienne ;
- pour les temps de surveillance du temps scolaire.

L'ATSEM/ASEM intervient auprès de l'enfant dans le respect :

- de chaque enfant dans sa singularité ;
- des habitudes de l'enfant ;
- des règles de vie en collectivité ;
- de l'intimité de l'enfant ;
- des règles d'hygiène corporelle ;
- de son autonomie pour s'habiller, se nourrir, se déplacer, réfléchir.

Une attitude sécurisante

L'ATSEM/ASEM fait preuve de vigilance et de bienveillance pour répondre à trois objectifs.

Créer un lien de confiance

- Accueillir avec calme et douceur et s'adresser aux enfants directement.
- Accorder du temps individuel à chaque enfant au quotidien.
- Maintenir le contact visuel avec les plus jeunes.
- Se placer le plus souvent possible à la hauteur de l'enfant pour lui parler.
- Accueillir sans juger les émotions des enfants.

Être dans une posture de stabilité

- Respecter les routines et les rituels initiés par l'enseignant.
- Prévenir l'enfant des changements.

Être dans une posture d'encadrement

- Représenter un modèle positif pour l'enfant dans ses manières de parler et d'agir.
- Rappeler les règles et appliquer les conséquences discutées en équipe lorsque les règles sont transgressées.
- Être attentif aux moments d'attente et de transitions qui suscitent de l'insécurité et de l'agressivité entre les enfants.

Le temps du repas

Afin que l'accompagnement du repas se passe au mieux, des conditions sont requises.

Les règles d'hygiène

- Passage des enfants aux toilettes avant le repas.
- Lavage des mains des enfants.
- Avoir une tenue propre pour le service et se laver les mains.

L'organisation

- Vérifier les régimes dans le cadre des PAI.
- S'assurer de la préparation des tables, de l'installation des couverts.
- Aider les plus jeunes à s'installer à table.
- Procéder au service selon les modalités choisies.
- Aider les enfants qui en ont besoin : couper la viande, le poisson, les légumes, aider à tenir les couverts, le verre.

- Laisser le temps de mâcher, de respirer, de s'hydrater.
- Ouvrir les emballages quand c'est nécessaire.

Le confort et le bien-être de l'enfant

- Privilégier une circulation facile entre les tables, assurer une place suffisante pour chaque enfant.
- Respecter les goûts de chacun.
- Inciter à goûter tout en acceptant les refus.
- S'informer de ses goûts, prendre le temps de communiquer.
- Créer une ambiance conviviale.
- Les aider à réguler le niveau sonore des conversations.

Après le repas

- Procéder au lavage du visage et des mains par les enfants (avec de l'aide si nécessaire).
- Nettoyer et remettre en état la table, faire participer les plus grands et les responsabiliser.
- Selon l'organisation, nettoyer et désinfecter le chariot de distribution.
- Noter ou effectuer les transmissions sur le déroulement du repas (quantité, appétit, participation, difficultés, comportement, etc.).

À noter

Il est important de proposer à boire aux enfants tout au long de la journée. Le cerveau a besoin d'hydratation pour la mémoire, la vigilance et la concentration. La déshydratation entraîne de l'énervement et du stress et altère les fonctions cognitives.

L'acquisition de la propreté

Le programme de l'école maternelle précise que : « l'école accueille les enfants et leurs parents et tient compte du développement des enfants » (*BO* n° 2 du 26 mars 2015).

Les enfants entrant à l'école pour la première fois n'ont pas tous acquis le même niveau d'autonomie dans le contrôle de leur sphincter. La propreté dépend de la capacité de l'enfant à contrôler sa vessie et ses intestins. Vers 2 ans, l'enfant commence à reconnaître la sensation que ses organes sont pleins. Ensuite il apprend à détecter le moment d'éliminer. La plupart des enfants de 2-3 ans sont en chemin sur la propreté diurne, la propreté nocturne peut prendre plus de temps (jusque vers 5 ans).

Les accidents peuvent être courants lors de la première scolarisation, ni les parents, ni l'école ne peuvent « gérer » la propreté de l'enfant, c'est une acquisition qu'il va faire lui-même, en étant accompagné sans pression inutile.

En travaillant avec les parents, l'école peut aider en permettant à l'enfant de franchir les étapes nécessaires.

L'acquisition est reliée à plusieurs dimensions :

- le contrôle physiologique ;
- la période d'opposition (je ne donne pas ce qu'on attend de moi) ;
- le bénéfice retiré à « devenir grand ».

L'ATSEM/ASEM, sous la responsabilité de l'enseignant, veillera à dédramatiser les accidents, à verbaliser et à expliquer. En incitant l'enfant à essayer, sans pression, l'ATSEM/ASEM participe à renforcer sa confiance en lui, qui peut se fragiliser au gré des accidents. Il convient de privilégier le passage aux toilettes à la demande ou en petits groupes pour prendre en compte les comportements individuels.

Rappel

La maîtrise des sphincters implique que l'enfant arrive à contrôler son corps dans la globalité et parvienne à dissocier son côté droit de son côté gauche, c'est ce que l'on appelle la latéralisation du corps. En ce sens, l'accès aux toboggans, aux escaliers permettent à l'enfant d'expérimenter et d'améliorer le contrôle de son corps.

Entraînez-vous !

Aspects théoriques de la petite enfance

1. **Le déjeuner est un temps éducatif. Quels en sont les objectifs ?**
2. **Un enfant qui n'est pas propre peut-il être accueilli à l'école maternelle ?**
3. **Un enfant refuse de participer à une activité. Comment réagissez-vous ?**

Vérifiez vos réponses

Aspects théoriques de la petite enfance

1. Pendant le déjeuner, l'enfant apprend à être autonome, il se sociabilise et doit apprendre à se tenir correctement, à respecter les autres, la nourriture. Il découvre le goût et l'équilibre alimentaire et participe à des tâches qui le rendent responsable (remplir un pichet d'eau, aller chercher du pain, débarrasser la table, etc.).
2. Le Code de l'Éducation nationale, dans son article L. 113, reconnaît le droit à la scolarité pour tous les enfants à partir de 3 ans sans aucune réserve. En revanche, cette obligation n'existe pas pour ceux qui n'ont pas encore atteint leur troisième anniversaire. Le directeur de l'établissement scolaire peut refuser d'accueillir un enfant s'il estime qu'il n'a pas la maturité suffisante pour fréquenter l'école maternelle (circulaire du 18 décembre 2002). Dans les faits, les refus de scolarisation existent mais restent limités. Ils peuvent s'expliquer lorsque l'école n'a pas les moyens de faire face à l'accueil d'enfants qu'il faudrait changer fréquemment. En effet, une classe de 25 à 30 jeunes enfants dispose au mieux d'un ATSEM/ASEM à temps complet dont la charge de travail est trop importante pour pouvoir gérer quotidiennement des accidents de propreté. Si c'est le cas, le fonctionnement de la classe est perturbé nuisant à la qualité des apprentissages pour tous les élèves.
3. L'ATSEM/ASEM peut questionner l'élève sur la raison de son refus, lui proposer une réponse adaptée en reformulant une consigne ou dédramatisant le ressenti de l'élève en lui donnant confiance en lui. Il peut être nécessaire de rendre compte à l'enseignant de certaines observations et éventuelles actions mises en œuvre.

Interview – Directrice d'école

JOUR 20

« La communication avec les ATSEM est essentielle »

Élodie Mirow est directrice d'école depuis deux ans à Courdemanche, un village de la Sarthe, à mi-chemin entre le Mans et Tours. Elle exerce aussi dans un double niveau grande section de maternelle/cours préparatoire comme professeure des écoles avec une ATSEM à 75 % du temps dans sa classe. À 27 ans, elle nous témoignait, l'an dernier, de son vécu, de ses fonctions de directrice et de son lien avec les ATSEM.

Dans cette commune rurale dynamique qui compte environ 700 habitants, le contexte scolaire est particulier puisque l'établissement est en RPI avec un autre village. « Le RPI, explique d'emblée Élodie Mirow, est un regroupement pédagogique intercommunal. Un système qui permet aux élèves d'un même niveau mais issus de plusieurs communes rurales d'intégrer un établissement. » Une organisation qui favorise le maintien d'ouverture des écoles, souvent menacées de fermeture, faute d'effectifs. Très concrètement, dans le cas de la réalité vécue sur place, Élodie Mirow accueille les enfants d'un des villages dont l'école a fermé tandis que dans un autre, une école regroupe des niveaux de classe allant du CE1 au CM2. Un bus fait la liaison entre les établissements.

« Nous avons deux classes et cinq niveaux explique-t-elle, l'une avec des tout-petits, petits et moyens soit 17 élèves et quatre toutes-petites sections qui viennent de rentrer. L'autre classe est une grande section/cours préparatoire avec 22 élèves ». Deux ATSEM œuvrent dans ces classes ainsi que deux services civiques.

Des responsabilités comme directrice et professeure des écoles.

En tant que directrice d'école, ses missions concernent entre autres, les inscriptions, la gestion et le suivi des élèves, l'aspect sécurité, la gestion des réunions, des équipes éducatives avec des responsabilités légales. « Notre rôle est aussi important en termes de communication avec l'Éducation nationale, les familles, les collègues mais aussi le **SIVOS** ». En effet, c'est ce dernier, nommé **Syndicat intercommunal à vocation scolaire**, qui mutualise, dans le cas présent, les moyens et gère les finances des écoles des communes concernées.

« Mais notre mission dans la direction d'école touche aussi le management, l'impulsion de projets au sein des équipes », souligne Élodie Mirow.

En grande section, en sa qualité de professeure des écoles, elle accueille 13 grande section et 9 élèves de CP. « Les objectifs pour les grande section est qu'ils deviennent pleinement élèves, leur donner l'envie de venir à l'école, d'apprendre pour eux-mêmes et pas forcément pour faire plaisir à la maîtresse. En résumé, des compétences psychosociales à acquérir pour développer la coopération et l'empathie. Il y a aussi, bien sûr, des notions mathématiques, phonologiques, l'écriture et le projet de lecteur. Au CP, c'est un peu différent, avec la perspective du CE1. Mais du coup, mon double niveau est intéressant dans les apprentissages. Les plus jeunes se sentent motivés de voir, par exemple, les grands apprendre à lire. »

Un travail de collaboration avec l'ATSEM

En tant que directrice et professeure des écoles, Élodie Mirow explique bien volontiers qu'elle ne pourrait pas se passer de son ATSEM. « En début d'année, une partie des enfants n'est pas du tout autonome. L'ATSEM peut prendre un groupe et moi l'autre. Elle les aide à développer des stratégies pour utiliser les outils de la classe, les affichages de sorte qu'ils acquièrent des réflexes, en prévision du CP. Elle gère aussi des ateliers, prépare les cartables, aide à aller aux toilettes, à mettre les manteaux. J'ai beaucoup de chance qu'elle soit là. C'est aussi une musicienne. Je lui propose des idées et elle gère les ateliers musique. Nous sommes dans le partage. »

Élodie Mirow voit le travail avec son ATSEM comme une vraie collaboration ce qui enrichit le vécu des deux adultes pour croiser le regard porté sur les enfants. « La bonne entente est indispensable, confie Élodie Mirow. On échange beaucoup sur les difficultés repérées chez les élèves, les stratégies qu'on peut mener ensemble pour les aider. C'est essentiel de communiquer et de ne pas rester dans les non-dits lorsqu'il y en a. »

Respect, bienveillance, ponctualité, organisation, prise d'initiatives mais aussi valorisation des compétences et talents en proposant des idées sont, selon Élodie Mirow, les qualités attendues pour une ATSEM. Ajoutant : « Lorsqu'on se connaît bien, les réflexes naissent entre nous avec des capacités d'anticipation des attentes dans la classe. J'aime qu'elles se sentent responsables. L'important est de valoriser le dialogue dès le départ. Nous nous sommes organisées de sorte que les deux ATSEM de l'école aient une heure en fin de semaine afin de préparer celle qui suit et ne pas être toujours dans la course au temps.»

Croiser les regards sur les enfants

Car concrètement, la journée d'une ATSEM est chargée. Dans la classe d'Élodie Mirow, elle arrive à 7 h 30 pour la garderie du matin. Elle accueille ensuite les élèves à l'arrêt du car puisqu'il y a un transport scolaire et les emmène dans les niveaux concernés. « Au sein de ma classe, elle prend en charge un atelier. À la récréation, elle vérifie s'il y a des mots de parents. Souvent, il y a ensuite motricité, activité à laquelle elle participe. Puis, pour le temps du repas, elle emmène les enfants à la cantine. » S'ensuit alors un temps de pause jusqu'à 15 h 30 pour l'ATSEM avec laquelle elle exerce, puis la gestion d'un dernier atelier pendant 1 h 30 avant la garderie du soir jusqu'à 18 h 30/19 heures. Des journées organisées et bien remplies.

Sur l'idée d'une formation initiale des ATSEM, Élodie Mirow est convaincue de son importance : « Il est vrai qu'en arrivant dans le métier, elles n'en ont pas vraiment. Et c'est dommage car il y a beaucoup de choses qu'elles pourraient acquérir avant d'être lancées dans une classe. » Lorsqu'on lui demande quels pourraient être les axes d'une formation, elle évoque « la gestion des groupes, des élèves difficiles, la discipline positive, les enfants en situation de handicap, un aspect légal, les attentes et programmes du ministère de l'Éducation nationale en particulier sur le langage ».

Enthousiaste, Élodie Mirow explique qu'on pourrait aussi les former aux neurosciences afin qu'elles puissent mieux comprendre comment apprennent les élèves, saisir les stratégies mises en place et ajouter un versant sanitaire. « Favoriser et développer la coopération entre professeurs des écoles et ATSEM me semblerait très utile, conclut-elle. Pour ma part, j'aime recueillir l'avis de mon ATSEM sur les élèves et nous échangeons. Elle voit les enfants différemment de moi à travers ses fonctions et ce que j'aime, justement, c'est croiser les regards. »

Propos recueillis par Marie-Hélène Abrond

JOUR 21

Aspects théoriques de la petite enfance

Le fonctionnement de l'école : les spécificités de l'école maternelle

Des lois

La loi d'orientation et de programmation pour la refondation de l'école du 8 juillet 2013 pose les fondements d'une école qui favorise l'éveil de la personnalité des enfants, stimule leur développement dans toutes ses dimensions (sensoriel, moteur, cognitif, social), développe l'estime de soi et concourt à lui permettre progressivement de devenir élève.

Cette réforme prévoyait une semaine scolaire de 24 heures réparties sur 9 demi-journées, avec une pause méridienne de 1 h 30 maximum, la mise en œuvre d'activités pédagogiques complémentaires (APC) et l'affectation de 3 heures aux temps d'activités périscolaires (TAP).

Un décret d'assouplissement des rythmes est paru le 27 juin 2017, permettant aux communes avec accord du conseil d'école de revenir à une semaine de 4 jours.

Remarque

On estime à 92 % le pourcentage des communes qui sont repassées à la semaine des 4 jours.

La loi pour une école de la confiance du 26 juillet 2019 rend l'instruction obligatoire dès 3 ans et donne un cadre propice aux premiers apprentissages scolaires.

L'école maternelle est également le lieu où se constitue et se structure le lien entre l'institution scolaire et les parents, lien fondamental qui accompagne l'enfant tout au long de sa scolarité.

Un cycle unique

L'école maternelle constitue un cycle unique d'enseignement organisé en sections : petite section, moyenne section, grande section et toute-petite section pour les enfants de moins de 3 ans. C'est la première étape pour garantir la réussite de tous les élèves au sein de l'institution scolaire, juste pour tous et exigeante pour chacun.

Les enseignements sont organisés en cinq domaines d'apprentissage :

- mobiliser le langage dans toutes ses dimensions ;
- agir, s'exprimer, comprendre à travers les activités physiques ;
- agir, s'exprimer, comprendre à travers les activités artistiques ;
- construire les premiers outils pour structurer sa pensée ;
- explorer le monde.

Chacun de ces cinq domaines est essentiel au développement de l'enfant et doit trouver sa place dans l'organisation du temps quotidien.

Savoirs associés

- Connaissance des programmes de l'école maternelle et des compétences attendues pour mieux se positionner dans ses missions d'aide et d'assistance à l'enseignant.

À noter

Parce qu'il n'est pas l'employeur des ATSEM/ASEM, le ministère de l'Éducation nationale présente des prescriptions limitées quant au rôle que ces personnels peuvent jouer, tout en prenant en compte leur présence au sein des écoles. La diversité des situations territoriales (nombre, qualifications réelles des ATSEM/ASEM, organisation des temps de service) ne permet pas qu'il y ait une norme unique de fonctionnement.

Des instances

Le conseil d'école

Principale instance de l'école, le conseil d'école est un organe de concertation institutionnelle chargé de prendre des décisions concernant les questions de la vie scolaire. Le conseil d'école est présidé par le directeur et réunit tous les représentants de la communauté éducative.

Sur proposition du directeur, le conseil d'école :

- établit et vote le règlement intérieur de l'école ;
- établit le projet d'organisation pédagogique de la semaine scolaire ;
- donne son avis dans le cadre de l'élaboration du projet d'école sur :
  - les actions pédagogiques et éducatives au regard des objectifs du service public d'enseignement,
  - l'utilisation des moyens alloués à l'école,
  - les conditions d'accueil des enfants en situation de handicap,
  - les activités périscolaires,
  - la restauration scolaire,
  - l'hygiène scolaire,
  - la protection et la sécurité des enfants,
  - le respect et la mise en application des valeurs et principes républicains ;
- adopte le projet d'école.

Rappel

- L'école maternelle peut être gérée par un SIVOS (syndicat intercommunal à vocation scolaire) dans le cadre d'un regroupement pédagogique intercommunal (RPI)
- Lorsque les dépenses de fonctionnement de l'école ont été transférées à un ECPI (établissement public de coopération intercommunal), son représentant siège au conseil d'école à la place d'un conseiller municipal.

Savoirs associés

- Connaissance de l'environnement institutionnel et de l'intercommunalité.
- Connaissance des principales compétences institutionnelles : création et aménagement des équipements scolaires 1er degré, fonctionnement des écoles, temps péri et extra-scolaires.

Le conseil des maîtres

Le conseil des maîtres est composé des membres de l'équipe pédagogique :

- le directeur, président ;
- l'ensemble des maîtres affectés à l'école ;
- les maîtres remplaçants (exerçant au moment de la réunion) ;
- les membres du réseau d'aides spécialisées.

Il se réunit au moins une fois par trimestre et chaque fois que le président le juge utile ou la moitié de ses membres et donne son avis sur l'organisation, et tous les problèmes qui peuvent survenir dans la vie de l'école.

Le conseil de cycle

Comprenant tous les membres du conseil d'école, il permet de faire le point sur la progression des élèves et d'élaborer le projet pédagogique du cycle.

Les outils de référence

Le règlement intérieur

Le règlement intérieur définit les droits et les devoirs des enseignants et personnels, des parents et élèves, des partenaires et intervenants extérieurs. Il rassemble et fixe l'ensemble des règles et des principes de vie dans l'école :

- le respect de l'obligation d'assiduité ;
- le droit des parents à l'information ;
- le respect des principes du vivre-ensemble, de laïcité, de pluralisme ;
- les garanties de protection de l'enfant et sa dignité ;
- les mesures d'organisation de l'établissement (heures d'entrées et sorties, modalités de dialogues, règles d'hygiène et de sécurité, usage ou interdiction des objets personnels) ;
- les différents niveaux de sanction et les mesures positives d'encouragement ;
- les mesures de prévention et d'accompagnement.

Attention

- Le règlement intérieur doit être affiché dans l'école dans un lieu facilement accessible aux parents et présenté à tous les nouveaux inscrits.
- Il peut formaliser des questions récurrentes comme : à quel tiers peut être confié l'enfant ? Quelles sont les modalités d'accès à la restauration scolaire ?

Le projet d'école

Le projet d'école ou projet d'établissement définit les orientations et les objectifs prioritaires et se traduit par un programme d'actions. Il précise les activités périscolaires qui y concourent. Il tient compte de la diversité sociale et culturelle des élèves accueillis, de la variété du corps enseignant et de la spécificité de l'environnement local. C'est un outil de référence pour toute la communauté éducative adopté par le conseil d'école pour une durée comprise entre 3 et 5 ans.

Son élaboration comporte quatre étapes :

- un diagnostic : recueil de données propres à l'école et à son environnement ;
- une analyse des données : définition des axes du projet en concertation avec l'équipe pédagogique et le conseil d'école ;

- l'élaboration du programme d'actions ;
- l'évaluation.

C'est une démarche pédagogique qui vise la réussite de tous les élèves en définissant les actions pour quatre axes :

- amélioration des résultats au regard des compétences de socle (programme) ;
- réponse aux exigences d'une école inclusive (besoins particuliers) ;
- parcours éducatifs (artistique, culturel, citoyen, santé) ;
- vie scolaire (relation école-famille, communication, partenariat, etc.).

À noter

Par sa posture, l'ATSEM/ASEM s'inscrit dans le projet d'école en participant à faire vivre aux enfants une première expérience scolaire réussie.

Le droit d'accueil

Un service d'accueil

La loi du 20 août 2008 a institué un droit d'accueil pour tous les élèves des écoles maternelles et élémentaires pendant le temps scolaire. En cas de grève ou d'absence imprévisible d'un enseignant sans possibilité de remplacement, les enfants doivent être accueillis.

En cas de grève, si les grévistes représentent moins de 25 % de la totalité des enseignants, les élèves sont répartis dans les classes des enseignants présents.

Si les grévistes représentent plus de 25 %, c'est la commune qui a la charge d'organiser l'accueil des élèves : on parle de SMA (service minimum d'accueil).

Le maire établit une liste de personnes susceptibles d'assurer le service d'accueil, avec les qualités nécessaires pour accueillir et encadrer les enfants (ATSEM/ASEM, animateurs, bénévoles, assistants maternels, enseignants retraités, etc.) mobilisées en cas de grève. Ce service peut être mis en œuvre dans les locaux de l'école ou dans d'autres locaux de la commune.

Il revient au directeur d'école d'informer les familles des conséquences éventuelles d'un mouvement social préalablement déclaré au moins 48 heures avant.

Entraînez-vous !

Aspects théoriques de la petite enfance

1. **Les programmes d'enseignement en maternelle définissent cinq domaines d'apprentissage. Lesquels ?**
2. **Vous êtes sollicité pour intervenir dans le cadre du SMA. De quoi s'agit-il ?**
3. **La directrice de l'école vous invite à participer à une réunion du conseil d'école, que lui répondez-vous ?**

Vérifiez vos réponses

Aspects théoriques de la petite enfance

1. Mobiliser le langage dans toutes ses dimensions ; agir, s'exprimer, comprendre à travers l'activité physique ; agir, s'exprimer, comprendre à travers les activités artistiques ; construire les premiers outils pour structurer sa pensée ; explorer le monde.
2. Le service minimum d'accueil (SMA) est mis en place les jours de grève du personnel enseignant dans les écoles maternelles et élémentaires lorsque les grévistes représentent au moins 25 % des professeurs. Il est mis en œuvre par la municipalité afin d'assurer la surveillance et l'encadrement des élèves.
3. Le conseil d'école est une instance institutionnelle qui se réunit au moins une fois par trimestre pour délibérer et prendre des décisions qui concernent le fonctionnement de l'établissement scolaire. Les ATSEM/ASEM ne sont pas membres de droit du conseil d'école. Ils peuvent y assister lorsqu'au moins un des points inscrits à l'ordre du jour les concerne. Ils peuvent donner leur avis mais n'ont pas droit de voter. Donc, l'ATSEM/ASEM invité, a toute légitimité à participer à la réunion du conseil d'école. C'est l'occasion pour l'agent de contribuer à la vie de l'établissement et d'être associé aux décisions de la communauté éducative. L'ATSEM/ASEM empêché, peut bien entendu, décliner l'invitation.

JOUR 22

Aspects techniques du métier

La sécurité

Responsabilité

Les préoccupations liées à la sécurité des élèves et du personnel prennent une dimension de plus en plus importante face aux risques encourus (accidents corporels, intrusion, danger imminent, incendie). La responsabilité de chacun est alors engagée.

Le directeur de l'école est responsable de la sécurité des biens et des personnes sur le temps scolaire. La commune est propriétaire des locaux, des matériels et des espaces extérieurs. Elle en assure l'entretien et la maintenance.

Le règlement intérieur est élaboré et voté chaque année lors de la première réunion du conseil d'école. Il est établi à partir du règlement départemental des écoles maternelles et élémentaires rédigé par l'inspecteur d'académie. La présence des ATSEM/ASEM est variable selon les territoires. La présence d'un représentant des ATSEM/ASEM est préconisée, dans la réalité peu suivie.

Il contient des informations relatives :

- à l'hygiène et à la sécurité ;
- aux modalités de surveillance ;
- aux modalités pratiques d'accueil et de remise aux parents ;
- à l'affichage du protocole d'urgence ;
- au nombre d'exercices d'évacuation réalisés dans l'année ;
- aux matériels et objets prohibés dans l'enceinte de l'école ;
- aux conditions de maintenance des locaux et des équipements scolaires ;
- à l'affichage des consignes de sécurité.

Le registre de sécurité

Le directeur de l'école tient un registre de sécurité dans lequel figurent toutes les informations et les documents indispensables à la sécurité au sein de l'école : plans d'évacuation, avis de la commission de sécurité, consignes de sécurité, bilans des exercices d'évacuation, etc. Conservé par le directeur, il est à la disposition de la commission sécurité. Un autre registre « Hygiène et sécurité » est obligatoire et à disposition de tout le personnel.

Mise en sûreté

Chaque école actualise son **plan particulier de mise en sûreté (PPMS)** face aux risques majeurs, adapté à sa situation précise. Le PPMS prend en compte les risques liés à des accidents majeurs d'origine naturelle (tempête, inondation, etc.), technologique (nuage toxique, etc.), ou à des situations d'urgence particulière (intrusion de personnes étrangères à l'école, attentats, etc.).

Durant l'année scolaire, l'école organise trois exercices permettant de répéter les gestes et postures correspondant aux différents risques at adaptés aux âges des enfants.

Savoirs associés

Les trois niveaux d'alerte depuis le 1er décembre 2016 sont, dans l'ordre : vigilance, sécurité renforcée-risque attentat et urgence attentat.

Exercices d'évacuation

Ils sont obligatoires et organisés une fois par trimestre, le premier devant se dérouler dans le mois qui suit la rentrée scolaire. Consignés dans le registre de sécurité, ils ont pour fonction d'entraîner à :

- reconnaître le signal sonore ;
- prendre connaissance des consignes de sécurité ;
- reconnaître les circuits d'évacuation et le point de rassemblement ;
- mettre en évidence des anomalies de fonctionnement (portes condamnées, etc.).

Dès le déclenchement du signal d'alarme, la procédure est la suivante :

- l'enseignant prend le cahier d'appel qui permettra de vérifier que tous les élèves présents dans la classe ont bien gagné le point de rassemblement ;
- l'enseignant fait évacuer les élèves, dans le calme, sans précipitation mais rapidement (on prend les manteaux/vestes des enfants en cas de pluie ou de froid). Les élèves restent groupés pendant l'évacuation ;
- au cours de l'évacuation, enseignants et ATSEM/ASEM s'assurent que les portes coupe-feu sont fermées après le passage des enfants ;
- arrivés au point de rassemblement, l'enseignant fait l'appel. En cas d'absence d'un ou plusieurs élèves, l'enseignant informe le directeur de l'école ou son remplaçant ;
- l'enseignant maintient les enfants au point de rassemblement jusqu'à ce que l'alerte soit levée ou que de nouvelles consignes lui soient communiquées.

À noter

Lors du déclenchement d'une alarme incendie pendant un temps de surveillance de sieste, l'ATSEM/ASEM affecté doit assurer seul l'évacuation des enfants : réveiller tous les enfants, fermer toutes les portes et fenêtres, s'assurer qu'aucun enfant ne reste dans le dortoir, prendre des couvertures si nécessaire sans ralentir le déroulement, sortir et rejoindre le point de rassemblement et recompter les élèves.

Consignes en cas d'incendie

DÈS LA DÉCOUVERTE D'UN FOYER D'INCENDIE

1. **DONNER L'ALARME** en appuyant sur le déclencheur le plus proche. (Le retentissement du signal d'alarme signifie l'évacuation immédiate).

2. **PRÉVENIR LE DIRECTEUR.**
Il fermera les vannes d'arrivée des fluides.

18

3. **APPELER LES SAPEURS-POMPIERS.**

4. **ÉVACUER** dès l'audition du signal en se dirigeant vers la sortie la plus proche.

5. **AVANT DE QUITTER LES LIEUX,** fermer fenêtres et portes et s'assurer qu'il n'y a plus personne dans les locaux.

6. **DANS LA FUMÉE, SE BAISSER** : si les couloirs et escaliers sont complètement envahis par la fumée, restez dans le local. Une porte mouillée et bien calfeutrée, protège longtemps. Allez aux fenêtres et manifestez-vous.

7. **NE JAMAIS REVENIR EN ARRIÈRE,** sauf sur ordre.

8. **REJOINDRE LE POINT DE RASSEMBLEMENT.**

9. **S'ASSURER QUE L'APPEL EST FAIT.**

Exercices de confinement

Au déclenchement d'une alarme différente de l'alarme incendie, une mise en sécurité des élèves et des personnels est opérée.

Dès le déclenchement de l'alerte, la procédure est la suivante :

- l'enseignant, assisté de l'ATSEM/ASEM, baisse les volets et ferme les rideaux ;
- l'enseignant prend le cahier d'appel ;

- les élèves sont conduits vers le lieu de mise en sécurité ;
- l'enseignant fait l'appel. En cas d'absence d'un ou plusieurs élèves, l'enseignant informe le directeur de l'école ou son remplaçant ;
- l'enseignant explique la situation aux élèves. Ces derniers doivent être rassurés et occupés dans le cadre d'activités calmes (dessins, comptines, etc.) ;
- s'il est nécessaire de limiter l'air entrant, les adultes calfeutrent les fenêtres et les issues du lieu de mise en sécurité ;
- le confinement est maintenu jusqu'à la fin de l'alerte.

Exercices attentat-intrusion

Devant le développement du risque terroriste, cet exercice spécifique a été mis en place et doit être idéalement réalisé avant les vacances d'automne.

Deux scénarios sont mis en œuvre, le plus souvent sous forme de jeux en école maternelle avec un retour d'expérience sur les points forts et les points à améliorer. Les exercices sont préparés par le directeur d'école, l'équipe éducative et des partenaires extérieurs (police, gendarmerie, collectivité). Toutes les consignes sont données préalablement à l'exercice.

<table>
<tr><th>S'échapper</th><th colspan="2">S'enfermer</th></tr>
<tr><td rowspan="2">Deux conditions :
• être certain d'avoir identifié la localisation exacte du danger ;
• être certain de pouvoir s'échapper sans risque avec les élèves.
Consignes :
• rester calme ;
• prendre la sortie la moins exposée et la plus proche ;
• utiliser un itinéraire connu ;
• demander le silence absolu.</td><td>Situation 1 : les élèves sont dans la classe.
Consignes : rester dans la classe et verrouiller la porte.</td><td>Situation 2 : les élèves ne sont pas dans la classe.
Consigne : rejoindre les locaux identifiés comme les plus sûrs.</td></tr>
<tr><td colspan="2">Dans tous les cas :
• se barricader avec le mobilier ;
• éteindre la lumière ;
• s'éloigner des murs, des portes et des fenêtres ;
• s'allonger sur le sol, idéalement derrière plusieurs obstacles solides ;
• faire respecter le silence y compris en mettant les téléphones portables en mode silencieux sans vibreur ;
• rester proche des enfants qui manifestent du stress pour les rassurer.</td></tr>
</table>

Avec les plus jeunes enfants, les exercices sont réalisés sous forme de jeu et de mise en scène (ex. : le roi du silence, imitation de la tortue en se cachant sous des cartons, etc.) afin de les familiariser dans une approche ludique aux situations de risques tout en assurant leur sécurité affective.

source : ac-clermont.fr

Attention

Dans le cadre de l'application du plan **vigipirate** alerte-attentat, l'accueil et l'entrée dans l'école sont assurés par un adulte. L'accès aux classes peut être interdit à toute personne extérieure à l'école, y compris les parents. L'identité des personnes étrangères à l'établissement est systématiquement vérifiée (mesures de sécurité renforcées dans le cadre du plan vigipirate de 2017). Le stationnement et les attroupements ne sont plus autorisés aux abords de l'école.

Entraînez-vous !

Aspects techniques du métier

1. **Un inconnu se présente pour venir chercher Victoire à la garderie du soir. Comment réagissez-vous ?**
2. **Qu'est-ce que les plans particuliers de mise en sécurité ?**
3. **Un ATSEM/ASEM est tenu responsable d'un accident dont est victime un élève. Dans quelles circonstances cela est-il possible ?**

Vérifiez vos réponses

Aspects techniques du métier

1. En début d'année scolaire, les parents détenteurs de l'autorité parentale remettent une liste écrite des personnes susceptibles de venir chercher leur enfant. Il arrive que dans des circonstances exceptionnelles, les parents préviennent oralement d'un changement et modifient la liste des personnes autorisées. Dans la situation décrite, l'ATSEM/ASEM doit vérifier l'identité de l'inconnu et s'assure que son nom figure sur la liste des personnes désignées. Si ce n'est pas le cas, l'enfant ne peut lui être confié. Le directeur peut alors décider de prendre contact avec les parents pour leur demander si l'inconnu est autorisé à récupérer l'enfant.
2. Il existe deux types de PPMS, l'un prend en compte les risques majeurs naturels et technologiques et l'autre les attentats/intrusions. Ils permettent aux établissements de se préparer à gérer une situation de la manière la plus appropriée possible. Les PPMS, élaborés par le directeur de l'école, détaillent la marche à suivre dans un certain nombre de cas définis qu'il convient de tester annuellement en présence des élèves lors d'entraînements.
3. La responsabilité de l'ATSEM/ASEM peut être engagée en cas de faute intentionnelle de sa part (fait de raccompagner un enfant à son domicile par exemple alors que cela est formellement interdit) ou de faute personnelle non liée au service de l'agent (acte de maltraitance, brutalité, etc.). L'agent qui a commis une faute peut être sanctionné par l'autorité territoriale dont il dépend.

JOUR 23 Connaissance des institutions et du métier

Mieux connaître les enjeux de la maternelle

Dès la rentrée scolaire 2021, « c'est l'école et non pas seulement l'instruction qui sera obligatoire à 3 ans pour tous les enfants », rappelait une lettre de mission adressée au Conseil supérieur des programmes par le ministre de l'Éducation nationale de septembre 2020. L'objectif de l'école maternelle est de permettre aux enfants entre 3 et 6 ans, de viser une entrée réussie au cours préparatoire et de prendre leurs marques en tant qu'élèves. Des modifications de programmes concernant les enseignants de maternelle sont mis en œuvre.

L'école maternelle a des enjeux spécifiques au cœur du système scolaire. Le premier contact de l'enfant dans ce lieu de vie va lui demander un nouveau positionnement vis-à-vis de ses premières années. S'il les a passées en crèche, chez une assistante maternelle ou uniquement en présence de l'entourage familial, son comportement, en fonction de sa sensibilité, pourra être différent au moment de la séparation avec les parents qui l'accompagnent. Les larmes des premiers jours en témoignent. Être entouré d'un groupe d'enfants et de personnes inconnues dans un nouveau lieu, est générateur d'angoisses, lors d'une première rentrée.

Un lieu qui accueille

Comme le rappelle le ministère de l'Éducation nationale, l'école maternelle est « une école qui accueille les enfants et leurs parents ». Si l'enfant se retrouve dans un lieu qui lui est inconnu, les parents peuvent aussi ressentir une appréhension à laisser leur enfant, parfois pour la première fois, dans un univers scolaire qui leur a laissé de bons ou de moins bons souvenirs. On comprend dès lors que l'équipe enseignante et le chef d'établissement définissent une modalité de relations avec les parents dans un esprit « de confiance et d'informations réciproques ». L'objectif est de permettre aux parents de « comprendre le fonctionnement et les spécificités de l'école maternelle » et ce, « en portant attention à la diversité des familles ».

Apprendre, réfléchir, vivre ensemble

Pour accueillir les enfants, la salle de classe est un lieu adapté qui va permettre de mettre en œuvre les différentes activités de l'enfant. Le jeu y garde une place prépondérante dans un souci d'apprentissage. « Apprendre en jouant, en réfléchissant, en résolvant des problèmes, en s'exerçant, en se remémorant et en mémorisant » sont les missions énoncées par le ministère.

L'école maternelle est aussi un lieu de socialisation où la vie de groupe a une place essentielle. Le « vivre ensemble » dans cette micro-société induit dans la compréhension de l'enfant que, s'il est une personnalité unique, il doit suivre les règles d'une vie « ensemble ».

Des objectifs communs, un souci de différenciation

Si les objectifs d'apprentissage sont communs, l'enseignant prend en compte le développement de chacun. Ainsi, les rythmes d'apprentissage sont à la fois progressifs et différents en fonction de chaque enfant. L'alternance des activités permet de mettre en jeu les expériences à la fois langagières, sensorielles, motrices, impliquant à la fois le corps dans son ensemble mais aussi dans le cadre de la motricité fine, par exemple à travers la peinture ou le dessin, prélude à une approche de l'écriture qui va s'affiner au cours des trois années de maternelle.

Afin de mettre en œuvre l'ensemble des activités, l'équipe pédagogique réalise un aménagement adapté à la fois dans les salles de classe, les lieux de repos, de déjeuner ainsi que les espaces extérieurs.

Les ATSEM au cœur de la maternelle

La lettre de mission de septembre 2020 souligne l'importance de la présence des ATSEM dans les classes maternelles et rappelle leurs missions qui ont évolué au fil du temps. Elle note que « ces personnels se sont vu peu à peu confier des missions éducatives... devenant des adultes de référence pour les enfants au long de la journée mais aussi pour les parents qui, le matin et le soir, n'ont plus affaire à l'enseignant mais à l'ATSEM de la classe de leur enfant ».

« Le Code de l'éducation, ajoute le texte, intègre aujourd'hui les ATSEM à la communauté éducative et leurs contributions techniques et pédagogiques sont reconnues par de nombreux textes officiels du ministère de l'Éducation nationale. La variété et l'importance de leurs fonctions au sein de l'école maternelle justifient une formation renforcée dès l'accès au cadre d'emploi et tout au long de leur carrière » tandis qu'une attention particulière est soulignée dans le cadre de la formation des enseignants sur « les modalités de coopération entre enseignants et ATSEM pour renforcer l'éducation scolaire ».

Des apprentissages structurés et progressifs

Sans entrer dans le détail des programmes de l'Éducation nationale, il semble important de mieux comprendre la démarche de l'enseignant avec lequel l'ATSEM sera en contact au long de la journée. Traçons donc quelques grandes lignes du programme de ces trois années de petite, moyenne et grande section de maternelle qui précèdent l'entrée à l'école élémentaire.

Le jeu y a un rôle important et se trouve au service des découvertes des enfants. On apprend en jouant, ce qui permet de développer le pilier central des apprentissages : **le langage dans toutes ses dimensions.** Le langage oral, sa construction, le développement de sa compréhension avec une entrée progressive dans le monde de l'écrit y a une place prépondérante. La découverte et le guidage dans l'apprentissage du geste graphique est exercé en parallèle.

On comprend aussi que le langage se situe dans le **questionnement et le raisonnement,** bases des « mathématiques » à l'école élémentaire. La manipulation d'objets, la comparaison, l'approche des nombres et des quantités sont stimulés et encouragés.

Explorer le monde qui nous entoure fait aussi partie des programmes avec, à travers des activités, la construction des notions de temps et d'espace, du monde du vivant, des objets et de la matière. Ainsi, les enfants sont « familiarisés avec des êtres vivants, des objets, des réalités matérielles, des phénomènes, des instruments, des actions et des problèmes qu'ils n'ont, parfois, pas encore rencontrés ». Les activités permettent l'observation, le questionnement.

Enfin, le développement des apprentissages passe aussi à travers le **sport** souvent nommé « motricité » en maternelle autour d'axes précis : **se déplacer** en marchant, courant, sautant, **être en équilibre** par exemple en se tenant sur un pied, **manipuler**, saisir, tirer, pousser mais aussi **lancer et réceptionner** des objets.

Pour en savoir plus, consultez le site : https://www.education.gouv.fr/note-d-analyse-et-de-propositions-du-csp-sur-le-programme-d-enseignement-de-l-ecole-maternelle-307861.

Entraînez-vous !

Connaissance des institutions et du métier

1. **Quel est le pilier central d'apprentissage en maternelle ?**
   a. Le sport.
   b. Le langage.
   c. L'écriture.
2. **Que permet la différenciation ?**
   a. Une sélection des élèves
   b. Permettre à chaque élève d'évoluer à son rythme.
   c. Créer des groupes de rythme.
3. **En quoi le graphisme est-il important à la maternelle ?**
   a. Pour faciliter le geste d'écriture à l'entrée au CP.
   b. Pour apprendre à dessiner.
   c. Pour choisir le bon outil pour écrire.
4. **Les ATSEM font-ils partie de la communauté éducative ?**
   a. Oui.
   b. Non.
5. **Les ATSEM ont-ils la même fonction que l'enseignant ?**
   a. Oui.
   b. Non.

Vérifiez vos réponses

Connaissance des institutions et du métier

1. **b.** Le langage.
2. **b.** Permettre à chaque élève d'évoluer à son rythme.
3. **a.** Pour faciliter le geste d'écriture à l'entrée au CP.
4. **a.** Oui.
5. **b.** Non.

Temps périscolaire, temps extrascolaire : des temps complémentaires

Distinction

Le **temps périscolaire** est constitué des heures qui précèdent et suivent la classe durant lesquelles un encadrement est proposé aux enfants scolarisés.

Le préfixe « péri » signifie « autour ». Autrement dit, les activités périscolaires sont celles qui gravitent autour de l'école.

L'accueil organisé pendant les semaines scolaires est périscolaire, il s'agit :

- de la période d'accueil du matin avant la classe ;
- du temps méridien : de la fin de la matinée de la classe au retour en classe de l'après-midi, pouvant comprendre un temps de restauration ;
- de la période d'accueil du soir immédiatement après la classe (accompagnement aux transports scolaires, accueil de loisirs, activités culturelles ou sportives, garderie, etc.).
- du me mercredi (sauf pendant les vacances scolaires).

Le **temps extrascolaire** est le temps durant lequel un encadrement est proposé aux enfants :

- le samedi s'il n'y a pas d'école ;
- le dimanche, les jours fériés, les vacances scolaires.

L'organisation des temps périscolaire et extrascolaire concerne les familles d'un territoire traversé par des enjeux éducatifs mais aussi sociaux dans l'articulation des vies familiales et des vies professionnelles.

La réforme des rythmes à l'école primaire a été engagée à la suite du décret du 24 janvier 2013, visant à améliorer les apprentissages et à assurer un meilleur équilibre scolaire de l'enfant.

À noter

Un accueil de loisirs périscolaire est un accueil collectif de mineurs organisé les jours d'école déclaré auprès de la DRDJSCS (Direction régionale et départementale de la jeunesse et des sports et de la cohésion sociale), dont l'effectif maximum accueilli est celui de l'école associée, avec un projet éducatif, des normes d'encadrement, de qualifications, de durée.

Une garderie est une organisation de surveillance, sans projet éducatif, ni taux d'encadrement ou conditions de qualification, soumise à une autorisation auprès du préfet du département.

La distinction entre accueil de loisirs périscolaire et accueil de loisirs extrascolaires est précisée à l'article R. 227-1 du Code de l'action sociale et des familles. Il a été modifié par le décret du 23 juillet 2018.

Enjeux

Temps complémentaires au temps familial et au temps scolaire, ils représentent des moments privilégiés pendant lesquels les loisirs éducatifs contribuent à l'apprentissage de la vie sociale et à l'épanouissement des enfants.

Ces temps concernent un nombre important d'enfants pour qui la découverte d'activités variées et la possibilité de temps calmes sont de nature à répondre à leurs besoins.

En accueil de loisirs, le rôle éducatif en complément de la famille et de l'école est d'instaurer une éducation non-formelle favorisant le développement des enfants.

Le projet éducatif du territoire

Le projet éducatif du territoire (PEDT) est un outil de collaboration locale dont l'objectif est de mobiliser toutes les ressources d'un territoire afin de garantir la continuité éducative entre les projets d'école et les activités proposées aux enfants en dehors du temps scolaire. Il doit permettre d'organiser les activités périscolaires prolongeant le service public d'éducation et en complémentarité avec lui.

Il implique un partenariat entre :

- les collectivités territoriales ;
- les acteurs éducatifs ;
- les services de l'État : ministères de l'Éducation nationale, des Sports, de la Culture, de la Ville, de la Famille ;
- les associations (éducation populaire, à vocations sportives, culturelles, artistiques ou scientifiques).

Tous les enfants doivent pouvoir participer aux activités proposées dans le PEDT sans caractère obligatoire, l'objectif est de faire découvrir et susciter la pratique plus régulière d'un sport et/ou d'une discipline artistique ou scientifique.

Le Plan mercredi

Depuis 2018, avec le retour pour de nombreux établissements scolaires de la semaine de 4 jours, l'offre d'activités périscolaires s'est renforcée. C'est ce que le ministère de l'Éducation nationale a nommé « Plan mercredi », lancé le 20 juin 2018. L'objectif principal est de construire un cadre de confiance pour les communes et les parents afin de démocratiser l'accès aux activités sportives et culturelles de qualité.

Le Plan mercredi est un dispositif éducatif adapté à la diversité des organisations du temps scolaire. Il propose une approche qualitative :

- en affirmant l'importance des temps de loisirs éducatifs déjà initiés par le PEDT ;
- en renforçant la démarche de projet ;
- en soutenant les équipes d'animation.

Le Plan mercredi n'est pas appliqué partout. C'est une démarche volontaire et partenariale des communes qui reçoivent une aide financière supplémentaire apportée par l'État et la CAF (Caisse d'allocations familiales).

Toutes les activités qui relèvent d'un choix privé des parents sont considérées comme des activités extrascolaires.

Remarque

Un site internet (www.planmercredi.education.gouv.fr) a été créé pour accompagner les collectivités dans la mise en œuvre. Outre des éléments juridiques et financiers, il comprend en accès libre des fiches pédagogiques qui déclinent des projets d'animation dans les thèmes de la nature, de la culture et du sport.

Le rôle de l'ATSEM/ASEM en tant qu'animateur

Du scolaire au périscolaire et/ou extrascolaire, l'ATSEM/ASEM change de rôle auprès des enfants et des familles, de responsabilités, de hiérarchie et passe d'un travail principalement en binôme à un travail d'équipe autour d'un projet.

Cette mission d'animation implique de :

- bien identifier les attentes de la collectivité, des familles ;
- prendre en compte en équipe les centres d'intérêt des enfants ;
- répondre aux besoins des enfants en respectant leur rythme ;
- adopter une posture professionnelle d'animation.

Les centres d'intérêt sont variés et propres à certains enfants ou groupes d'enfants. Ils répondent toujours à des besoins spécifiques :

- besoin d'expression, d'affirmation de soi, de trouver sa place dans le groupe ;
- besoin de repères, de communication, de structure ;
- besoin d'écoute, d'empathie, de spontanéité, d'enthousiasme ;

- besoin de responsabilité, d'autonomie ;
- besoin d'un rythme adapté.

À noter

L'ATSEM/ASEM peut être désigné comme une personne référente pour les temps d'accueil et de départ afin de faciliter les interactions et de restituer les informations du vécu de l'enfant aux parents.

Il est indispensable de bien connaître et respecter son cadre d'intervention. Un accueil est toujours relié à un temps particulier, un espace donné, une fonction identifiée.

L'ATSEM/ASEM, dans ses fonctions d'animateur, a pour objectif de :

- susciter de l'intérêt ;
- respecter l'alternance temps calmes/temps forts ;
- favoriser l'éveil créatif, la sensibilité artistique, l'imagination ;
- mettre en valeur les capacités de l'enfant ;
- respecter le libre choix des enfants dans le jeu ;
- développer les attitudes d'entraide, de coopération par le jeu ;
- être garant de la sécurité affective.

Pendant les temps périscolaires, l'ATSEM/ASEM participe au sein d'une équipe à la mise en œuvre d'un projet pédagogique, encadre et anime la vie quotidienne et les activités. Les activités englobent :

- les activités individuelles et collectives ;
- les activités spontanées dites libres ;
- les activités organisées dites dirigées.

Les enfants ont besoin d'avoir le choix, le rôle de l'ATSEM/ASEM dans sa fonction d'animateur est de préparer et aménager le cadre sachant que préparer n'est pas planifier, c'est anticiper.

Savoirs associés

Normes d'encadrement en accueil de loisirs périscolaire pour les enfants âgés de moins de 6 ans :

- 1 animateur pour 8 enfants lorsque la durée de l'accueil excède 5 heures consécutives ;
- 1 animateur pour 10 enfants lorsque la durée de l'accueil est inférieure à 5 heures consécutives.

Toutefois cet effectif peut être ramené à 1 animateur pour 10 enfants pour une durée supérieure à 5 heures consécutives, et 1 animateur pour 14 enfants pour une durée inférieure à 5 heures consécutives dans le cadre du plan Mercredi.

Entraînez-vous !

Aspects théoriques de la petite enfance

1. **Depuis 2013, s'applique la réforme des rythmes scolaires. Qu'en savez-vous ?**
2. **Que regroupe-t-on sous l'appellation « accueil périscolaire » ?**
3. **Qu'est-ce que le PEDT ?**
4. **Qu'est-ce que le Plan mercredi ?**

Vérifiez vos réponses

Aspects théoriques de la petite enfance

1. La réforme de 2013 prévoyait la mise en place d'une semaine scolaire de 24 heures d'enseignement réparties sur neuf demi-journées (4, 5 journées de 5 h 30 dont 3 h 30 au plus par demi-journée et une pause méridienne d'1 h 30 maximum). Mais depuis 2017, les communes qui le souhaitent ont la possibilité de revenir à la semaine de quatre jours.
2. L'accueil périscolaire peut concerner la garderie des élèves avant ou après la classe et l'accueil de loisirs sans hébergement (ALSH) animé par des intervenants pédagogiques.
3. Le projet éducatif territorial est un dispositif qui mobilise toutes les ressources d'un territoire afin de garantir la continuité éducative entre les projets des écoles et les activités proposées aux enfants en dehors du temps scolaire.
4. Le Plan mercredi, mis en œuvre à la rentrée 2018 vise à proposer aux enfants un large éventail d'activités périscolaires le mercredi (hors vacances scolaires), qui n'est plus un jour d'école.

JOUR 25

Interview - pédiatre

« L'ATSEM, un rôle d'accueil et d'accompagnement en maternelle »

Au cœur de la Bourgogne, le docteur Marie-Laure Loiseleur, pédiatre retraitée depuis peu, a une longue carrière de consultations dans des lieux de soins très diversifiés au service des enfants. Elle nous parle de leur développement à l'école et de la nécessaire présence des ATSEM à leur contact.

Très active et aimant son métier, Marie-Laure Loiseleur a un parcours varié : « Je réalisais, explique-t-elle, les consultations d'enfants à l'hôpital. Certaines sont systématiques dans le cadre préconisé par la Sécurité sociale à des âges précis. L'objectif est d'évaluer leur état de santé et leur développement. Je suivais également des enfants avec des pathologies chroniques. Dans les crèches collectives et familiales, j'effectuais les admissions et le suivi des 0/3 ans ainsi que tout le versant hygiène du personnel et l'aménagement à adapter lors de l'accueil d'un enfant handicapé. » Un emploi du temps déjà bien rempli auquel s'ajoutait un travail en Institut médico éducatif (IME). « Dans ce cadre, j'avais en charge 80 enfants handicapés dont 20 polyhandicapés graves. J'effectuais les visites d'admission avec les parents puis leur suivi. »

Le suivi pédiatrique en maternelle

La problématique, souligne la pédiatre, est le manque de médecins dans sa spécialité ce qui l'a conduite à suppléer également dans les centres de **PMI (Protection maternelle infantile)** en région parisienne puis dans sa région natale.

Dans ce cadre très précis, elle effectuait les visites médico-scolaires de maternelle, en particulier celle des trois ans et demi/quatre ans correspondant à la moyenne section de maternelle. « Je travaillais à la réalisation des **PAI (Projet d'accueil individualisé),** explique-t-elle. Ce PAI est un document écrit qui précise les adaptations à apporter à la vie de l'enfant en collectivité, lorsque cela est nécessaire. Il s'agit de définir les besoins thérapeutiques à mettre en place dans le cadre d'une pathologie comme les allergies et l'asthme de façon assez courante. »

Concernant les bilans médicaux, la pédiatre se déplaçait souvent en aval des puéricultrices qui réalisaient les tests dans les écoles, compte tenu de la pénurie de médecins de sa spécialité : « J'allais observer les enfants dont on avait pu détecter des troubles dans la classe. Les parents sont toujours avisés dans ce cadre. Je rencontrais l'enseignante pour échanger avec elle sur ses observations. » Mais pas seulement. « Il est vrai, ajoute-t-elle, que les ATSEM peuvent être amenés, dans le cadre de leur accompagnement, à noter des éléments transmis à l'enseignante pouvant être très utiles dans la connaissance particulière qu'ils ont des enfants. Il m'est souvent arrivé lors de mes rencontres de discuter aussi bien avec les ATSEM que les enseignants. »

Marie-Laure Loiseleur l'explique bien : « Souvent les dépistages sont tardifs, c'est-à-dire à l'entrée à l'école. Beaucoup d'enfants, désormais suivis par des médecins généralistes pour des soucis de maladies infantiles ou de vaccins, ne perçoivent pas forcément, en raison de leur formation, des troubles tels que des psychoses infantiles ou autisme, par exemple ».

L'entrée en maternelle, une étape ou un bouleversement ?

En tant que pédiatre, Marie-Laure Loiseleur voit l'entrée en maternelle sous deux aspects : « Pour les enfants qui ont vécu en crèche collective, l'entrée à l'école n'est qu'une étape. En général, ils sont très contents, tout se passe bien. Ils sont déjà socialisés. Pour un enfant qui a vécu ses premières années dans un contexte purement familial avec ses parents, grands-parents ou même une nourrice, le ressenti peut être différent. L'angoisse de séparation est très présente. Un bouleversement souvent d'autant plus important qu'aujourd'hui, des enfants de deux ans, en toute petite section, intègrent une structure scolaire. Pour ces derniers, une adaptation particulière est nécessaire pour les enseignants et l'ATSEM car un enfant est très différent entre l'âge de deux et trois ans. »

Pour Marie-Laure Loiseleur, le rôle de l'ATSEM est essentiel : « C'est un peu lui qui occupe le rôle de l'auxiliaire puéricultrice en crèche. Il est proche du quotidien de l'enfant, des soins, l'emmène aux toilettes, l'essuie, le débarbouille, le conduit à la cantine. Et en même temps, il aide l'enseignante. De ce fait, les enfants le considèrent de façon positive. Et puis, il a souvent plus le temps pour les câliner, consoler leurs chagrins que le maître ou la maîtresse. »

Lorsqu'on lui demande quel peut être le positionnement juste de l'adulte accompagnant comme l'ATSEM face aux enfants, Marie-Laure Loiseleur confie : « Son rôle doit être de mettre à l'aise l'enfant. Je pense à ces premiers jours de rentrée où les pleurs sont fréquents. Il peut lui prendre la main, lui parler doucement, lui réexpliquer les choses, en partage avec l'enseignant qui n'a pas le temps matériel avec le groupe-classe pour gérer, surtout en petite section. L'enfant n'étant pas forcément propre à l'entrée en maternelle qui peut débuter à l'âge de deux ans, l'ATSEM est indispensable.

L'une des difficultés qui peut être rencontrée, c'est l'attachement plus fort à un enfant qu'à un autre. C'est très humain mais l'ATSEM doit pouvoir apporter autant aux uns qu'aux autres afin que l'enfant ne vienne pas à s'accrocher à lui comme l'unique référent. »

Un rôle essentiel mais qui ne doit pas être restreint à ce rôle spécifique maternant « Il est important d'intégrer l'ATSEM aux activités des enfants dans les ateliers, en aide à l'enseignant », ajoute-t-elle.

Le langage et le graphisme au cœur du développement

Au fil des trois années de maternelle et avant son entrée au cours préparatoire, l'enfant va vivre de nombreuses évolutions : « Au cours de la première année, explique Marie-Laure Loiseleur, la socialisation va se mettre en place avec une perte progressive de l'égocentrisme. L'enfant va comprendre qu'il vit dans un groupe. En moyenne section, on peut dire que cet aspect est acquis. C'est à ce moment que les enfants se mettent à partager avec les autres membres du groupe-classe. Les récréations, les jeux et les ateliers participent à cet échange et cette évolution. Le langage est en plein développement sur les deux niveaux de classe : en petite section, certains parlent peu ou pas très bien. Au cours de l'année, le langage évolue beaucoup avec la communication avec les adultes et entre pairs. En grande section, l'enfant vit la grande étape des préapprentissages avec le graphisme qui est essentiel à cette période. »

Concernant le rôle de l'ATSEM face aux enfants en situation de handicap intégrés en classe normale, Marie-Laure Loiseleur souligne que ces derniers sont accompagnés par une personne **AESH** (nouvelle dénomination des AVS, c'est-à-dire des **accompagnants d'enfants en situation de handicap**). « Il est vrai que les ATSEM peuvent être aussi amenés à intervenir dans ce cadre et dans la mesure où les AESH ne sont pas forcément à plein temps en accompagnement de l'enfant concerné. Lorsqu'il s'agit d'enfants autistes intégrés en classe, ce peut être difficile pour un ATSEM de les canaliser lorsque l'AESH est absent. Dans la mesure où tous les enfants doivent être accueillis, il aura aussi un rôle important à jouer. D'où la nécessité d'une bonne communication entre les adultes pour coordonner au mieux les actions à mener face au trouble spécifique de l'enfant concerné. »

Lorsqu'on la questionne sur les qualités que doit avoir un ATSEM pour exercer ce métier, elle répond spontanément « Aimer les enfants, bien sûr, avoir de l'empathie mais aussi un rôle professionnel afin que les parents puissent bien distinguer le rôle de chaque adulte dans la classe. Des qualités et des compétences qui s'acquièrent aussi avec l'expérience. »

Propos recueillis par Marie-Hélène Abrond

JOUR 26

Aspects techniques du métier

L'hygiène : principes généraux

Définition

L'hygiène peut se définir comme l'ensemble des principes et des pratiques individuelles ou collectives qui visent à conserver des personnes en bonne santé. La place de l'hygiène dans la prévention des maladies transmissibles a été démontrée et valorisée depuis Pasteur. L'hygiène tient une place essentielle dans la lutte contre les sources de contamination et la réduction des moyens de transmissions.

À leur entrée dans la vie collective, les enfants doivent être accueillis dans les meilleures conditions de sécurité, d'hygiène et de bien-être. L'ATSEM/ASEM est un agent de prévention dans la mise en application de mesures d'hygiène indispensables au quotidien comme dans certaines situations plus exceptionnelles. Ces mesures sont d'autant plus importantes que l'école accueille de jeunes enfants, plus exposés au risque infectieux.

À noter

Les questions d'hygiène peuvent également faire l'objet d'actions spécifiques intégrées dans le projet d'école consacré à l'éducation à la santé.

« Une sensibilisation aux questions d'hygiène et de santé permet aux enfants de comprendre la nécessité de respecter l'intimité de chacun, l'intégrité de son corps et celui des autres. » Extrait du programme cycle 1.

Hygiène individuelle

Le lavage des mains (ou friction avec des produits hydro alcooliques) est un temps essentiel car la contamination par les mains est à l'origine de nombreuses infections (infections courantes ORL et respiratoires, infections gastro-intestinales, etc.) :

- lavage des mains avec un savon liquide pendant au moins 30 secondes ;
- brossage des ongles coupés courts et entretenus régulièrement ;
- séchage soigneux, de préférence avec un essuie-main à usage unique.

Les mains doivent être fréquemment lavées		
Personne concernée	**Avant**	**Après**
Pour les adultes et les enfants	• de se rendre aux toilettes ; • de manger ; • de préparer une recette ; • de faire la sieste.	• être passé aux toilettes ; • avoir mangé un repas ; • avoir touché un animal ; • avoir effectué des travaux salissants.
Pour les adultes	• de toucher un élève (sieste, etc.) ; • de soigner une plaie.	• avoir effectué un soin.

Accompagnement des enfants : pour être véritablement efficient, le lavage des mains doit suivre certaines étapes et durer au moins 30 secondes. L'idée est d'inciter les enfants à verbaliser, en paroles ou en chanson, chacun des gestes : mouiller ses mains et mettre du savon, frotter les paumes, les doigts entrelacés, le dessus des mains, les pouces, le bout des doigts dans la paume, les poignets, rincer et sécher.

Le passage aux toilettes est un temps éducatif visant à apprendre à s'habiller et se déshabiller, à se laver les mains, à gérer ses besoins physiologiques, à se situer et se repérer dans l'école, à se familiariser avec les gestes d'hygiène corporelle, à connaître et respecter son corps et celui des autres. Cela nécessite une organisation définie par l'enseignant. Le passage individuel sera privilégié avec une demande de l'élève auprès de l'enseignant avec l'aide de l'ATSEM/ASEM si nécessaire. Pour les plus jeunes, le passage aux toilettes en petits groupes reste à privilégier. L'ATSEM/ASEM s'assure aussi des règles liées à l'utilisation des sanitaires : éviter le gaspillage d'eau ou de papier, laisser l'endroit propre, etc., et connaît des comptines pour une approche ludique de cet apprentissage.

Attention

Règlementairement, un enfant peut être accueilli à l'école même s'il n'a pas encore acquis la totale maîtrise de ses besoins physiologiques. La question de cet apprentissage et des incidents qui peuvent survenir doit être évoquée par l'enseignant (voire le directeur selon les cas) avec les familles au moment de l'inscription à l'école. Dans tous les cas, l'enfant a besoin de temps et de bienveillance, et d'être reconnu dans ses essais de la part de tous les adultes. Des supports pédagogiques pour visualiser ses progrès ou la littérature jeunesse sont d'un grand soutien pour accompagner et renforcer cette acquisition.

L'hygiène nasale : l'ATSEM/ASEM peut apprendre à l'enfant à se moucher tout seul en l'accompagnant dans l'application des règles d'hygiène jusqu'à ce qu'il devienne autonome. Une bonne hygiène de nez permet de lutter contre les infections des voies aériennes en limitant la prolifération des microbes lorsque le nez coule.

Pour se moucher correctement, il convient de :

- placer un mouchoir jetable sur le nez ;
- boucher une narine avec un doigt et souffler dans la narine non-obstruée ;
- recommencer l'opération jusqu'à ce que la narine soit vide ;
- procéder de la même façon pour l'autre narine ;
- essuyer le nez et jeter le mouchoir dans une poubelle fermée.

L'affectation au service du restaurant scolaire implique de respecter des règles d'hygiène spécifiques :

- une tenue de travail adaptée et propre ;
- des cheveux attachés et coiffés par une charlotte ;
- le port de gants à usage unique pour la manipulation des aliments ;
- lavage des mains systématique avant toute manipulation des denrées et des équipements ;
- port de montre et bijoux proscrits ;
- plaies et coupures protégés par pansement ;
- port de masque obligatoire depuis le contexte sanitaire 2020.

À noter

L'hygiène bucco-dentaire des enfants suppose une organisation spécifique après le déjeuner. Dans ce cas, chaque élève doit avoir un matériel personnel identifiable qui puisse être rangé à l'école.

Hygiène des locaux

L'hygiène des locaux est principalement assurée par les personnels chargés du nettoyage et de l'entretien selon les organisations au sein des communes. Cependant la présence d'ATSEM/ASEM facilite l'application permanente des mesures d'hygiène indispensables à l'accueil des jeunes enfants.

Durant le temps scolaire

Les ATSEM/ASEM assurent le nettoyage :

- des sanitaires par balayage humide au moins après chaque récréation ;
- des lieux communs (couloirs, escaliers) une fois par jour ;
- des salles de classe après les heures d'enseignement à partir de 16 h 30.

Durant les vacances scolaires

Les ATSEM/ASEM procèdent au grand nettoyage des locaux :

- lavage mécanique des sols (autolaveuse ou monobrosse) ;
- dépoussiérage complet des murs, plafonds, plinthes, radiateurs, encadrement, fenêtres et portes, dessus des armoires ;
- lavage des pieds de tables, chaises , casiers, jeux, salle de motricité et matériel.

Le nettoyage et la désinfection sont des opérations complémentaires. Le nettoyage correspond à l'élimination de toute souillure physique visible ou invisible. La désinfection vise à éliminer ou tuer les microbes indésirables, elle correspond à l'élimination de toute souillure microbienne.

Le nettoyage commence toujours par une ouverture des fenêtres. Il est effectué chaque jour avec un linge humide pour éviter la mise en suspension des poussières et des germes : technique des deux seaux sols et murs, serpillère à usage unique. La technique dite « des deux seaux » nécessite un seau rouge (R comme Rincer) pour le rinçage des franges du balai, un seau bleu (comme l'eau) d'eau tiède et de détergent dilué. Le balai est trempé dans le seau bleu, essoré, passé en décrivant des 8, puis rincé dans le seau rouge, essoré avant de recommencer un cycle. Le changement d'eau se fait aussi souvent que nécessaire.

Tous les produits doivent être stockés hors de la portée des enfants.

Remarque

Les tapis des différents coins de jeux doivent être nettoyés très régulièrement en dehors des temps de nettoyage prévus usuellement.

Les sanitaires sont maintenus en parfait état de propreté et régulièrement désinfectés. Les robinets, poignées de porte, tirettes de chasse d'eau sont des supports de grandes transmissions de germes. Il s'agit de prévenir la transmission de maladies digestives, telles les gastro-entérites saisonnières, mais aussi de maintenir un accès propre, sécurisant, suffisamment confortables et en préservant l'intimité.

Les mobiliers, vestiaires et matériels doivent être dépoussiérés et nettoyés régulièrement. Le matériel de couchage pour la sieste doit être individuel et nettoyé fréquemment. Le matériel de motricité sera maintenu en bon état de propreté, ainsi que les jeux choisis de préférence dans des matériaux faciles à entretenir.

Entraînez-vous !

Aspects techniques du métier

1. **Comment l'ATSEM/ASEM contribue-t-il à développer l'autonomie des enfants en matière d'hygiène ?**
2. **Comment l'ATSEM/ASEM s'assure-t-il d'un lavage des mains efficace auprès des enfants ?**
3. **Quelles sont les principales mesures d'hygiène ?**
4. **Pourquoi appliquer des règles d'hygiène ?**

Vérifiez vos réponses

Aspects techniques du métier

1. Les règles de base d'une bonne hygiène font partie du programme de l'école maternelle. Le lavage des mains est une étape indispensable, à chaque passage aux toilettes, avant et après le repas, après s'être mouché, après avoir touché des objets qui ne sont pas à eux ou après une activité salissante. L'apprentissage est facilité par l'usage de petites comptines.
2. Pour être efficient, le lavage des mains comporte plusieurs étapes qui sont autant de passages sur les doigts, entre les doigts, sur et sous la paume de la main, autour du poignet. Il doit également durer au minimum 20 secondes. L'idée est de faire verbaliser chacun des gestes par les enfants pour qu'ils prennent les réflexes et deviennent autonomes.
3. Les mesures d'hygiène incontournables portent sur l'hygiène alimentaire, l'hygiène des locaux, du matériel, du linge, et l'hygiène individuelle.
4. L'application des règles d'hygiène est le seul moyen dans la prévention des maladies transmissibles en collectivité pour lutter contre les sources de contamination et réduire les moyens de transmissions.

Aspects théoriques de la petite enfance

JOUR 27

Le temps méridien, un temps essentiel

L'organisation

Le temps méridien correspond au temps entre la fin de matinée de classe et le retour en classe l'après-midi. Il comprend un temps de repas et un temps de pause méridienne qui associe détente et loisirs pour les enfants. Depuis la réforme des nouveaux rythmes scolaires de 2013, la durée de la pause méridienne ne peut être inférieure à 1 h 30 et la durée du temps de repas ne peut pas être inférieure à 30 minutes.

C'est un temps majeur dans la journée de l'enfant, organisé le plus souvent par la commune et placé sous l'autorité du maire (ou du représentant d'un ECPI).

Le Conseil national d'évaluation du système scolaire (CNESCO) indique dans un rapport de 2017 : « Des recherches nous montrent que le déjeuner peut avoir un réel impact sur la qualité de vie des élèves et leurs performances scolaires. Les élèves semblent également plus attentifs et dans de meilleures dispositions pour apprendre. À ce titre, le déjeuner revêt une importance cruciale dans la journée scolaire de l'enfant, mais aussi dans les facteurs favorisant son bien-être global. Ce temps est aussi un temps de socialisation et d'apprentissage. »

La restauration collective

La restauration collective en école primaire est un service public facultatif qui relève de la responsabilité de la commune. À partir du moment où elle l'a mis en place, la commune peut déléguer la gestion, la fourniture et la préparation des repas mais pas la surveillance et l'encadrement des enfants. Les modes d'organisation varient selon la taille de la collectivité. Les possibilités techniques sont nombreuses :

- cuisine sur place ;
- satellite de remise en température livré par une cuisine centrale ;

- liaison chaude, liaison froide ;
- service à table (privilégié en maternelle) ou en libre-service ;
- gestion municipale ;
- délégation à un organisme privé (sous la responsabilité du maire).

L'inscription est un droit pour tous les enfants scolarisés, sans aucune discrimination selon leur situation ou celle de leur famille. Les tarifs sont fixés par la collectivité territoriale qui en a la charge.

Rappel

- Le service de restauration scolaire peut appliquer les bonnes pratiques en matière d'hygiène regroupées sous le sigle HACCP (*Hazard analysis and critical control point* : système d'analyse des risques et de maîtrise des points critiques). Cette méthode prend en compte les dangers biologiques (virus, bactéries, etc.), chimiques (pesticides, additifs, etc.) et physiques (bois, verre, etc.) et vise à prévenir notamment les intoxications alimentaires.
- Au 1er janvier 2022, les repas proposés au sein d'établissement chargés d'une mission de service public devront tous comprendre 50 % de produits de qualité et durables dont au moins 20 % de produits biologiques.
- La loi Egalim de 2018, dite aussi loi de l'alimentation, incite à titre expérimental de proposer un repas végétarien une fois par semaine dans tous les restaurants scolaires. Cela concerne actuellement 74 % des élèves.
- Si la restauration scolaire n'est pas intégrée à un accueil collectif de mineurs (ACM), les conditions d'encadrement sont laissées à l'appréciation des organisateurs.

Le temps de détente et de loisirs

Après le temps scolaire de la matinée, le personnel communal dont les ATSEM/ASEM prennent le relai des enseignants de l'école. Ils ont en charge le bon déroulement du repas, de la surveillance de la cour et des propositions d'activités faites aux enfants.

L'organisation en garderie

La garderie est un mode d'accueil qui ne fait pas l'objet d'une réglementation spécifique. Les enfants peuvent y pratiquer des activités de leur choix selon ce qui est mis à disposition, sans intervention pédagogique du personnel d'encadrement. La collectivité détermine librement les modalités d'encadrement.

L'organisation en accueil de loisirs périscolaire

L'accueil collectif de mineurs à caractère éducatif est soumis à une règlementation. Il repose sur une équipe qualifiée d'animateurs (dont les ATSEM/ASEM) qui met en œuvre un projet pédagogique particulier garantissant les possibilités pour les enfants de s'épanouir pendant ce temps de vie quotidienne.

Avant et après le repas, les enfants doivent pouvoir disposer d'espaces extérieurs et intérieurs. Ce temps ne doit pas se résumer à une gestion de l'attente de passer à table ou de reprendre la classe.

L'analyse des bonnes pratiques constatées au niveau territorial montre que le temps méridien peut permettre aux enfants de bénéficier de temps calmes ou de repos si cela correspond à leur besoin (pas uniquement les petites sections) ou de participer à des activités adaptées : jouer à des jeux qu'ils apprécient particulièrement, découvrir de nouveaux jeux, manipuler, chanter, écouter des histoires, s'exercer avec des vélos, tricycles, poutres, etc.

Attention

- La question de la fatigue des élèves en école maternelle trouve souvent des réponses pratiques au travers des recommandations sur le respect des temps de sieste, l'organisation de la bonne transition entre les activités et l'offre de davantage de temps calmes ou adaptés aux plus jeunes.
- Les parents doivent pouvoir obtenir des informations complémentaires sur le vécu de leur enfant pendant ce temps périscolaire, notamment auprès de l'ATSEM/ASEM.

Les enjeux du temps méridien

L'enjeu éducatif

La découverte, l'apprentissage du goût, la connaissance alimentaire et la compréhension des bénéfices des comportements alimentaires participe au bon développement de l'enfant. Cependant, pour les enfants de moins de 6 ans, il est essentiel que le temps méridien préserve des temps calmes et de repos, des temps de récupération où ils sont moins sollicités, des temps de détente encadrés dans des lieux et avec du matériel à disposition.

L'enjeu socio-affectif

En favorisant la participation des enfants (débarrassage, réapprovisionnement, mise en place de jeux, etc.) et l'autonomie progressive (usage des couverts, gestion des quantités, etc.), l'enfant devient acteur de ce temps central. Discuter avec ses amis, jouer, s'entraider, se reposer, se ressourcer permet une autre expérience du vivre ensemble et permet de retourner en classe dans de bonnes dispositions.

Les enjeux de santé publique

En respectant les recommandations nutritionnelles de santé publique, l'offre alimentaire en milieu scolaire est un élément important dans la lutte contre les inégalités sociales de santé en nutrition. Les enfants issus des milieux les plus défavorisés sont les plus affectés par le surpoids et l'obésité.

Faciliter l'accès de tous les enfants à une alimentation favorable pour la santé, équilibrée, diversifiée et de qualité est un axe stratégique du Plan national nutrition santé (PNNS).

Les enjeux de logistique

Les conditions pour une pause méridienne de qualité chez les enfants de moins de 6 ans suppose :

- une réflexion collective sur le temps de sieste : articulation entre les différents acteurs (ATSEM/ASEM, enseignants, directeur, animateurs) ;
- des espaces accueillants : adaptés, bien agencés, un bruit maîtrisé, convivialité et confort ;
- un nombre d'encadrants suffisant ;
- un travail d'équipe avec tous les acteurs (personnel de restauration, ATSEM/ASEM, animateurs, responsables de service, élus, représentant de parents).

À noter

Le rôle de l'ATSEM/ASEM dépasse largement celui d'une activité de surveillance. Il pourvoit aux besoins de l'enfant en termes d'hygiène, de sécurité physique et de sécurité affective.

La prévention sonore

Des constats

Concilier le besoin de décompresser et la tranquillité requise pour que le temps de repas soit un moment de bien-être est un véritable défi sachant que 70 à 90 % des acteurs (adultes et enfants) se plaignent du bruit.

La pause déjeuner peut parfois se révéler être une épreuve, génératrice de stress et d'excitation, de mauvaise qualité de repas, de digestion impactée pouvant entraîner anxiété et troubles du sommeil et de conditions de travail à risque.

Le son se mesure en décibels. Au réfectoire, le bruit ambiant idéal ne devrait pas dépasser 75dB(A) afin que les élèves puissent échanger entre eux sans avoir à élever excessivement la voix.

« L'effet cocktail » est un phénomène engendré par le nombre important d'individus rassemblés dans une même pièce. Le niveau sonore monte rapidement, car pour s'entendre, les personnes s'adaptent à l'ambiance sonore et s'expriment de plus en plus fort.

Échelle de mesure du son

Bibliothèque	40 dB
Grands magasins	50 dB
En classe pendant activités de groupe	80 dB
Restaurant scolaire	Entre 85 et 90 dB
Avenue à grand trafic	90 dB
Cour de récréation	Entre 90 et 100 dB
Marteau-piqueur	100 dB
Seuil de douleur	110 dB
Décollage avion à réaction à 300 m	120 dB

Identifier les sources de bruit

- Les locaux : volume, réverbération des surfaces (murs, sols, plafonds).
- Les installations : cuisine, ventilation, laverie, etc.
- Les impacts : couverts, chaises.
- L'organisation : espace et durée du repas.
- les attitudes : déplacement d'un personnel moins disponible, excitation des enfants.

Les pistes pour prévenir l'augmentation des décibels

- Prendre un temps avec les enfants avant de rentrer au restaurant scolaire pour les préparer.
- Penser à la circulation et à l'accessibilité des tables.
- Décloisonner les espaces en plus petites zones.
- Utiliser des matériaux plus légers que la vaisselle classique.
- Installer des panneaux et cloisons acoustiques pour réduire la résonnance.
- Sensibiliser les adultes et les enfants sur les propriétés du son, la façon dont il se diffuse, s'amplifie, etc.

À noter

L'ATSEM/ASEM peut utiliser par exemple des indicateurs lumineux pour « voir » le son en indiquant le niveau sonore par une couleur. Ce dispositif permet aux enfants de prendre conscience du bruit généré et adapter leurs comportements.

Un code gestuel peut parfois accompagner les sollicitations pour réduire le bruit ambiant.

Sensibiliser les enfants aux effets du bruit peut constituer un projet d'activités pendant les temps d'activités périscolaires.

Savoirs associés

- Des techniques d'animation et de communication permettent de ramener le calme sans crier (ce qui rajoute du bruit au bruit déjà présent).

Entraînez-vous !

Aspects théoriques de la petite enfance

1. **Charlie refuse de manger des carottes lors du déjeuner. Que faites-vous ?**
2. **Quel est le responsable hiérarchique de l'ATSEM pendant le temps méridien ?**
3. **Un enfant a besoin de se rendre aux toilettes pendant le repas. Que fait l'ATSEM/ ASEM ?**

Vérifiez vos réponses

Aspects théoriques de la petite enfance

1. Il convient de respecter les préférences et rythmes alimentaires des enfants. Cependant, il est encouragé d'inviter l'enfant à goûter, sans le forcer, le gronder ou le punir. Il est nécessaire d'en discuter avec l'enfant pour comprendre son refus. Les parents doivent ensuite être alertés si l'enfant a peu mangé au cours du repas.
2. Pendant la pause méridienne, l'ATSEM est sous la hiérarchie de la collectivité territoriale qui l'emploie.
3. L'ATSEM/ASEM peut interrompre sa surveillance pour emmener un enfant aux toilettes. Dans ce cas, il s'assure qu'un autre adulte prend le relai en matière de surveillance pour le bon déroulement du repas. Il prévient les autres enfants de sa courte absence.

Aspects techniques du métier

JOUR 28

L'hygiène : mesures renforcées

Cas de maladie contagieuse dans l'établissement

La conduite à tenir comprend les mesures préventives habituelles d'hygiène générale associées à un certain nombre d'actions particulières afin soit de minimiser le risque de développement d'une épidémie soit l'endiguer lorsqu'elle advient. C'est le médecin du service de protection maternelle infantile prévenu par le directeur d'école lorsqu'il y a plusieurs cas en présence qui indique les mesures de prophylaxie (ensemble des mesures à prendre pour prévenir l'apparition, la propagation ou l'aggravation d'une maladie) adéquates.

À noter

La pédiculose, maladie due à un parasite (poux) vivant sur le cuir chevelu est très répandue. La contamination se fait par contact direct des cheveux mais aussi par les bonnets écharpes, peignes, brosses, oreillers, siège-auto. La contagiosité est très importante et nécessite une information collective des parents par affichage dans l'école. Cependant il n'y a pas d'éviction scolaire. Il convient d'être très attentif à ne pas stigmatiser l'élève concerné ainsi que son entourage familial.

Covid-19

Le confinement du printemps 2020 a accru le risque de décrochage scolaire pour les enfants, et maintenir l'ouverture des établissements scolaires reste un objectif fondamental en durcissant les règles sanitaires. Rendu nécessaire par l'évolution de la circulation du virus, un protocole sanitaire renforcé est mis en place en fonction des avis rendus par le Haut Conseil de la santé publique (HCSP). Ces règles peuvent être adaptées en fonction de l'augmentation de la circulation du virus sur les territoires et des spécificités locales.

Distanciation physique : à l'école maternelle, elle doit être maintenue entre les élèves de groupes différents dans les espaces clos (salle de classe, couloirs, réfectoires, etc.) et dans les espaces extérieurs, mais ne s'impose pas entre les élèves d'un même groupe.

Lavage des mains : il doit être réalisé à l'arrivée dans l'établissement, avant et après chaque repas, avant et après chaque récréation, après être allé aux toilettes, avant de rentrer chez soi ou dès l'arrivée au domicile.

Port du masque : il est à proscrire pour les élèves de maternelle. Le port du masque est obligatoire pour les personnels dans les espaces clos et dans les espaces extérieurs. Dans les situations où il est incompatible avec l'activité (prise de repas) une attention particulière est apportée à la limitation du brassage et au respect de la distanciation.

Limitation du brassage des élèves :

- arrivée et départ étalés dans le temps ;
- déplacements limités et encadrés ;
- récréations organisées par groupe ;
- restauration scolaire maintenue en respectant la distance d'1 mètre entre les groupes d'élèves de la même classe, et dans la mesure du possible toujours à la même table.

Nettoyage et désinfection :

- nettoyage des sols et des grandes surfaces (tables) au minimum une fois par jour ;
- désinfection des surfaces les plus fréquemment touchées par les élèves plusieurs fois par jour ;
- tables de réfectoire nettoyées et désinfectées après chaque service ;
- jeux, bancs, espaces collectifs autorisés si nettoyage quotidien ;
- ventilation : une aération doit avoir lieu au minimum toutes les 2 heures, avant l'arrivée des élèves, pendant chaque récréation, pendant le nettoyage des locaux.

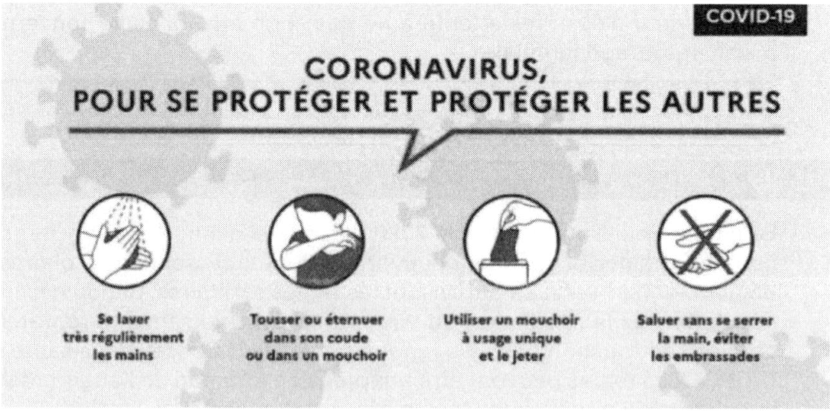

Entraînez-vous !

Aspects techniques du métier

1. Comment l'ATSEM/ASEM applique-t-il des mesures renforcées d'hygiène ?
2. Quelles mesures appliquez-vous en cas de présence de gastroentérite pour accompagner un enfant malade ?
3. Que savez-vous de la propagation d'une maladie transmissible ?
4. En quoi l'ATSEM/ASEM, en tant que fonctionnaire, est-il un acteur de prévention en matière d'hygiène ?

Vérifiez vos réponses

Aspects techniques du métier

1. La conduite à tenir comprend toujours les mesures préventives habituelles. Un certain nombre d'actions particulières pour minimiser les risques sont prévues et dépendent du type d'infection et de contamination : par les selles, les sécrétions respiratoires, à partir de lésions cutanées, le sang, etc.
2. Lavage minutieux des mains, particulièrement après le passage aux toilettes ; manipulation de tout objet ou matériel souillé par des selles avec des gants jetables ; les placer dans un sac fermé afin qu'ils soient lavés, puis désinfectés ; le matériel à usage unique souillé sera jeté dans une poubelle à pédale ; nettoyage soigneux des matelas, linge de lit souillé.
3. La contamination peut se faire par l'homme (malade ou porteur sain), par l'animal ou par l'environnement. Les sources de contamination peuvent être les sécrétions oro-pharyngées (émises lors de la toux, des éternuements, de la parole), les excrétions (salives, mucosités nasales, matières fécales), la peau infectée, les cheveux parasités ou le sang.
4. L'ATSEM/ASEM veille à sa sécurité et à sa santé ainsi qu'à celles de ses collègues et des usagers en appliquant les instructions qui lui sont données et en informant, le cas échéant, des dysfonctionnements. Il se forme aux consignes et aux modes opératoires et porte les équipements de protection individuels qui lui sont fournis.

JOUR 29

Aspects théoriques de la petite enfance

La sieste, un besoin physiologique

La sieste à l'école maternelle

La sieste est un temps de repos avec ou sans sommeil qui se prend après le repas de midi. La sieste désigne le sommeil pris en milieu de journée par opposition au sommeil de la nuit. Elle se situe au plus près du repas.

La sieste n'est pas obligatoire, il existe seulement des recommandations qui tiennent compte du besoin quotidien des enfants entre 2 et 5 ans de 10 à 12 heures de sommeil par jour.

Les enfants de TPS et PS sont principalement concernés, un temps de repos est mis en place en début d'année pour les MS et des activités calmes pour les GS. À titre exceptionnel, un enfant de MS ou de GS pourra se reposer au dortoir s'il en éprouve le besoin ou si les parents signalent cette nécessité.

Le cycle de sommeil est variable selon les enfants mais dure en moyenne 90 minutes. La durée de sommeil est comprise entre 1 h 15 et 1 h 30. Au-delà de 2 heures, l'enfant entame un nouveau cycle. En général, l'enfant se réveille spontanément à la fin d'un cycle. Les réveils échelonnés sont à privilégier.

La présence d'un ou plusieurs adultes de référence pendant une vingtaine de minutes facilite la période d'endormissement pour aller d'un lit à l'autre selon les besoins des enfants, pour calmer et rassurer. Un enfant qui ne trouve pas son sommeil au bout de 20 minutes aura probablement des difficultés à s'endormir soit parce qu'il n'a plus besoin de dormir, soit par sentiment d'insécurité.

Remarque

En PS le doudou, objet privé au statut particulier pour la sécurité affective, apparaît fréquemment les premiers mois de la première année d'école puis est progressivement écarté. Pour le moment de sieste, il est sorti du sac personnel de l'enfant pour faciliter l'endormissement des plus jeunes plus sereinement.

L'organisation du temps de sieste et son évolution appartient à l'équipe pédagogique. L'enseignant inclut la présence de l'ATSEM/ASEM pour l'endormissement, la surveillance et le réveil des enfants.

L'ATSEM/ASEM privilégie une relation individualisée avec l'enfant et cherche à créer un climat propice à la détente.

Pour les enfants qui déjeunent chez eux, un accueil au dortoir peut être prévu pour rejoindre les autres enfants à la sieste, ou un accueil dans la classe au moment de la reprise de l'enseignement pour ceux qui ont dormi chez eux.

Attention

À compter de la rentrée 2019-2020, l'instruction devient obligatoire à partir de 3 ans. Cependant, un aménagement des conditions de l'obligation d'assiduité en petite section peut être organisé sur les heures de classe prévues l'après-midi.

L'organisation du dortoir

Chaque enfant doit pouvoir repérer facilement l'endroit où il va se reposer. Il semble opportun de ne pas changer l'organisation spatiale des lits et leur identification (*exemple* : prénom + pictogramme associé et doudou préalablement installé).

L'ambiance est calme, dans une luminosité adaptée. Les personnes présentes chuchotent et se déplacent calmement.

L'ATSEM/ASEM est responsable de la préparation du dortoir :

- le dortoir doit pouvoir être aéré régulièrement. La luminosité de la pièce devra être réduite pour favoriser l'endormissement ;
- la température idéale se situe autour de 19° C ;
- les lits empilables ou matelas posés à même le sol ont l'avantage d'être mobiles et se ranger rapidement si l'école n'a pas une pièce dédiée à la sieste ;
- les lits bas facilitent l'autonomie des enfants pour se coucher et se lever, chaque enfant dispose d'une couchette individuelle. Le couchage en hauteur ne convient pas à des enfants de moins de 6 ans ;
- un espace de 40 cm minimum autour de chaque couchage est nécessaire pour des raisons sanitaires et pour permettre à l'adulte de circuler ;
- un protège-matelas est indispensable, les draps sont lavés au moins une fois par semaine, plus selon les incidents, les coussins plats sont autorisés (en prévention du risque d'asphyxie ;
- l'agencement doit permettre d'assurer l'hygiène, le confort et la sécurité de l'enfant ;
- les enfants passent aux toilettes avant et se déshabillent un peu pour un meilleur confort (chaussures, vêtements trop entravants, gros lainage, etc.).

L'endormissement peut être accompagné par de la musique douce, une chanson, la lecture d'une histoire, une veilleuse, et tout ce qui concourt à rassurer les enfants.

Entraînez-vous !

Aspects théoriques de la petite enfance

1. **Malo, élève de GS, est atteinte de dyssomnies. De quoi s'agit-il ?**
2. **Gaspard refuse de faire la sieste et s'agite dans sa couchette. Que faites-vous ?**
3. **Un élève se réveille avant tous les autres. Que faites-vous ?**
4. **Quelles tâches peut faire l'ATSEM pendant la sieste ?**

Vérifiez vos réponses

Aspects théoriques de la petite enfance

1. Les dyssomnies sont une catégorie des troubles du sommeil qui correspond à des difficultés d'endormissement et à des terreurs nocturnes. Les causes peuvent être multiples : peurs, mauvaise hygiène de vie avec une irrégularité des horaires de coucher, changements ou événements avec un impact psychologique sur l'enfant, difficultés scolaires, conditions de sommeil inadaptées, etc.
2. L'ATSEM/ASEM doit rassurer l'enfant et s'assurer qu'il va bien. Il lui rappelle qu'il n'est pas obligé de dormir et peut rester allongé pour se reposer, il s'assure qu'il a son doudou et lui propose un accompagnement individualisé en restant près de lui quelques minutes pour l'apaiser. Si l'enfant ne s'est pas endormi après 20 minutes, il le reconduit dans la classe et en informe l'enseignant. Il ne faut ni gronder ni punir l'enfant.
3. L'ATSEM/ASEM repère l'élève qui se réveille, l'incite à chuchoter pour ne pas réveiller les autres enfants et l'aide à se rhabiller. Il prévient l'enseignant pour la surveillance du dortoir et accompagne l'enfant aux toilettes. L'enfant sera ensuite ramené dans sa classe.
4. L'ATSEM/ASEM peut être amené à effectuer des tâches compatibles avec le sommeil des enfants et la vigilance nécessaire pendant un temps de surveillance : renseigner le cahier de liaison, préparer des supports pédagogiques pour l'enseignant, etc.

JOUR 30

Préparation à l'oral

L'épreuve d'entretien : les attentes du jury

Le contexte

La modernisation des concours de la fonction publique territoriale préconisée depuis 2007 permet une sélection des candidats centrée sur les compétences, les aptitudes et les potentiels.

Rappel de l'épreuve

L'entretien pour les concours de catégorie C permet d'apprécier les capacités du candidat, ses motivations, et son aptitude à exercer les missions incombant aux membres du cadre d'emploi concerné.

Le libellé de cette épreuve ne doit pas égarer le candidat : l'épreuve ne consiste pas en un entretien à bâtons rompus avec des examinateurs. Il repose sur des « questions destinées à apprécier l'aptitude du candidat à exercer les missions dévolues à un ATSEM ».

Nature des épreuves d'admission

<table>
<tr><th></th><th></th><th>Contenu de l'épreuve</th><th>Durée/Coefficient</th></tr>
<tr><td rowspan="3">Concours ATSEM</td><td>Concours externe</td><td>Entretien permettant d'apprécier l'aptitude du candidat et sa motivation à exercer les missions dévolues aux membres du cadre d'emplois ainsi que ses connaissances de l'environnement professionnel dans lequel il sera appelé à exercer ses fonctions.</td><td>15 min.

Coef 2</td></tr>
<tr><td>Concours interne</td><td rowspan="2">Entretien débutant par une présentation par le candidat de son expérience professionnelle et des compétences qu'il a acquises à cette occasion, sur la base d'un document retraçant son parcours professionnel. Ce document, établi conformément au modèle fixé par arrêté du ministre chargé des collectivités territoriales, est fourni par le candidat au moment de son inscription et remis au jury avant cette épreuve.

Cet entretien se poursuit par une conversation visant à apprécier, sous forme de mise en situation professionnelle, la capacité du candidat à analyser son environnement professionnel et à résoudre les problèmes les plus fréquemment rencontrés par l'ATSEM.</td><td>20 min. dont 5 min. d'exposé maximum

Unique épreuve d'admission</td></tr>
<tr><td>Troisième concours</td><td>20 min. dont 5 min. d'exposé maximum

Coef. 2</td></tr>
<tr><td colspan="2">Concours ASEM</td><td>L'épreuve débute par un exposé de 3 minutes du candidat sur son parcours professionnel et sa motivation. Il est suivi d'un entretien avec le jury destiné à apprécier la capacité du candidat à exercer les fonctions d'ASEM, sa connaissance des missions d'un ASEM et de son environnement de travail ainsi que sa capacité à travailler en équipe et en autonomie avec les enfants.

Les 3 dernières minutes de l'entretien sont consacrées à la transcription écrite, en 2 lignes maximum, d'un message relatif à une mise en situation professionnelle communiquée par le jury au candidat.</td><td>18 min. dont 3 min. d'exposé

Unique épreuve notée du concours</td></tr>
</table>

Professionnalisation

L'épreuve orale constitue un exercice à caractère professionnel et peut s'apparenter à un entretien d'embauche, les examinateurs se plaçant souvent en position d'employeur : « ce que dit le candidat, sa manière de se comporter conduiraient-ils à le recruter ? » ; « au-delà de ses connaissances, le candidat fait-il preuve de qualités humaines et intellectuelles requises pour exercer les missions d'ATSEM territorial (ou ASEM) et répondre au mieux aux attentes de sa hiérarchie et aux exigences de son environnement professionnel ? ».

Le positionnement professionnel attendu nécessite d'argumenter ses actes en fonction d'un contexte professionnel et à partir de ses connaissances : savoir se situer, ce que l'on fait, pourquoi on le fait, poser la question du bon sens et agir en conséquence.

L'évaluation

L'oral est la partie la plus importante du concours, le jury doit choisir définitivement les candidats qui correspondent le mieux aux besoins des collectivités. Le jury cherche à évaluer tout au long de l'entretien des qualités attendues dans l'exercice professionnel :

- la gestion du temps : le candidat est-il capable de ne pas se perdre dans les détails, de distinguer l'essentiel de l'accessoire ?
- la cohérence : le candidat est-il capable d'organiser, même sommairement, ses réponses ?
- la gestion du stress : l'installation du candidat, son comportement révèlent-ils une incapacité préoccupante à maîtriser son stress ? Traduisent-ils un relâchement ou une décontraction incompatible avec les fonctions de l'ATSEM ? Le candidat prend-il le temps pour comprendre les questions avant d'y répondre ?
- l'aptitudes à communiquer : le candidat a-t-il le souci d'être compris ? Est-il trop sûr de lui ou, à l'inverse, donne-t-il systématiquement raison au jury sans argumenter ?
- la curiosité intellectuelle : le candidat manifeste-t-il un réel intérêt pour son domaine professionnel ?

Au-delà de vos connaissances, c'est à vous de donner le sens à ce projet qui vous mène à la fonction publique territoriale et d'apporter la preuve que :

- vous avez les qualités humaines et intellectuelles pour exercer les missions d'ATSEM ;
- vous saurez répondre au mieux aux attentes de votre hiérarchie et aux exigences du travail avec des enseignants, des enfants, des parents, des collègues, etc. ;
- vous êtes conscient des enjeux du métier d'ATSEM.

Le jury est désigné par l'autorité de la collectivité territoriale et comprend des élus locaux. Le nombre d'examinateurs est réparti comme suit :

- fonctionnaires territoriaux ;
- personnalités qualifiées issues de l'Éducation nationale ;
- élus locaux.

Les rapports des jurys

Les membres des jurys des différents territoires font plusieurs constats à l'issue des épreuves orales :

- l'utilisation inappropriée d'un langage familier de la part de certains candidats au cours de l'entretien ;
- des difficultés à se positionner correctement en tant qu'ATSEM et à bien identifier leurs missions, confondant parfois celles d'assistance à l'enseignant pour l'accueil et l'autonomie des enfants avec des missions de type pédagogique ;
- les questions relatives à la santé et à la sécurité des enfants sont parfois traitées trop superficiellement par certains candidats. Toute réponse pouvant entraîner une mise en danger des enfants ne sera pas tolérée et sanctionnée par une note éliminatoire ;
- les conditions d'accès au concours de 3e voie ne dispensent pas les candidats d'une préparation au concours et aux métiers de la petite enfance ;
- une méconnaissance de certains candidats de la hiérarchie fonctionnelle et de la hiérarchie institutionnelle ;
- une méconnaissance des questions relevant de l'environnement territorial ;
- une absence de préparation de leur présentation de 5 minutes (concours interne et 3e voie) ne mettant pas en valeur les compétences acquises ;
- une méconnaissance des droits et obligations du fonctionnaire.

Entraînez-vous !

Préparation à l'oral

Afin de vous préparer dans les meilleures conditions, nous vous proposons des entraînements à cette épreuve. Ceux-ci vous permettront de développer les bons réflexes en vue de l'épreuve orale. Nous ne proposerons pas de corrigés pour les entraînements de l'épreuve orale, vous seul pouvant arbitrer de la qualité de vos réponses et de votre préparation.

Identifiez dans la liste des remarques du jury vos différents points à travailler et gardez-les en tête lors de votre préparation à l'épreuve orale.

JOUR 31

Aspects techniques du métier

L'entretien des locaux

Les règles générales

Entretenir la classe et le matériel fait partie des missions de l'ATSEM/ASEM, le respect de l'hygiène est fondamental pour le bien-être et la santé des enfants.

Tout au long du temps scolaire, sous l'autorité du directeur de l'école, l'ATSEM/ASEM est responsable des tâches d'entretien et de rangement liées aux activités scolaires :

- nettoyage du petit matériel (pinceaux, crayons, tabliers...) ;
- nettoyage des jouets, jeux, travaux des enfants ;
- remplacement régulier du linge en fonction des besoins de la journée.

Hors temps scolaire, l'autorité territoriale décide du rythme et de la nature des opérations de nettoyage des locaux scolaires : salle de classe, meubles, salles communes, sanitaires, gestion des produits d'entretien, du linge, etc.

L'ensemble des tâches est répertorié dans un classeur de protocoles d'entretien mis à disposition de l'ATSEM/ASEM.

Quelques règles d'usage :

- l'ATSEM/ASEM revêt une tenue professionnelle appropriée (blouse ou vêtements réservés à l'usage professionnel, chaussures silencieuses et souples réservées à l'usage professionnel avec un talon de 3 cm maximum, cheveux propres et attachés, gants à usage unique, surblouse pour l'entretien des locaux, charlotte jetable pour le restaurant scolaire) ;
- avant de débuter l'entretien d'une pièce, il convient d'aérer et d'évacuer les déchets et de libérer au maximum l'espace ;
- le nettoyage se fait de haut en bas et du plus propre au plus sale ;
- les lavettes doivent être changées fréquemment et au minimum en passant d'une pièce à une autre ;
- les lavettes et bandeaux de lavage à plat utilisés ne sont pas retrempés dans les solutions de nettoyage propres ;

- le matériel doit être en bon état, nettoyé et désinfecté après chaque utilisation ;
- les procédures d'entretien sont à respecter, notamment le déroulement des tâches ainsi que les précautions d'emploi des produits indiqués dans leur fiche technique et/ou leur fiche de données de sécurité (FDS) ;
- l'entretien est réalisé en dehors de la présence des enfants ;
- les gants sont nettoyés à l'intérieur et à l'extérieur à la fin des opérations de nettoyage et un lavage des mains est réalisé.

À noter

Le rangement de la classe avant nettoyage fait toujours l'objet d'échanges entre l'enseignant et l'ATSEM/ASEM afin de s'accorder sur une vision commune de l'entretien de la classe.

L'efficacité du nettoyage

L'efficacité du nettoyage dépend :

- d'une action mécanique par un brossage/frottement pour éliminer les salissures ;
- d'une action chimique avec un produit d'entretien correctement dilué ;
- d'une action thermique par la dilution avec de l'eau à 60° C ou froide ;
- de l'action du temps pour laisser le produit agir.

L'association de ces quatre paramètres constitue **le cercle de Sinner** :

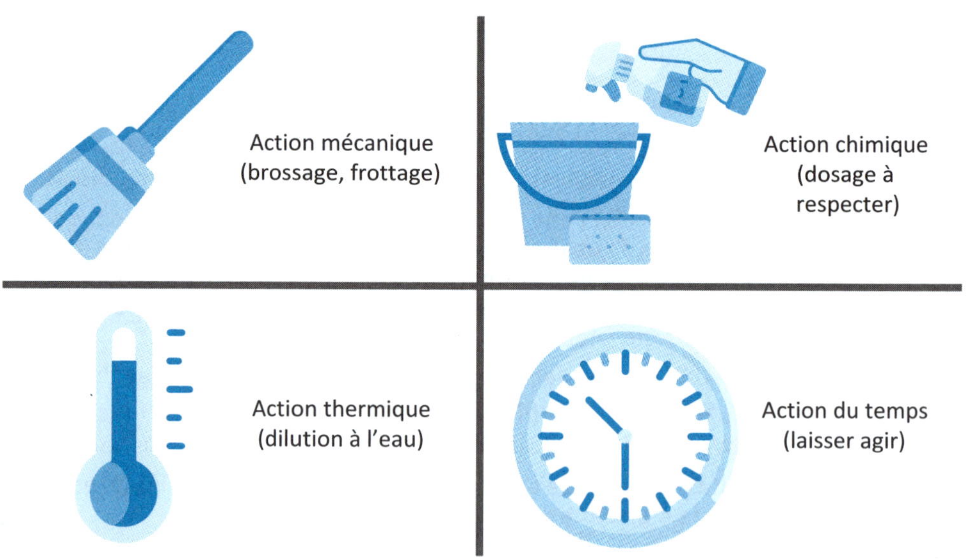

Remarque

Le bio-nettoyage regroupe un ensemble d'opérations qui visent à réduire ou éliminer des micro-organismes sur une surface. Il combine successivement un nettoyage, un rinçage et une désinfection : rangement de la zone à nettoyer et élimination des salissures, utilisation d'un détergent-désinfectant, rinçage final et séchage.

Savoirs associés

- Technique de dépoussiérage humide des surfaces « hors-sol » (peinture, stratifié, PVC).
- Technique de balayage humide des sols.
- Technique de la méthode Faubert (méthode des deux seaux).
- Connaissance du matériel utilisé : chariot de ménage, gants, types de balais, lavettes, seaux, bandeaux de lavage à plat, monobrosse, l'auto-laveuse.

Les techniques de dépoussiérage et/ou de balayage humide consistent à utiliser un support humidifié (gaze jetable ou bande tissu) pour fixer la poussière et empêcher la suspension en l'air de cette dernière, tout en éliminant ls salissures.

Les produits d'entretien

Les produits d'entretien sont classés selon leur action :

- les **détergents** ont des propriétés nettoyantes : pouvoirs mouillant, émulsionnant, dégraissant grâce aux agents tensio-actifs ;
- les **désinfectants** (savon, eau de javel) contiennent au moins un principe actif antimicrobien : fongicide (tue les champignons), bactéricide (tue les bactéries), virucide (tue les virus) ;
- les **détergents-désinfectants** (eau de javel, vinaigre) possèdent les propriétés de détergence et de désinfection ;
- les **abrasifs** (savon) constitués de grains de minéraux permettent de récurer une surface ;
- les **détartrants** (vinaigre) sont des produits acides qui éliminent le calcaire ;
- les solvants sont des substances liquides permettant la dissolution d'autres liquides ou solides : l'eau, le white spirit, l'essence de térébenthine, etc. L'eau mélangée à un autre produit d'entretien va permettre la diminution de la concentration (dilution).

La sécurité

Les produits d'entretien sont des produits chimiques, ils ne sont pas inoffensifs et certains sont dangereux. Pour reconnaître une substance dangereuse pour l'homme et/ou l'environnement, il existe trois sources d'information : l'étiquette, la fiche technique, la fiche de données de sécurité (FDS).

Un produit chimique pénètre dans le corps par :

- inhalation (voie respiratoire) ;
- contact (voie cutanée et muqueuses oculaire) ;
- ingestion (voie digestive, contact main-bouche).

Il peut entraîner des atteintes de la peau et des muqueuses, des atteintes respiratoires et des atteintes générales (vertiges, toxicité, etc.). Les risques sont majorés en cas de non-respect des dilutions.

Chaque produit doit être manipulé et utilisé selon les consignes d'emploi. C'est en respectant la procédure que l'ATSEM/ASEM diminue les risques d'accident et de maladies professionnelles.

Se protéger c'est respecter six principes de base :

- connaître les consignes ;
- bien doser ;
- respecter le temps d'action ;
- ne pas faire de mélange ;
- utiliser du matériel adapté ;
- porter des équipements de protection.

L'élimination des produits d'entretien répond à des règles précises indiquées sur la FDS, et sont soumis à la collecte sélective des déchets ménagers spéciaux (DMS) dans les déchetteries.

Rappel

- L'étiquetage des produits chimiques est uniformisé au niveau international. De nouveaux symboles de danger sous forme de pictogrammes sont entrée en vigueur en France en 2009.
- L'ATSEM/ASEM doit analyser les besoins d'entretien d'une surface et choisir la méthode d'entretien adaptée.

Savoirs associés

- Connaissance des pictogrammes de sécurité sur les étiquettes de chaque produit.
- Connaissance des fiches techniques et des fiches de données de sécurité (FDS).
- Connaissance des méthodes de conversion des unités de mesure (pour les dilutions).
- Surveillance de l'état des stocks, gestion des commandes, estimation de la quantité nécessaire à commander.

L'entretien du linge

Lorsque l'entretien du linge est géré en interne au sein de l'établissement scolaire, les lavages sont réguliers voire quotidiens. Lorsque la commune fait intervenir une société spécialisée, l'ATSEM/ASEM doit regrouper et stocker le linge sale.

Catégories de linge :

- **grand plat :** draps, alèses, etc.
- **petit plat :** torchon, serviette de table, taie d'oreiller ;
- **linge fragile :** couverture ;
- **tenue des personnels :** blouse, tablier, etc.
- **linge de ménage :** bandeaux de lavage, lavettes, etc.
- **autres textiles :** vêtements de poupées, etc.

La **qualité du lavage** dépend de quatre éléments :

- une action mécanique : dans le tambour, pénétration de l'eau dans les fibres du linge selon la cadence de brassage du programme adapté à la nature du textile ;
- une action thermique : les saletés sont plus facilement dissoutes dans l'eau chaude ;
- une action chimique : la lessive contient des enzymes pour éliminer les saletés et empêcher la re-déposition ;
- la durée du lavage : plus la température est élevée, plus le lavage est long. Plus la vitesse d'essorage est élevée, plus le linge sorti sera sec.

Savoirs associés

- Connaissance des étiquettes d'entretien des textiles fournissant les informations lavage-séchage-repassage (lavage, nettoyage à sec, repassage, javellisation, séchage en tambour).

Le tri des déchets

Les collectivités locales ont en charge la gestion des déchets produits par les établissements scolaires. « Est un déchet tout résidu d'un processus de production, de transformation ou d'utilisation, toute substance, matériau, produit que son détenteur destine à l'abandon. » L'ATSEM/ASEM a des compétences en matière d'évacuation et de tri des déchets.

Tous les emballages en papier, journaux, magazines, cahiers, cartons, aluminium, briques alimentaires sont à déposer dans le bac à tri.

La couleur des bacs de tri peut varier en fonction des villes, chaque collectivité fournit un guide du tri. L'ADEME (Agence de la transition écologique) préconise :

- bac jaune : papiers, emballages hors verre ou flux de plastiques et métaux ;
- bac bleu : papiers cartons ;

- bac vert : verre ;
- bac gris : pour les déchets résiduels non triés ;
- bac marron/brun : pour les déchets alimentaires.

À noter

Un atelier de sensibilisation peut être proposé aux enfants pour les mobiliser sur le tri des déchets : la collecte peut s'organiser alors avec des bacs identifiables par des supports visuels (dessins ou photographies des objets du quotidien). L'ATSEM/ASEM œuvrant au sein de la communauté éducative peut participer et animer des actions visant à développer des comportements citoyens qui s'appuient sur la responsabilité de chacun.

Entraînez-vous !

Aspects techniques du métier

1. **Vous devez mettre en place un atelier de sensibilisation sur le tri des déchets. Comment vous y prenez-vous ?**
2. **Comment peut-on classer les produits d'entretien ?**
3. **Vous devez réaliser la dilution d'un produit d'entretien à 5 %. Comment vous y prenez-vous ?**
4. **Vous êtes chargé de l'entretien du linge de l'école. Quels éléments déterminent la qualité du lavage en machine ?**

Vérifiez vos réponses

Aspects techniques du métier

1. L'ATSEM/ASEM prépare des supports sur lesquels il présente un certain nombre d'objets à jeter. Il utilise trois bacs (un jaune, un bleu, un vert) sur lesquels il appose les dessins d'objets en respectant les consignes de tri sélectif : jaune pour les plastiques, emballages cartons, boîtes de conserve ; vert pour le verre ; bleu pour les magazines et le papier. Il demande ensuite aux enfants de participer à l'activité en triant eux-mêmes des objets.
2. Les produits d'entretien doivent être classés selon leur action : les détergents (qui nettoient) ; les désinfectants (qui tues les champignons, les bactéries, etc.) ; les détergents-désinfectants (qui ont les propriétés des deux éléments précédents) ; les abrasifs (pour récurer) ; les détartrant (anti-calcaire, anti-tartre) et les solvants (substances liquides qui permettent la dissolution : eau, white spirit, etc.). Il convient de les stocker hors de la portée des enfants et de les étiqueter correctement.
3. La dilution est le mélange de deux produits. Certains produits doivent être dilués à l'eau avant d'être utilisés. Les étiquettes précisent le taux de dilution. Pour une dilution à 5 %, vous devez prévoir 100 litres d'eau pour 5 litres de produit (soit 0,05 litre de produit pour 1 litre d'eau). Il convient d'adapter les calculs en fonction de la dose dont vous aurez besoin. Par exemple, si vous avez besoin de 8 litres d'eau, vous devez utiliser (8 × 0,05) 0,40 litre de produit
4. Le lavage dépend de quatre éléments : l'action mécanique dans l'eau (cadence de brassage adapté à la nature du textile : la machine propose des programmes adaptés aux différents tissus) ; l'action thermique (la température de l'eau) ; l'action chimique (l'utilisation d'une lessive adaptée) ; la durée du lavage (plus la température de l'eau est élevée, plus le lavage sera long). L'essorage doit être également adapté à la nature du textile.

JOUR 32 Préparation à l'oral

Organiser ses révisions

Structurer sa préparation

L'entraînement est au cœur de la réussite du concours et l'épreuve orale requiert elle aussi une préparation. Cet entraînement demande de la structure. Organiser et structurer sa préparation à l'oral nécessite de mobiliser des contenus, des connaissances.

Sélectionner, classer, hiérarchiser

Ce n'est pas sur la quantité d'informations que vous devez miser mais sur l'utilisation d'informations dans le cadre de l'exercice professionnel. Attention à la tentation de perfectionnisme et aux réflexes scolaires d'apprendre par cœur.

Organiser sa préparation à l'oral c'est se donner les moyens de sélectionner les contenus, les classer et de les mettre en lien. Les membres du jury cherchent à savoir si les candidats seront de bons professionnels dans le cadre de leurs missions quotidiennes : c'est le bon sens, la capacité de réflexion, la maîtrise de l'environnement professionnelle et la capacité d'adaptation aux situations évoquées qui font la différence.

Identifier les contenus selon leur importance et leur priorité permet de mieux les assimiler.

Planifier

L'utilisation d'un planning va vous aider à mieux organiser votre préparation, à être moins débordé à l'approche de la convocation à l'oral et à gérer efficacement le quotidien.

Identifier toutes les tâches obligatoires incompressibles

Avant toute chose, il est important d'être conscient de toutes les tâches obligatoires qui vous incomberont lors de la préparation de votre concours :

- horaires de travail ;
- tâches ménagères ;

- repas (temps de préparation + moment du repas) ;
- rendez-vous occasionnels ;
- tâches administratives ;
- vie familiale et/ou personnelle ;
- horaires de lever et de coucher ;
- temps de transport ;
- etc.

Cette liste permet de dégager de réelles plages de temps disponible et de pouvoir l'optimiser entre travail personnel de préparation et temps de pause sur chaque semaine.

Une période de travail personnel peut être de 3 heures ou divisée en 3 périodes de 1 heure. Cette planification permet d'intégrer un imprévu, de rattraper d'une semaine sur l'autre un retard, de réguler avec les temps de repos prévus. En effet, nous ne le rappellerons jamais assez, mais un concours se prépare. Ainsi, il est capital que vous organisiez votre préparation à l'oral sur plusieurs semaines, en prenant en compte tous les facteurs cités ci-dessus.

Se fixer un objectif précis

L'objectif de tous les candidats est de réussir son concours d'ATSEM pour intégrer la fonction publique territoriale, l'intérêt est de garder en mémoire le pourquoi.

Ensuite :

- listez les tâches en fonction de vos priorités (quelles sont les lacunes, les points difficiles) et des thèmes à travailler :
  - refaire les entraînements,
  - lectures complémentaires,
  - contenus thématiques,
  - fiches de révision,
  - exercices proposés dans cet ouvrage partie oral ;
- estimez le temps pour chaque tâche ;
- établissez un rétro planning : programmez vos tâches en fonction du temps qu'il vous reste avant le jour de la convocation à l'oral ;
- concrétisez : une tâche = un petit pas dans votre préparation.

Remarque

Pensez à varier les supports et les contenus pour prévenir toute forme de découragement. Faites des liens entre les situations pratiques, les observations sur le terrain et les connaissances/notions acquises. Alternez période d'entraînements (exercices pratiques indiqués dans cette partie de l'ouvrage) et périodes de consolidation de connaissances (relecture des fiches, création de ses propres fiches, etc.).

Apprendre et mémoriser

L'apprentissage et la mémorisation demandent un travail de répétition, un travail de rappel pour que les connaissances stockées dans la mémoire à court terme deviennent accessibles dans la mémoire à long terme. C'est donc la répétition qui va permettre aux connaissances de passer de la mémoire courte à la mémoire profonde.

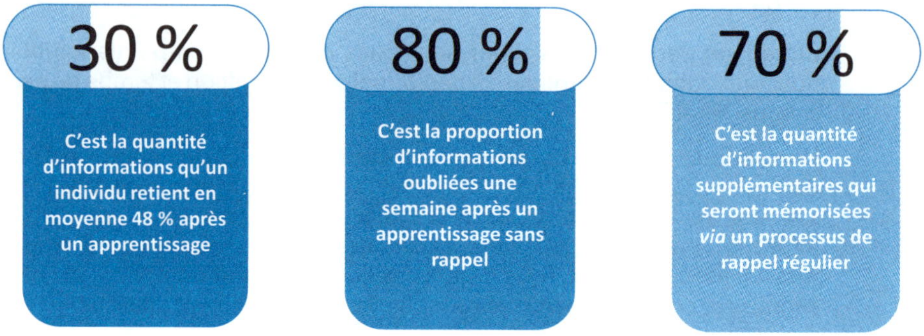

Ce schéma éclaire l'importance des rappels dans le processus de mémorisation. Le simple fait de relire à intervalles réguliers sans forcément apprendre une multitude d'informations en une fois sera bien plus efficace sur du long terme.

7 axes sont à privilégier pour un apprentissage qui active la mémorisation :

- **la continuité** : privilégiez une routine de travail régulière et courte qui maintient l'attention plutôt que des grosses plages de travail irrégulières ;
- **les représentations** : établissez des liens entre les thématiques, entre situations pratiques et notions théoriques pour vous créer des images efficaces ;
- **l'espacement** : espacez vos révisions sur le même sujet permet d'y revenir et de mobiliser la mémoire à long terme ;
- **la progression** : travaillez par paliers, par étapes ;
- **la pédagogie** : reformulez, expliquez à quelqu'un vos contenus, ça vous permettra d'identifier les idées clés ;
- **l'évaluation** : testez-vous, les questions favorisent la mémorisation ;
- **le sens** : synthétiser, écrire et rédiger des fiches oblige à comprendre et à donner du sens.

Les fiches de révision

Les fiches de révision permettent de réunir quatre objectifs :

- structurer ses connaissances en identifiant un fil conducteur ;
- réfléchir efficacement en sélectionnant, en organisant et en donnant du sens en associant les informations entre elles ;
- améliorer la réactivation de la mémoire en consultant régulièrement ses fiches ;

- disposer des éléments clés pour répondre aux questions courtes et précises du jury pendant l'oral.

Comment créer ses propres fiches de révision ?

- Privilégiez les fiches cartonnées format A5 pour y noter l'essentiel.
- Conservez une structure type d'une fiche à l'autre : intitulé de la thématique, sous-titre, numéro, mots clés, notions importantes en fonction de ses connaissances déjà acquises, etc.
- Utilisez des couleurs, des schémas, des petits dessins pour rendre les fiches visuellement attractives.
- Reformulez et synthétisez les contenus par thématique.

Exemples de thématiques de fiches en lien avec les missions de l'ATSEM

- Fonction éducative.
- Fonction d'aide pédagogique.
- Fonction d'entretien.
- Connaissances des enfants (développement et besoins).
- Santé-sécurité.
- École maternelle.
- Temps scolaire/périscolaire.
- Les autres professionnels.
- Accueillir et accompagner.
- Fonction publique territoriale.
- Etc.

Entraînez-vous !

Préparation à l'oral

1. **Créez votre planning de préparation à l'oral.**
2. **Rédigez vos fiches de révision progressivement.**

JOUR 33

Aspects techniques du métier

Les sorties scolaires : organisation et fonctionnement

Les différents types de sorties

On distingue différents types de sorties.

Les sorties scolaires régulières

Il s'agit d'activités inscrites régulièrement dans l'emploi du temps des élèves : bibliothèque, médiathèque, gymnase, piscine, etc.

Elles sont obligatoires et ne nécessitent pas l'accord préalable des parents. Ces derniers sont informés de la sortie afin de préparer les effets personnels nécessaires pour réaliser l'activité. Ces sorties doivent être autorisées par le directeur de l'école.

Remarque

Les sorties scolaires régulières organisées pendant les obligations hebdomadaires de service habituelles de l'ATSEM/ASEM s'imposent à ce dernier.

La participation et l'encadrement d'une sortie scolaire excédant ses obligations hebdomadaires de service et/ou son lieu habituel d'affectation (résidence administrative) doit faire l'objet d'une autorisation préalable de l'autorité territoriale (sous forme d'un ordre de mission par exemple). Les heures effectuées sont considérées comme temps de travail, donc récupérables et indemnisables.

Les sorties scolaires occasionnelles

Il s'agit d'activités, à caractère exceptionnel, qui se déroulent hors de l'enceinte de l'école : visite d'un monument, d'une exposition, d'un spectacle, carnaval, séance au cinéma, etc.

Elles sont obligatoires si elles se déroulent sur le temps scolaire sans englober le temps méridien.

A contrario elles sont facultatives si elles dépassent les horaires de la classe et sont soumises à l'autorisation du directeur d'école.

Les sorties/voyages scolaires avec nuitée(s)

Il s'agit des voyages collectifs et les classes découverte. Elles sont facultatives, nécessitent l'accord préalable des parents, et soumises à l'autorisation du directeur académique des services de l'Éducation nationale (DASEN).

L'élève qui ne participe pas à une sortie facultative est accueilli à l'école.

Une assurance responsabilité civile et assurance individuelle accidents corporels pour l'enfant est obligatoire et vérifiée avant le départ. Elle est fournie par les parents de l'enfant.

Attention

- La participation de l'ATSEM/ASEM aux sorties occasionnelles avec ou sans nuitée se fait sur la base du volontariat. Cette participation est bénéfique pour la réussite de la sortie. Les élèves sont rassurés par la présence familière de l'ATSEM/ASEM. L'enseignant peut compter sur le concours d'un professionnel avec qui il a l'habitude de travailler.
- Le plan Vigipirate peut entraîner la suspension de certaines sorties pour la sécurité des enfants (décision du DASEN).
- Quelle que soit la nature de la sortie scolaire, les modalités d'encadrement des élèves sont : 2 adultes : enseignant + 1 adulte (ATSEM/ASEM, parent, bénévole, etc.). À partir du 17e élève, 1 adulte supplémentaire pour 8 élèves.

L'encadrement des activités physiques et sportives

Les activités physiques et sportives mises en œuvre sur le temps scolaire s'inscrivent dans le cadre des programmes d'enseignement. L'enseignant est responsable de l'organisation et du déroulement de l'activité, il peut solliciter un intervenant extérieur spécialisé (expertise technique dans une discipline sportive) agrée par le DASEN.

L'ATSEM appartient à un cadre d'emploi de la fonction publique territoriale (l'ASEM au corps des fonctionnaires des administrations parisiennes) qui ne lui permet pas de participer à l'encadrement des activités physiques et sportives. L'ATSEM/ASEM ne peut être comptabilisé dans le taux d'encadrement spécifique. L'ATSEM/ASEM est chargé de l'assistance à l'enseignant pour la vie collective.

La circulaire Natation

La circulaire Natation de l'Éducation nationale stipule qu'« **apprendre à nager à tous les élèves est une priorité nationale** », et que cet apprentissage commence lorsque c'est possible dès la grande section de l'école maternelle.

L'encadrement renforcé est assuré par l'enseignant et deux adultes agréés qui assistent l'enseignement de la natation. La surveillance des bassins est obligatoire et assurée par un maître-nageur sauveteur exclusivement affecté à la surveillance et à la sécurité des activités, ainsi qu'à la vérification des conditions d'utilisation de l'équipement.

L'ATSEM/ASEM participe à l'encadrement de la vie collective (activités périphériques) des séances de natation : transport, vestiaire, toilettes et douche. La participation relève de l'autorisation du directeur de l'école et peut faire l'objet d'une autorisation préalable de l'autorité territoriale incluant éventuellement l'accompagnement des élèves dans l'eau sur la base du volontariat). L'ATSEM/ASEM n'intervient en aucun cas comme personne encadrante pour l'activité de natation (accompagnement dans l'eau, sauvetage, etc.).

Savoirs associés

- Connaissance de la circulaire n° 2017-127 du 22 août 2017 de l'Éducation nationale relative à l'enseignement de la natation.

Les transports scolaires

Depuis le 1er septembre 2017, la région a la responsabilité de l'organisation et du fonctionnement des transports scolaires. La région peut confier, dans le cadre d'une convention, l'organisation des transports scolaires aux départements, communes ou établissements publics de coopération intercommunale.

À noter

Selon l'organisation communale des transports scolaires concernant les élèves de l'école maternelle, la présence de l'ATSEM/ASEM peut être requise pour la réception du matin et l'accompagnement au car du soir dans un lieu de stationnement situé à proximité de l'école.

Entraînez-vous !

Aspects techniques du métier

1. **Vous accompagnez votre classe à la piscine. Quel est votre rôle lors de cette sortie ?**
2. **L'enseignant vous demande d'accompagner la classe pour un séjour de deux jours au bord de la mer. Que répondez-vous ?**
3. **Lors d'un trajet à pied avec les enfants, quelles sont les règles de sécurité à respecter ?**

Vérifiez vos réponses

Aspects techniques du métier

1. L'ATSEM/ASEM participe à a surveillance des élèves pendant le transport, aide à la préparation des élèves dans les vestiaires (douche, déshabillage, habillage) ; aide au passage des enfants aux toilettes et participe à la sécurité des élèves aux abords des bassins. Il n'intervient pas dans l'encadrement de l'activité elle-même et n'est généralement pas présent dans l'eau (sauf volontariat).
2. On distingue les sorties scolaires régulières (piscine, médiathèques, etc.) des sorties irrégulières qui ont un caractère exceptionnel (visite d'un monument, carnaval) et qui peuvent inclure une ou plusieurs nuits (classe découverte par exemple). La classe de mer est une sortie irrégulière avec nuitée. L'ATSEM/ASEM n'a donc pas l'obligation d'accompagner la classe dans la mesure où cette sortie implique une amplitude horaire qui sort du cadre de ses horaires habituels de travail. La sortie se fait donc sur la base du volontariat avec autorisation du maire. Les heures faites en plus seront récupérées ou rémunérées en heures supplémentaires.
3. Le groupe d'enfant doit se déplacer en rang deux par deux et doit marcher sur le trottoir. Le groupe doit être le plus compact possible, et doit être calme. S'il y a deux accompagnateurs, ils se positionnent au début et à la fin du cortège. Lorsque le cortège doit traverser la route, les accompagnateurs doivent veiller à arrêter les voitures de chaque côté de la route avant de faire traverser les enfants. Dans tous les cas, le port d'un gilet jaune est recommandé.

JOUR 34 Interview – psychologue

Boris Cyrulnik, les assises de la maternelle, l'avis d'un spécialiste

En mars 2018, le président Macron, en présence du ministre de l'Éducation nationale, Jean-Michel Blanquer, ouvrait les assises de la maternelle avec le neuropsychiatre, Boris Cyrulnik, auquel avait été confiée la préparation de ces deux journées d'échange, avec un objectif : **« Repenser la maternelle pour en faire une école du langage et de l'épanouissement »**.

Mieux connaître Boris Cyrulnik

Né en 1937, Boris Cyrulnik est éthologue, psychanalyste, psychologue, neuropsychiatre et écrivain français. Il a six ans lorsque ses parents, juifs russo-polonais sont déportés pendant la Seconde Guerre mondiale. L'enfant est alors sauvé par son institutrice (à lire : *Sauve toi la vie t'appelle* publié en 2012).

Directeur d'enseignement à l'université de Toulon et au cours de sa longue carrière, il a développé, entre autres, le concept de « **résilience** » chez l'être humain, cette capacité des personnes, après un traumatisme, à s'adapter pour vivre, réussir et se développer en dépit de l'adversité ».

Dans une interview accordée au quotidien *Libération*, en mars 2018, Boris Cyrulnik soulignait l'importance des enseignants de maternelle mais aussi des ATSEM « qui ont un rôle fondamental et jusqu'ici sous-estimé ». Il évoquait une refonte de la formation, l'idée et la nécessité d'une révision du CAP Petite enfance (désormais nommé CAP AEPE soit CAP Accompagnant éducatif petite enfance) qui inclurait l'apprentissage de la théorie de l'attachement.

Auteur d'un ouvrage intitulé *Préparer les enfants à la maternelle*, publié chez Odile Jacob en 2019, il affirmait, à l'antenne de France Inter, l'importance de l'école maternelle qui « participe à l'épanouissement de l'enfant » et « lutte contre les inégalités sociales ».

Selon le spécialiste, la priorité doit être **au sentiment de sécurité** vécu par l'enfant, contexte qu'il a ou non connu pendant les premières années de sa vie, y compris avant sa naissance. Des études scientifiques ont en effet démontré que le vécu de la grossesse par la mère dans un contexte difficile ou stressant joue un rôle sur le futur nouveau-né.

Ainsi, le bébé, puis l'enfant a besoin de ce sentiment de sécurité qui va l'aider à son bon développement. On comprend, dès lors, que la relation émotionnelle, affective est un élément primordial au cœur de la maternelle. Comme l'explique Boris Cyrulnik, toujours sur France Inter, « s'épanouir, se sécuriser pour apprendre, acquérir le plaisir de faire l'effort d'apprendre », sont essentiels, avant même l'idée de réussite.

Développer la confiance avant l'idée de réussite

Au fond, il suffit, pour un enseignant, même débutant, d'observer une journée dans une classe pour voir l'attitude des enfants. On rencontre le regard de ceux qui vont oser poser des questions, manifester leur curiosité, prenant l'adulte comme point d'appui et ceux, plus craintifs, y compris au-delà de la maternelle. Souvent par peur du maître, de la maîtresse ou de l'échec, ils se mettent en retrait, préférant tenter de se faire oublier par des stratégies d'évitement. Celles-ci finissent par générer des blocages d'apprentissage, de mémorisation, de restitution (pour les enfants en élémentaire).

On comprend dès lors que la mise en place de la confiance entre élèves et enseignants impacte et améliore la qualité de l'apprentissage. Tout comme celle entre parents, enseignants et personnels des établissements.

Si l'organisation de la classe de maternelle est essentielle pour le déroulement des activités, Boris Cyrulnik témoigne enfin, dans son interview, de l'importance du rôle des ATSEM : « On a sous-estimé leur rôle. Elles sont le trait d'union entre les familles et le professeur des écoles. Souvent, les familles se confient plus facilement aux ATSEM qu'à l'enseignant auquel ils n'osent pas parler ». Il souligne alors le besoin de formation de ces équipes « désireuses d'apprendre » qui accompagnent les enfants au quotidien.

Pour mieux comprendre les enjeux développés lors des assises de la maternelle en 2018, écoutez Boris Cyrulnik lors de son intervention. Il y souligne, entre autres, les changements de développement des enfants et leurs conditions de vie.

Ses observations et analyses sont très explicites et concrètes, diffusées en visio au cours desquelles il donne son avis sur le rôle essentiel des ATSEM.

Rendez-vous sur le site (aller dans le « programme » à Boris Cyrulnik) : https://www.education.gouv.fr/assises-de-l-ecole-maternelle-l-instruction-obligatoire-des-3-ans-9692.

Pour réécouter l'interview donnée à France Inter, avec de nombreux témoignages, connectez-vous à : https://www.franceinter.fr/emissions/grand-bien-vous-fasse/grand-bien-vous-fasse-16-octobre-2019.

Et pour retrouver l'ensemble des interventions ayant trait aux Assises de l'école maternelle, rendez-vous sur le site du ministère de l'Éducation nationale : https://www.education.gouv.fr/assises-de-l-ecole-maternelle-l-instruction-obligatoire-des-3-ans-9692.

À lire enfin *Préparer les petits à la maternelle*, sous la direction de Boris Cyrulnik et publié aux Éditions Odile Jacob, 2019.

Préparation à l'oral

JOUR 35

Clarifier son projet

Pourquoi la fonction publique territoriale ?

Les membres du jury ont une grande responsabilité : choisir les candidats qui correspondent le mieux aux attentes et aux besoins des employeurs territoriaux publics. Pour cela, le jury va chercher à en savoir plus sur vous en posant des questions relatives à votre expérience, vos compétences, mais aussi votre **motivation** pour intégrer la fonction publique territoriale pour les ATSEM et le corps des fonctionnaires des administrations parisiennes pour les ASEM.

Selon le décret n° 2012-1229 du 5 novembre 2012, dans le cadre des fonctionnaires des administrations parisiennes, on parle de « chef de l'administration parisienne concernée » qui renvoie à l'« autorité territoriale », des « fonctionnaires des administrations parisiennes » pour désigner les « fonctionnaires territoriaux » et de « corps » pour parler de « cadre d'emploi ».

Il existe plusieurs types de motivations. Parmi la liste suivante, non exhaustive, lesquelles vous correspondent ?

- Motivations **relationnelles** : par exemple avoir de nombreux contacts, appartenir à un collectif de travail solidaire, participer à un projet de politique publique.
- Motivations liées aux **valeurs** : considérer la valeur de son métier, le sens de ses missions, œuvrer pour l'intérêt général.
- Motivations **personnelles** : pouvoir être et évoluer en sécurité, travailler dans un cadre reconnu, mettre ses qualités personnelles au service de l'éducation.
- Motivations liées au **cadre d'emploi** : évoluer dans un cadre structuré, répondre à des missions diversifiées, s'inscrire dans la filière médico-sociale.
- Motivations liées à la possibilité d'**évolution** de carrière : mobilité, accès par la voie de la promotion interne aux cadres d'emplois des agents de maîtrise et des animateurs territoriaux, formation continue.

Attention

Évoquer la stabilité de l'emploi des fonctionnaires ne suffit pas pour argumenter un projet pour intégrer la fonction publique.

Exercices de motivation

- Écrivez une liste des raisons pour lesquelles vous avez le projet d'intégrer la fonction publique territoriale ou le corps des fonctionnaires des administrations parisiennes. Accordez-vous 5 minutes avec un chrono.
- Lors de cet exercice, ne vous souciez pas de la forme, ni de l'orthographe. Il s'agit d'un exercice d'écriture spontanée, en utilisant des mots clés, sans phrases complexes. Il n'y a pas de bonnes ou mauvaises réponses.
- Après avoir élaboré votre liste, répondez aux questions suivantes :
  - lesquelles de ces raisons sont spécifiques à la fonction publique territoriale ou au corps des fonctionnaires des administrations parisiennes ? Est-ce que ces éléments de motivation peuvent se trouver dans le privé par exemple ?
  - est-ce un projet récent ? Quel a été le déclencheur ?
  - comment envisagez-vous votre projet en cas de non-réussite du concours ?
  - êtes-vous prêt à travailler comme contractuel en attendant le prochain concours ?
- Relisez vos réponses : que révèlent-elles de vous ?

Vos réponses doivent permettre aux membres du jury d'avoir une idée précise de votre personnalité (curieux, réfléchi, méthodique, constant, à l'écoute, etc.). Il s'agit de donner des réponses authentiques, précises, réfléchies et non des réponses apprises par cœur ou des réponses que vous jugez être celles attendues par le jury.

Exercices de connaissance du métier

Les valeurs du métier

Choisissez cinq valeurs qui vous semblent prioritaires dans la liste indicative : Bienveillance – Engagement – Patience – Respect – Écoute – Exemplarité – Partage – Responsabilité – Communication – Loyauté – Plaisir – Simplicité – Coopération – Positivité – Solidarité – Confiance – Empathie – Intégrité – Disponibilité – Justice – Détermination

- Comment les mettez-vous en œuvre dans votre quotidien professionnel ?
- Qu'avez-vous appris de vos expériences précédentes que vous pouvez transférer dans votre futur emploi d'ATSEM ?
- Qu'avez-vous encore à apprendre ?

- Qu'appréciez-vous le plus dans ce métier ?
- Comment actualisez-vous vos connaissances (revues professionnelles, échanges avec des collègues, formations, colloques, sites spécialisés, etc.) ?
- Comment vous projetez-vous en tant que futur professionnel (concours externe et 3e voie) ?

Les candidats des différents concours sont aussi évalués sur leur motivation à vouloir exercer les fonctions d'ATSEM/ASEM. Pour convaincre, il ne suffit pas de dire que l'on souhaite devenir ATSEM (ou ASEM). Le jury attend une explication argumentée.

Le choix professionnel

Le jury va chercher à identifier le cheminement qui vous a amené à opter pour ce métier :

- Comment avez-vous connu le métier d'ATSEM/ASEM ?
- Pour quelles raisons cette profession a-t-elle attiré votre attention ?

Les moyens pour conforter votre choix

Un projet professionnel est l'aboutissement d'un cheminement. Explorer son parcours pour repérer les articulations importantes contribue à rendre visible ce cheminement et renforce votre projet :

- durant la scolarité : stages, activités bénévoles, activités associatives, etc. ;
- au cours de la vie personnelle : expérience de parent, association sportive, culturelle, expérience d'animation, etc. ;
- pendant un emploi ;
- à travers les centres d'intérêt en lien avec la petite enfance ;
- au cours de toute expérience ayant pu vous permettre de développer des aptitudes/compétences en lien avec le métier d'ATSEM/ASEM.

Exercices sur la fonction publique

Tous les agents publics, contractuels inclus, ont des droits et des obligations qui les distinguent des salariés du privé. Investis de missions de service public, ils doivent respecter des règles déontologiques :

- secret professionnel ;
- discrétion professionnelle ;
- obligation d'impartialité ;
- obligation de neutralité ;
- information du public ;
- obligation de service ;
- obéissance hiérarchique ;
- obligation de réserve.

Quand vous lisez la liste des obligations du fonctionnaire, pouvez-vous donner des exemples dans votre vécu professionnel qui les illustrent ? Comment vous projetez-vous dans votre futur professionnel au travers de situations concrètes illustrant ces obligations ?

Le bilan personnel

Présenter son expérience et son parcours devant le jury nécessite un questionnement préalable sur soi. Ce bilan personnel porte notamment sur les points suivants :

- vos motivations ;
- votre cheminement ;
- les enjeux de ce concours dans votre parcours ;
- vos objectifs professionnels ;
- le point sur vos connaissances acquises ;
- le point sur vos compétences ;
- etc.

Prenez le temps de ce bilan personnel en parcourant votre histoire professionnelle et personnelle, et en réfléchissant aux évolutions souhaitées.

S'appuyer sur ce travail de mise au point permet de de communiquer avec le jury en affirmant votre personnalité. La clarté, la structuration et l'authenticité de ces éléments essentiels seront appréciés par le jury comme un savoir-être professionnel.

Entraînez-vous !

Préparation à l'oral

1. **Clarifiez vos motivations.**
2. **Affirmez votre connaissance métier.**
3. **Projetez-vous comme futur fonctionnaire.**
4. **Établissez votre bilan personnel.**

L'aide pédagogique, une spécificité du temps scolaire

La fonction d'aide pédagogique de l'ATSEM/ASEM

Mission officiellement reconnue depuis 1992, l'aide pédagogique se définit par toutes les situations de préparation de matériel et d'encadrement d'activités déléguées par l'enseignant dans son organisation de travail et sous sa responsabilité.

La pédagogie est de la compétence de l'enseignant. Il est responsable de la mise en œuvre des programmes de l'école maternelle de l'Éducation nationale. L'enseignant peut néanmoins confier à l'ATSEM/ASEM un travail pédagogique en sa présence et sous son évaluation.

Cette fonction d'aide pédagogique est une fonction d'étayage, de soutien de l'enfant. Elle est fondamentalement reliée aux autres fonctions de l'ATSEM/ASEM :

- fonction éducative : soin et aide des enfants, accueillir, écouter, soutenir ;
- fonction d'entretien : responsabilité de la propreté de la classe, mettre en ordre pour permettre le désordre.

L'aide pédagogique se situe exclusivement sur le temps scolaire lors des :

- ateliers (préparation, usage de matériel, consignes, etc.) ;
- espaces dédiés (coins jeux, arts plastiques, manipulation, etc.) ;
- séances d'éducation physique et sportive ;
- sorties scolaires.

À noter

Les collectivités territoriales ne dotent pas toujours chaque classe de maternelle d'un poste d'ATSEM/ASEM. Cependant, le cadre d'un binôme enseignant-ATSEM/ASEM fixe tend à être une norme et les enseignants l'intègrent dans l'organisation de leur travail.

Le rôle d'aide pédagogique de l'ATSEM/ASEM

L'ATSEM/ASEM doit mobiliser un certain nombre de compétences dans le cadre de ses fonctions.

Surveiller

Il s'agit de veiller à la sécurité et au bien-être des élèves tout en étant **à l'écart**, à proximité du groupe, en observation du bon déroulement de l'activité. Les interventions sont ponctuelles, en cas de besoin.

Exemple : élèves mobilisés par des activités mises en place par l'enseignant : jeux libres, puzzles, dessin, activités de transvasement, etc.

Encadrer

Il s'agit d'observer, d'être attentif aux comportements, au respect du matériel et à la compréhension des consignes données par l'enseignant. La place de l'ATSEM/ASEM se situe **autour** du groupe.

Exemple : un groupe d'élèves doit réaliser une tâche en autonomie à partir des consignes de l'enseignant.

Animer

Il s'agit de communiquer, d'échanger, d'expliquer, de faire s'exprimer, de mobiliser, encourager, de relancer, etc. L'ATSEM/ASEM permet aux élèves d'exercer des compétences spécifiques initiées par l'enseignant. C'est un rôle actif **au milieu** du groupe.

Exemple : animer un jeu afin que les élèves s'entraînent à mettre en œuvre une règle (se mettre par deux pour un déplacement, etc.).

Jouer et faire jouer

Il s'agit d'échanger, de partager, d'être acteur, d'établir un rapport privilégié entre l'adulte et l'élève, tout en favorisant ce qui a été appris avec l'enseignant (vocabulaire, démarche, façon de procéder, etc.). L'ATSEM/ASEM se situe **à côté** de l'élève.

Exemple : dans le coin cuisine, jouer l'invité pour permettre aux élèves d'utiliser et de mémoriser un langage spécifique.

Réguler

Il s'agit de se situer dans un rôle semi-actif entre observation et intervention pour médiatiser les conflits, faire respecter le bon déroulement d'une activité et participer à l'apprentissage de la vie en collectivité. C'est un rôle de **proximité.**

Exemple : des conflits de convoitise en lien avec le niveau de développement des enfants en petite section dans le coin poupées.

Rappel

L'aide pédagogique nécessite de clarifier :

- son attitude : rappeler les règles, se positionner comme un adulte référent de l'autorité, encourager, valoriser, etc. ;
- sa posture : ne pas faire à la place, accompagner par le langage, reformuler, etc. ;
- son comportement : intervenir calmement, sans cris ni gestes brusques, en utilisant un vocabulaire simple et non familier.

Pour un travail harmonieux avec l'enseignant, l'ATSEM/ASEM s'assure de bien :

- comprendre les tâches à effectuer et leurs objectifs ;
- connaître les statuts et les rôles de chacun ;
- savoir restituer le bilan d'un atelier.

Entraînez-vous !

Aspects théoriques de la petite enfance

1. **Lors de l'atelier dessin, un enfant ne comprend pas une consigne. Que faites-vous ?**
2. **Pendant un atelier peinture, quelles sont les tâches de l'ATSEM/ASEM avant, pendant et après l'activité ?**
3. **En quoi consiste la mission de préparation du matériel pédagogique ?**

Vérifiez vos réponses

Aspects théoriques de la petite enfance

1. L'ATSEM/ASEM peut intervenir pour expliquer la consigne à l'enfant en gardant une attitude positive et bienveillante. Il peut réexpliquer la consigne avec des mots différents, lui expliquer comment faire en utilisant le dessin d'un autre élève, l'encourager à essayer, etc.
2. Avant l'atelier, l'ATSEM/ASEM pose les protections sur les tables et met en place le matériel, revêt un tablier et aide les enfants à mettre le leur. Pendant l'atelier, il s'assure du bon fonctionnement de l'activité en aidant les élèves en difficulté, accompagne les élèves aux toilettes si besoin, gère les petits incidents et prévient l'enseignant en cas de difficultés ou dysfonctionnements de l'atelier. Il aide ensuite les élèves à se nettoyer les mains et à retirer leur tablier. Après l'atelier, il dispose les productions des élèves dans un endroit approprié, range et nettoie le matériel.
3. L'ATSEM/ASEM a pour mission de préparer le matériel en faisant le point sur les éléments nécessaires à l'activité et prévient l'enseignant en cas d'élément manquant. Il prépare le matériel pour les enfants et veille à protéger les tables et les vêtements des élèves en cas d'atelier salissant. Il se peut également que l'ATSEM/ASEM ait besoin de découper des bandes de papier ou autre activité préalable au bon déroulement de l'atelier.

Préparation à l'oral

JOUR 37

Mettre en avant sa candidature, présenter ses atouts

Parcours de formation

Afin d'identifier les compétences et connaissances acquises, il est important de lister et d'analyser les diplômes et formations suivis dans le cadre d'activités scolaires, d'études, d'activités salariées et bénévoles.

Réalisez un tableau comme l'exemple ci-après :

Année	Intitulé du diplôme/formation	Connaissances acquises Ce que je sais	Compétences développées Ce que j'ai appris à faire
2019	PSC1	Dispositifs de protection et d'alerte Signes de danger	Prévenir les secours Effectuer des gestes de secours d'urgence
2017	CAP AEPE	Soins, hygiène, alimentation, sécurité de l'enfant Éveil de l'enfant, relations aux familles	Accompagner le jeune enfant dans ses découvertes et apprentissages Prendre soin de l'enfant et l'accompagner dans sa vie quotidienne

Ce travail d'exploration permet de disposer d'un inventaire concret de vos connaissances et compétences acquises.

La culture professionnelle

Connaître la profession d'ATSEM/ASEM et son environnement est une condition de réussite du concours.

Les stages

Effectuer un stage d'observation au sein d'une école maternelle ou d'un accueil de loisirs sans hébergement est une opportunité de se démarquer pour les candidats au concours externe et de 3e voie pour le concours ATSEM, et pour le concours ASEM. Idéalement, il faudrait réaliser plusieurs stages dans des lieux d'exercice différents. C'est un appui pendant l'oral pour parler du métier, de vos observations et de vos échanges avec d'autres professionnels.

Une demande de stage se fait auprès des services de la mairie de votre commune accompagné d'un CV et d'un courrier de demande motivé et argumenté.

Rencontrer des ATSEM/ASEM et des professeurs d'école maternelle est aussi un moyen apprécié pour enrichir sa connaissance de la profession.

La littérature professionnelle

Être candidat au concours d'ATSEM/ASEM nécessite de rechercher et consulter des documents qui informent sur le métier :

- fiches métier (Pôle emploi, ONISEP, centres d'orientation, etc.) ;
- textes législatifs : notamment le décret n° 2018-152 du 1er mars 2018 portant diverses dispositions statutaires relatives aux ATSEM, les missions des ATSEM IGEN n°2017-068 ;
- chartes enseignant-ATSEM mises en place par les collectivités territoriales ;
- revues professionnelles : *Métiers de la petite enfance, Journal des professionnels de la petite enfance, Vie de famille* (CAF), etc.

L'environnement professionnel

- Connaissance de l'administration dans laquelle le candidat souhaite entrer.
- Connaissance de la filière médico-sociale et des cadres d'emploi.
- Connaissance des lieux d'exercice de l'ATSEM/ASEM (école primaire, ALSH, et selon les collectivités EAJE (Établissement d'accueil du jeune enfant)).
- Connaissance de l'actualité en lien avec l'éducation et la petite enfance (*exemple* : protocole sanitaire dans les écoles lié à la covid-19).

Rendre visible les atouts de votre personnalité

Lorsque vous explorez votre parcours, vos réalisations et vos activités auprès de jeunes enfants, identifiez en quoi votre personnalité vous a aidé, vous a permis de prendre du recul, vous a poussé à procéder différemment.

En situation, quels sont les traits de personnalité qui vous caractérisent le plus :

- le sens des responsabilités ;
- la capacité à prendre du recul ;
- la capacité à entendre les désaccords ;
- la capacité à travailler en équipe ;
- etc.

L'essentiel à retenir

Mettre en valeur sa candidature, c'est savoir être concis et positif, connaître le futur contexte professionnel et le cadre d'emploi. Précisez ce que vous pouvez apporter, démontrez vos savoir-faire et savoir-être.

Démontrer la cohérence et le sens de son parcours

Vous devez être capable de justifier le choix de ce concours quel que soit votre parcours. Des changements d'orientation professionnelle ou une longue période sans activité peuvent susciter les questions du jury. Réfléchissez aux questions qui pourraient vous être posées au regard de votre parcours et aux réponses à y apporter.

Par exemple : il est préférable d'évoquer une raison familiale plutôt qu'une raison personnelle pour expliquer le départ d'un poste. Le jury peut comprendre qu'une raison personnelle est liée à une question de conflit avec un collègue ou un supérieur hiérarchique et vouloir en savoir plus sur ce sujet, alors que le « familial » reste d'ordre privé.

JOUR 38

Aspects techniques du métier

La communauté éducative

Notion de communauté éducative

Article L. 111-3 du Code de l'éducation : « Dans chaque école, collège ou lycée, la communauté éducative rassemble les élèves et tous ceux qui, dans l'établissement scolaire ou en relation avec lui, participent à l'accomplissement de ses missions. »

La loi du 26 juillet 2019 pour une école de la confiance instaure l'instruction obligatoire pour les enfants de 3 à 5 ans (extension de l'obligation d'instruction à 6 ans).

Le statut des ATSEM/ASEM a été modifié en 2018 (décret n° 2018-152 du 1er mars 2018) :

« Les ATSEM **appartiennent** à la communauté éducative. Ils peuvent participer à la mise en œuvre des activités pédagogiques prévues par les enseignants et sous la responsabilité de ces derniers. Ils peuvent également assister les enseignants dans les classes accueillant des enfants à besoins éducatifs particuliers. »

Ce décret entérine l'évolution du rôle de l'ATSEM/ASEM et le renforcement des missions éducatives, notamment depuis la réforme des rythmes scolaires en 2013.

Le Code de l'éducation précise que « pour garantir la réussite de tous, l'école se construit avec la participation des parents, quelle que soit leur origine sociale » et qu'elle « s'enrichit et se conforte par le **dialogue** et la **coopération** entre tous les acteurs de la communauté éducative : les élèves, les enseignants, les parents d'élèves, les personnels administratifs, techniques, sociaux, de santé et de service ainsi que l'ensemble des intervenants extérieurs qui encadrent les élèves dans les activités scolaires ou périscolaires ».

À noter

Les enseignants du 1er degré sont souvent appelés « instituteur/institutrice », ce sont des « professeurs des écoles » depuis 1989 qui dispensent un enseignement polyvalent.

Enjeux

Un enfant se construit durant tout les temps de sa vie, avant l'école, à l'école et après l'école. La communauté éducative s'appuie sur le principe de l'éducation partagée et sur la reconnaissance des métiers et des apports de chaque intervenant.

Une nécessaire mise en cohérence des attitudes éducatives de l'ensemble des intervenants, quel que soit leur statut, constitue le socle d'une communauté éducative : valeurs partagées, pratiques professionnelles identifiées, des règles de vie et postures éducatives communes.

L'ATSEM/ASEM constitue un interlocuteur privilégié dans la relation enfant, famille, école et est un acteur essentiel pour le bien-être de l'enfant.

Au quotidien

Les représentants de la communauté éducative sont réunis en conseil d'école, présidé par le directeur d'école.

La communauté éducative est consultée et associée à l'élaboration du règlement intérieur et du projet d'école.

Les droits et les obligations des membres sont rappelés dans le règlement intérieur de l'école, élaboré en concertation avec ses membres et adopté en conseil d'école.

Tous les membres de la communauté éducative doivent, lors de leur participation à l'action de l'école, respecter le pluralisme des opinions et les principes de laïcité et neutralité. Ils doivent faire preuve d'une totale discrétion sur toutes informations individuelles auxquelles ils ont pu avoir accès dans le cadre de l'école.

Journée de la laïcité

Chaque année, la communauté éducative se mobilise pour la journée du 9 décembre et propose de nombreuses productions allant de l'école maternelle au lycée.

Le principe de la laïcité est au cœur des valeurs de la République que l'ensemble des personnels ont pour mission de transmettre aux élèves.

Les ATSEM/ASEM, comme tous les agents publics, doivent respecter les principes de laïcité dans toutes leurs missions, que ce soit dans le cadre de la garderie, de la classe, de la restauration scolaire ou des activités périscolaires. Ils sont astreints au devoir de neutralité qui implique de bannir les attitudes qui marquent l'adhésion ou la critique par rapport à une croyance particulière, ainsi que les signes d'appartenance religieuse.

Rappel

- Le site Eduscol (https://eduscol.education.fr/) propose des ressources d'accompagnement diversifiées.
- La laïcité à l'école s'inscrit dans un cadre juridique précis, défini par la loi et précisé par des circulaires, consultable sur le site Eduscol.

Entraînez-vous !

Aspects techniques du métier

1. **L'ATSEM/ASEM fait partie de la communauté éducative. Comment comprenez-vous cette affirmation ?**
2. **Quelles sont les obligations de l'ATSEM/ASEM en matière de laïcité ?**
3. **Qu'est-ce que le projet d'école ?**

Vérifiez vos réponses

Aspects techniques du métier

1. Depuis 2018, l'ATSEM/ASEM fait partie de la communauté éducative qui participe à l'accomplissements des missions de l'école. À ce titre, il participe à la mise en œuvre des activités pédagogiques prévues par l'enseignant, assiste l'enseignant dans les classes accueillant des enfants à besoins éducatifs particuliers, il est invité au conseil d'école, peut être associé aux réunions d'élaboration du projet pédagogique et peut être sollicité dans le cadre de la mise en œuvre d'un PAI, PPS, PAP, etc.
2. L'ATSEM/ASEM observe un devoir de neutralité (pas de signe distinctif d'appartenance à un culte, ni manifestation par la parole ou les actes de conviction religieuse) et une obligation de vigilance et d'intervention (signale lorsque les principes de laïcité ne sont pas respectés par un élève ou un parent).
3. Le projet d'école est élaboré par la communauté éducative et se décline en quatre axes : l'amélioration des résultats ; l'éducation culturelle, sportive, artistique et humaniste ; la réponse à la difficulté scolaire et la vie scolaire. Il précise les objectifs poursuivis et décrit les actions mises en œuvre. Il est établi pour une période de trois années scolaires.

Interview - Orthophoniste

JOUR 39

L'entrée à la maternelle : le langage en questions

Muriel Dumoulin est orthophoniste depuis 1996. Son parcours est varié : elle a exercé en libéral, en consultation hospitalière sur les troubles des apprentissages, travaillé en SESSD (Service d'éducation et de soins spécialisés à domicile), en CMP (Centre médico psychologique) et enseigné à la faculté d'orthophonie de Lille. Elle exerce actuellement et exclusivement en neuropédiatrie à l'hôpital Saint-Vincent-de-Paul de Lille où sont reçus des enfants de 3 à 15 ans en difficultés d'apprentissages pour des diagnostics. Entretien.

Pouvez-vous expliquer, dans les grandes lignes, en quoi consiste votre travail d'orthophoniste ?

« L'orthophonie s'occupe de l'évaluation et de la rééducation – si nécessaire – du langage oral, du langage écrit, de la communication, de la voix et de la motricité oro-faciale, pour les enfants mais aussi pour les adultes. »

Quelles sont les grandes phases de développement du langage des enfants à partir de 2 ans (date parfois d'entrée à la maternelle) et jusqu'à 6 ans ?

« En quelques années, l'enfant va maîtriser sa langue maternelle. Une langue est un système complexe de propriétés phonologiques, lexicales et syntaxiques.

De 2 à 3 ans, l'enfant comprend les notions spatiales, il peut exécuter un ordre double, connaît les couleurs principales et quelques parties du corps. Il peut opposer le présent au futur et au passé. Au niveau expressif, son lexique augmente beaucoup et il commence à produire des phrases de trois ou quatre mots et à utiliser « toi, lui, moi » puis « je ». Au niveau de son comportement, il utilise le langage pour demander des choses (veux), exprimer ses goûts (a faim…). Il commence à poser des questions (c'est quoi ?), peut saluer, maintenir le contact et répondre à une question simple.

De 3 à 4 ans, l'enfant comprend environ 900 mots, toutes les parties du corps, les adjectifs de dimension, il écoute et comprend les petites histoires. Au niveau expressif, il produit entre 400 et 900 mots, utilise les pronoms (tu, il, elle, on), ses phrases font 6 mots. En termes de comportement, le tour de parole est respecté et il peut initier un échange.

De 4 à 6 ans, la compréhension s'affine (l'enfant s'intéresse au sens des mots), il commence à prêter attention aux sons et souhaite apprendre à lire. Au niveau expressif, les phrases s'allongent, il peut inventer des mots, adapter son discours à son interlocuteur, mais aussi parler de son imaginaire et raconter une histoire en respectant une trame narrative. »

L'école maternelle a comme objectif, entre autres, le développement du langage. Quels comportements langagiers peuvent avoir des enfants à l'entrée en classe de maternelle ?

« En petite section de maternelle, les comportements langagiers des enfants sont très disparates. Un enfant peut parfaitement maîtriser le langage, sur le versant réceptif ou expressif, et un autre être en grandes difficultés sur l'un ou les deux versants du langage. Peuvent s'y ajouter des difficultés de timidité, d'attention, de séparation, de communication, de surdité, de motricité, de stimulations, etc. »

Est-il normal qu'un enfant ne parle pas ? Si oui ou non pourquoi ?

« Si un enfant s'exprime très peu en début de petite section, il sera essentiel d'être particulièrement vigilant à l'évolution de son langage avec la mise à l'école. La bonne évolution voudrait que l'on assiste à une explosion langagière dans les quelques semaines qui suivent la scolarisation (tant au niveau de la phonologie, du lexique et de la grammaire). Si celle-ci n'a pas lieu, il faut vraiment orienter les enfants et leurs familles vers des professionnels. »

Quel comportement doit avoir un ATSEM/ASEM face à un enfant qui ne communique pas ?

« Tout d'abord s'assurer que l'enfant entend bien et demander aux parents un bilan ORL. Tout comme au niveau de la vue… (*N.B. :* L'enseignant de la classe en fera la démarche). Il faut aussi se mettre à la hauteur de l'enfant pour lui parler et vérifier que l'on a bien capté son attention. Enfin, il est important d'adapter son niveau de langage (phrases simples et courtes avec un élément à la fois), et y ajouter du "visuel" comme les mimiques ou les gestes. »

Qu'est ce qui doit, selon vous, alerter un adulte, dans le cadre de l'école, sur un potentiel retard de langage ? Et quelles peuvent en être les causes ?

« L'école est l'endroit privilégié pour repérer un retard de langage. Au moindre doute, il est intéressant de demander à un orthophoniste de réaliser un bilan étalonné (normé). Celui-ci donnera une photographie objective des compétences langagières de l'enfant et sera un point de comparaison pour apprécier l'évolution du langage de l'enfant dans le temps. Un bilan ne mène pas systématiquement à de la rééducation. **Les éléments à repérer** sont évidemment ceux qui s'entendent comme les troubles d'articulation, de parole ou de langage mais aussi les difficultés de compréhension. **Les causes** peuvent être multiples : surdité passagère (otites séreuses), immaturité, trouble instrumental, difficultés psycho affectives, carences éducatives, anxiété, troubles de l'attention, etc. »

Quel rôle majeur peut avoir, selon vous, un ATSEM/ASEM dans le cadre du développement du langage au sein d'une classe ?

« Il me semble que son premier rôle est de repérer comment l'enfant entre dans le langage et comment il s'en sert avec les adultes et les autres enfants. L'ATSEM/ASEM a un regard privilégié sur les compétences langagières de l'enfant dans un milieu écologique. »

Que remarquez-vous comme problématiques lorsque vous recevez des enfants entre trois et six ans dans votre cabinet ? À quel âge peut-on diagnostiquer une dyslexie ?

« **Les difficultés langagières** sont multiples. La plus classique est le retard de langage avec des difficultés expressives d'articulation, de prononciation associées à un lexique souvent restreint et à d'éventuelles difficultés de compréhension. Le trouble des apprentissages avec déficit de la lecture et de l'expression écrite (anciennement dyslexie dysorthographie) ne peut être diagnostiqué avant le CE2. Il faut au moins deux ans d'apprentissage du langage écrit. »

Quel comportement doit avoir un adulte non-enseignant comme l'ATSEM/ASEM face à un enfant dont les troubles autistiques sont avérés ?

« Les troubles autistiques sont multiples et divers. Il faut alors absolument travailler en équipe avec les parents et les thérapeutes qui s'occupent de l'enfant afin de déterminer un plan d'action et des objectifs communs. »

Propos recueillis par Marie-Hélène Abrond

JOUR 40

Préparation à l'oral

Savoir synthétiser, un enjeu pour la réussite

Objectif

Savoir synthétiser permet d'aider le jury dans sa décision de sélectionner un candidat.

Témoigner d'un esprit de synthèse exige de savoir choisir les éléments essentiels à la compréhension d'un sujet donné en réponse à la question posée.

La durée d'une réponse synthétique dans le cadre de cette épreuve se situe autour de 1 à 2 minutes.

Rappel

Une personne extérieure à votre milieu de travail doit pouvoir comprendre le sujet abordé de manière synthétique.

L'objectif est donc d'être aussi complet que possible en peu de temps, peu de mots, en se centrant sur les points importants sans les confondre avec des points de détail :

- savoir aller à l'essentiel : quel est le sujet principal de la question (accompagnement de l'enfant, sécurité, travail en équipe, organisation, etc.) ?
- faire passer un message de façon claire, précise et captivante (illustrez concrètement votre réponse) ;
- être capable d'organiser et structurer sa réponse de façon logique par rapport au sujet de la question.

Quelques outils pour s'entraîner

QQPOQC

La règle QQPOQC peut être appliquée à l'écoute d'une question :

- **quoi ?** Quel est le sujet central de la question ?
- **qui ?** Qui est concerné ? (quelles sont les personnes directement concernées dans la situation abordée ?)
- **pourquoi ?** Pourquoi est-ce important ?
- **où ?** Dans quels espaces ?
- **quand ?** Sur quels temps ?
- **comment ?** Sur quels savoirs vous vous appuyez ? Sur quelles techniques ? Sur quelles attitudes, comportements (savoirs, savoir-faire, savoir-être) ?

Cette analyse rapide de la question posée vous donne les principaux éléments de réponses à aborder.

La règle des 5 C

Énoncer un propos Clair, Cohérent, Concis, Concret, Complet s'appuie sur une grille de lecture à mobiliser

1. Pour les questions sur lemétier d'ATSEM/ASEM

Quel que soit le thème de la question, les éléments de réponse concernent toujours :

2. Pour les questions sur la fonction publique territoriale et le corps des fonctionnaires des administrations parisiennes

Les éléments de réponse sont toujours en lien avec :

- le repérage des différents niveaux d'intervention au service de l'accueil de l'enfant en collectivité et son propre niveau de responsabilité ;
- les interactions entre les différents niveaux d'intervention.

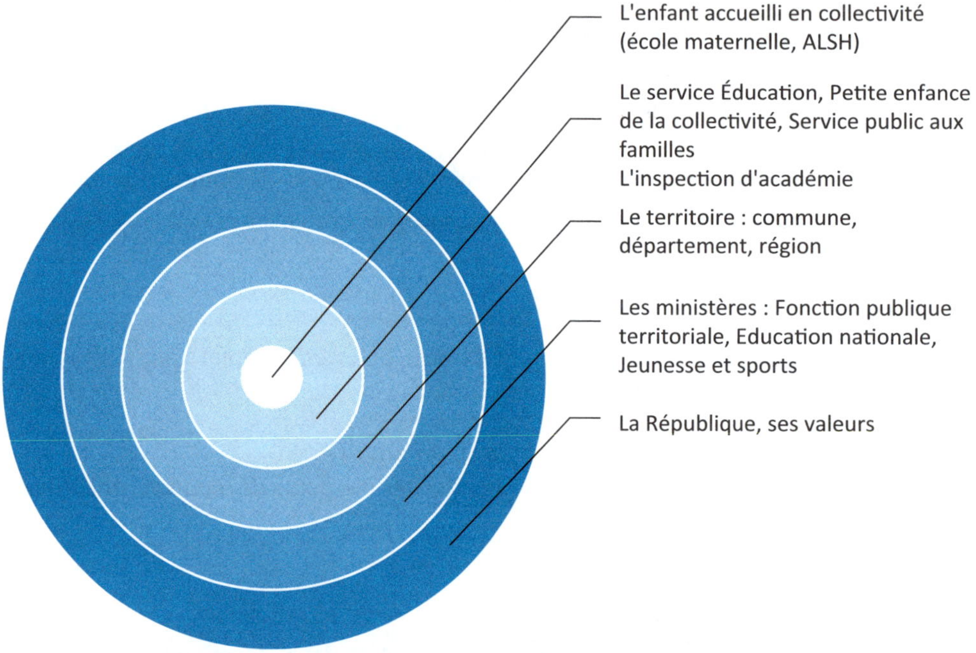

Le *mind-mapping*

Le *mind-mapping* ou « carte mentale » est un moyen graphique et ludique pour représenter les idées, les concepts, les connaissances, etc.

Le cerveau fonctionne par ramifications, branches, réseaux, associations d'idées. En utilisant une représentation qui soutient les processus d'exploration du cerveau, vous développez votre esprit de synthèse.

Exemple : La carte mentale « Être fonctionnaire »

Quelques consignes :

- partez du centre de votre page en écrivant un mot dans une forme ;
- tracez des branches et des sous-branches pour chaque mot clé ;
- utilisez des couleurs, des pictogrammes : le cerveau mémorise plus facilement.

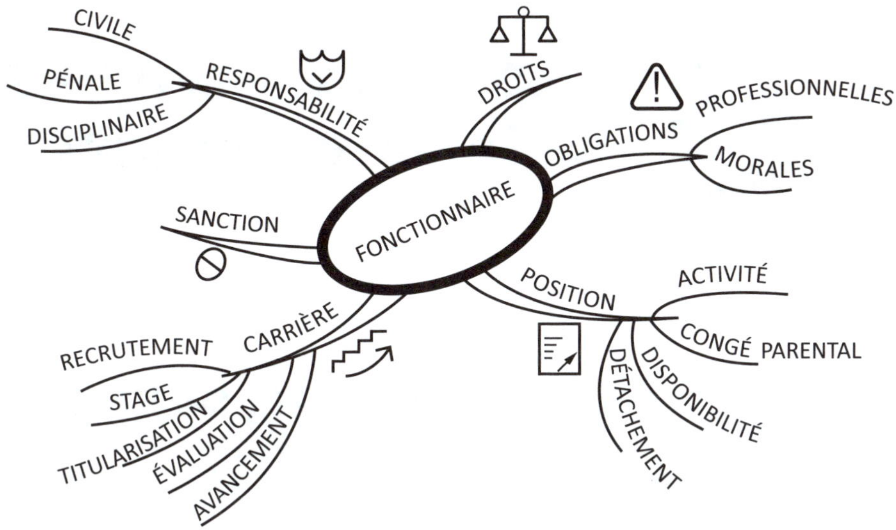

Le défi des mots

Ce défi comporte plusieurs niveaux, chaque niveau permettant de développer votre maîtrise du sujet et vos capacités de mémorisation.

- Prenez un sujet. *Exemple* mon projet professionnel.
- Décrivez en 5 mots votre sujet de manière précise.
- Puis en en 25 mots.
- Puis en 50 mots.
- Encore une fois en 10 lignes.
- Une dernière fois en 20 lignes.
- En vidéo : filmez-vous en vous chronométrant.

L'objectif est de se perfectionner à l'oral, de se sentir plus confiant dans la situation orale. Ce défi augmente considérablement l'esprit de synthèse.

À chaque niveau, le contenu change sans modifier le message. Ces limites de mots ne sont pas placées au hasard. Grâce à elles, vous forcez votre cerveau à fonctionner sur un mode plus créatif, plus synthétique. Sans ces limites vous avez envie de trop parler ou d'en dire trop peu.

Savoir synthétiser permet d'aider le jury dans sa décision de sélectionner un candidat.

JOUR 41

Aspects théoriques de la petite enfance

Le climat scolaire, la qualité de vie à l'école

Définition

La loi du 8 juillet 2013 fait une place importante au climat scolaire avec l'objectif d'une prévention des tensions, des problèmes de violences et d'insécurité. L'idée est d'accorder une importance majeure à la vigilance afin de repérer les signaux qui méritent une attention particulière.

Le climat scolaire reflète le sentiment et l'évaluation de toute la communauté éducative concernant leur expérience de vie et de travail au sein de l'école, sans pour autant résulter de la seule perception individuelle. Il renvoie à la qualité de vie à l'école. Le climat scolaire concerne les normes, les buts, les valeurs, les relations interpersonnelles, les pratiques d'enseignement et la structure organisationnelle de la vie de l'école.

Parmi les éléments qui caractérisent le climat scolaire on compte :

- les relations entre les personnes : respect, partage, soutien, collaboration, entraide, aussi bien au sein de l'école qu'entre professionnels et famille, qu'entre enfants et adultes, qu'entre enfants, qu'entre personnel de l'Éducation nationale et personnel communal ;
- l'enseignement : attentes, différenciation pédagogique, renforcement, soutien, valorisation, mise en œuvre des apprentissages formels, sociaux, émotionnels, citoyens, etc. ;
- la sécurité : prise en compte de la sécurité physique mais aussi de la sécurité émotionnelle, la capacité à gérer les crises, la résolution des conflits, le sentiment de justice ;
- l'environnement physique : propreté, adaptation et agrément des espaces et des matériels et accueil ;
- le sentiment d'appartenance : le sentiment d'être relié à la communauté scolaire et aux personnes, l'engagement, la motivation des adultes et des élèves, la reconnaissance quel que soit son statut, l'intérêt commun et la participation ;

- le lien aux familles : une attention portée par l'école à la vie familiale, une participation des familles à la vie de l'école, une coéducation constructive au service de la réussite et du bien-être des élèves.

Le climat scolaire est considéré comme une condition nécessaire pour faire de chaque établissement un endroit sûr où chacun peut se construire sereinement.

À noter

Une enquête de 2012 (*L'école entre bonheur et ras le bol* OIVE/FAS) sur le climat scolaire en école primaire montre que :

- une grande majorité des élèves vivent plutôt heureux dans leur établissement mais 1 élève sur 10 est victime de harcèlement douloureux en milieu scolaire ;
- 11 à 12 % des élèves témoignent de conséquences négatives : mauvaise image de soi, absentéisme, décrochage, comportements agressifs ;
- l'amélioration du climat scolaire et le développement des compétences sociales dès l'école maternelle apaisent l'ensemble des relations au sein de l'école ;
- 1 enseignant sur 10 estime le climat médiocre.

Agir sur le climat scolaire

La qualité du climat scolaire est une responsabilité collective qui se traduit dans des pratiques quotidiennes.

Des leviers :

- une organisation collective du travail d'équipe a un effet protecteur pour les élèves comme pour les enseignants et les autres membres du personnel ;
- un cadre de règles claires facilite l'apprentissage des compétences sociales.

Des pistes d'amélioration :

- un travail sur le sens et les modes d'application des règles au sein de l'école (enseignants/ATSEM/ASEM/autres acteurs) ;
- une harmonisation des réponses apportées au non-respect des règles ;
- des procédures afin de faciliter la communication entre l'école et les familles (avec les enseignants et tout autre membre de la communauté scolaire) ;
- des occasions progressives pour que les enfants se situent comme acteurs du climat scolaire (participation, responsabilisation) ;
- un environnement où les élèves se sentent encouragés à demander de l'aide ;
- la valorisation des différences et une culture du respect pour tous ;
- des retours d'expérience après des incidents.

Le règlement intérieur constitue le premier élément d'apprentissage de la citoyenneté et de la référence au droit. Cet outil, réinterrogé avec les élèves à l'occasion de situations concrètes, constitue une référence pour établir un cadre protecteur pour tous :

- les adultes de l'école pour respecter et faire respecter les règles ;
- les enfants pour se sentir protégé par le cadre et le groupe ;
- les parents pour favoriser la confiance, désamorcer les peurs, assurer une coopération.

Rappel

- La cohésion de l'équipe éducative garantit un bon climat scolaire et constitue la meilleure des préventions. Définir clairement le rôle et la place de chacun favorise la coordination nécessaire entre personnels enseignants et personnels non-enseignants.
- Le climat scolaire est lié à la clarté des règles et au sentiment de justice scolaire. Statistiquement, l'un des facteurs les plus explicatifs de l'augmentation des comportements inacceptables est l'injustice dans l'application des règles.

L'attention portée à la qualité de vie à l'école (notamment les bâtiments et leur utilisation, les différents temps de l'école et la convivialité scolaire) constitue un facteur protecteur puissant.

Remarque

5 % des élèves déclarent ne pas aimer aller en récréation, 10 % n'aiment pas aller en classe, 20 % déclarent ne pas aimer aller aux toilettes soit pour des problèmes de propreté soit pour des problèmes de surveillance.

Entraînez-vous !

Aspects théoriques de la petite enfance

1. **Pourquoi agir sur le climat scolaire ?**
2. **Comment, en tant qu'ATSEM/ASEM, contribuer à un bon climat scolaire ?**
3. **Comment améliorer en équipe le temps de récréation de la pause méridienne ?**
4. **Quels espaces sont nécessaires pour le bon déroulement de la pause méridienne ?**

Vérifiez vos réponses

Aspects théoriques de la petite enfance

1. Pour améliorer les résultats scolaires, améliorer le bien-être des élèves et des personnels, diminuer les inégalités scolaires, diminuer l'absentéisme et les comportements violents. C'est un facteur de réussite scolaire.
2. L'ATSEM/ASEM, en tant que membre de la communauté éducative, doit porter une attention pour que tous les autres membres (enfants et adultes) se sentent bien, bienvenus et respectés. L'ATSEM/ASEM, dans ses fonctions d'entretien, assure un environnement sûr et accueillant et vise à communiquer sur toutes les améliorations à mettre en place.
3. L'ATSEM/ASEM doit se mettre d'accord avec l'équipe d'animation et de surveillance sur les règles de la cour, repérer avec les enfants les zones ou les endroits interdits et mettre à profit les possibilités des espaces pour le jeu.
4. Des espaces différenciés et identifiés avec les enfants : pour courir et pour les jeux de poursuite, pour les différents jeux de ballons, pour se déplacer à vélo, pour des jeux traditionnels comme la marelle, pour des jeux calmes, etc.

JOUR 42

Aspects techniques du métier

Handicap et petite enfance : contexte et enjeux

Un droit fondamental

L'accueil des enfants en situation de handicap ou atteints de maladie chronique est affirmé comme un droit fondamental par **la loi du 11 février 2005** pour l'égalité des droits et des chances, la participation et la citoyenneté des personnes handicapées.

En 2017, à la suite d'une demande du ministre des Solidarités et de la Santé, et du secrétaire d'État chargé des personnes handicapées, un rapport a été remis en 2018 au Haut Conseil de la famille, de l'enfance et de l'âge (HCFEA). Ce rapport a été ensuite adopté par consensus par le Conseil de l'enfance : « Accueillir et scolariser les enfants en situation de handicap de la naissance à 6 ans et accompagner leur famille. »

Six grands axes sont prioritaires :

- avant trois ans, ouvrir davantage les modes d'accueil individuels et collectifs aux enfants en situation de handicap ;
- compléter et améliorer la scolarisation en école maternelle ;
- faciliter la vie des familles dans leur rapport aux services petite enfance et handicap sur le chemin d'un éventuel diagnostic ;
- développer l'appui aux professionnels et le travail en réseau au service des enfants ;
- prendre en considération et améliorer la vie des fratries ;
- aider les parents, soutenir leur parentalité et leur faciliter l'articulation avec le travail.

À noter

Le droit à l'éducation dans un lieu éducatif complémentaire à celui de la famille pour tous les enfants est l'un des fondements même d'une politique d'inclusion qui fait place à toute la diversité des familles en situation de handicap, de précarité, ainsi que les familles monoparentales et homoparentales.

Savoirs associés

- La loi n° 2005-102 du 11 février 2005 pour l'égalité des droits et des chances, la participation et la citoyenneté des personnes handicapées.
- La loi n° 2013-595 du 8 juillet 2013 d'orientation et programmation pour une refondation de l'école de la République : notion d'école inclusive.
- La loi n° 2019-791 du 26 juillet 2019 pour une école de la confiance ; circulaire « Pour une école inclusive ».

La socialisation précoce

Ce rapport souligne l'importance d'une socialisation précoce des enfants en situation de handicap, bénéfique pour tous les enfants et leurs parents. Il affirme le processus d'égalisation des chances dès la petite enfance en démontrant que le rapport de familiarité et non d'étrangeté constitue le socle d'une société inclusive.

3 principes sont opposables : la non-discrimination, l'égalité de traitement devant le service public, l'accessibilité des lieux recevant du public.

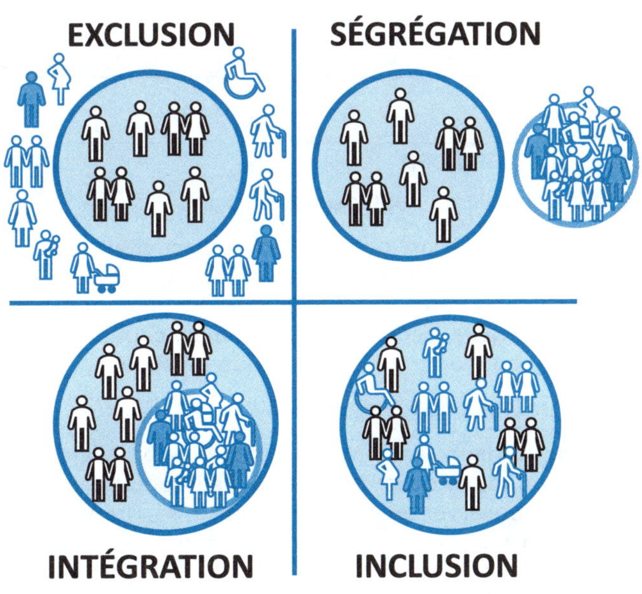

Enjeux

Un accueil au plus près des besoins

La petite enfance façonne les sphères de la santé, des apprentissages, du développement du potentiel et du bien-être de tous les enfants. D'où l'importance de soutenir les compétences de chaque enfant quelles que soient ses caractéristiques : l'enfant en situation de handicap, s'il a des besoins particuliers, est avant tout un enfant comme les autres qui se construit dans sa singularité et qui éprouve les mêmes émotions : joie, tristesse, peur, colère, plaisir, désir de plaire, satisfaction devant le succès.

La question du handicap en petite enfance oscille entre la nécessité des repérages précoces des difficultés et la prudence à poser très précocement des diagnostics. D'une part, le jeune enfant est un être en développement dont les capacités et les besoins sont par définition évolutifs. D'autre part, selon les cas, les troubles peuvent être avérés dès la naissance ou se déclarer et/ou être repéré bien plus tard.

Des écueils sont à éviter :

- penser que l'accueil des enfants en situation de handicap est une affaire de spécialistes ;
- ne voir que le handicap ;
- nier le handicap.

La confrontation à la différence est au cœur des résistances et des évitements. Il convient de réfléchir au travers d'une dynamique institutionnelle sur les conditions nécessaires afin que cet accueil soit bénéfique.

Remarque

Le questionnement n'est plus : « Pourquoi accueillir… ? » mais : « Comment accueillir… ? »

Situation de handicap

La définition légale du handicap en France :

« Constitue un handicap toute limitation d'activité ou restriction de la participation à la vie en société subie dans son environnement par une personne en raison d'une altération substantielle durable ou définitive d'une ou plusieurs fonctions physiques, sensorielles, mentales, cognitives ou psychiques, d'un polyhandicap ou d'un trouble de la santé invalidant. »

Les différents types de handicap :

- **handicap moteur** : ensemble des troubles pouvant entraîner une atteinte partielle ou totale de la motricité qui se traduit par des difficultés pour se déplacer, conserver ou changer de position, prendre, manipuler, effectuer certains gestes ;

- **handicap sensoriel** : lié aux organes sensoriels, handicap visuel, auditif ;
- **handicap psychique** : résulte d'une maladie psychique qui touche plus particulièrement les adolescents et les adultes ;
- **handicap mental** : en lien avec une déficience intellectuelle ;
- **troubles envahissants du développement (TED) et troubles du spectre autistique (TSA)** : caractérisés par une atteinte des interactions sociales et de la communication et des comportements à caractère restreint, répétitif et stéréotypé (mouvements, routines, intérêt) ;
- Les **maladies invalidantes**, respiratoires, digestives, cardio-vasculaires, infectieuses.

L'OMS (Organisation mondiale de la santé) définit trois dimensions du handicap :

- la déficience : perte de substance ou altération d'une fonction et d'une structure psychologique, physiologique ou anatomique ;
- l'incapacité : toute réduction partielle ou totale (résultant de la déficience) de la capacité d'accomplir une activité dans les limites considérées comme normales ;
- le désavantage : préjudice qui résulte de la déficience ou de l'incapacité qui limite ou interdit l'accomplissement d'un rôle considéré comme normal, compte tenu de l'âge et des facteurs socio-culturels.

Le handicap n'est pas simplement un problème de santé, il s'agit d'un phénomène complexe qui découle de l'interaction entre les caractéristiques d'une personne et les caractéristiques de la société où elle vit.

Le terme « personne en situation de handicap » met l'accent sur la situation de la personne plutôt que sur ses caractéristiques personnelles, ainsi que sur l'importance d'agir sur son environnement physique et social pour créer des conditions d'accueil bénéfiques.

À noter

- À la rentrée 2022 : plus de 430 000 élèves en situation de handicap sont accueillis dans les établissements scolaires. 10 272 dispositifs d'unités localisées pour l'inclusion scolaire (ULIS).
- Les accompagnants d'enfants en situation de handicap (AESH) interviennent en tant qu'agent contractuel auprès d'enfants en situation de handicap présentant un trouble invalidant accueillis en classe ordinaire et pour lesquels la Commission des droits et de l'autonomie des personnes handicapées (CDAPH) a estimé le besoin d'une aide humaine individualisée ou mutualisée.
- À la rentrée 2022, ce sont 132 200 AESH qui accompagneront au quotidien des élèves en situation de handicap.

Entraînez-vous !

Aspects techniques du métier

1. La maman de Louis vous confie que son fils est atteint de dyspraxie. De quoi s'agit-il ?
2. Qu'est-ce qu'un projet personnalité de scolarisation (PPS) ?
3. Est-il obligatoire d'accueillir à l'école maternelle les enfants en situation de handicap ?
4. Que rappelle la convention des droits de l'enfant à propos du handicap ?

Vérifiez vos réponses

Aspects techniques du métier

1. La dyspraxie est un trouble cognitif en lien avec un dysfonctionnement cérébral qui rend l'enfant incapable d'exécuter un geste planifié et prémédité de manière volontaire, et ce, même si celui-ci est répétitif et habituel comme se brosser les dents. Ses gestes sont lents, maladroits, non coordonnés. L'enfant souffre d'un retard moteur et peut avoir du mal à se repérer dans l'espace. L'élève dyspraxique peut être scolarisé en milieu ordinaire avec des adaptations définies dans le cadre d'un plan d'accompagnement personnalisé (PAP). Pour l'aider, il faut éviter de reproduire les situations d'échec mais plutôt opter pour des stratégies de contournement. Il faut l'encourager, travailler sur le verbal plus que sur le visuel.
2. C'est un projet qui concerne les enfants en situation de handicap reconnu, établi par la maison départementale des personnes handicapées (MDPH). Il définit et coordonne les modalités particulières : aménagement, matériel pédagogique adapté, intervention AESH, etc.
3. Oui, c'est l'application de la loi du 11 février 2005 pour l'accessibilité et l'égalité des chances de toutes les personnes handicapées.
4. L'article 2 définit le principe de non-discrimination et inclut le handicap comme motif de protection contre la discrimination. La convention s'applique à tous les enfants y compris les enfants handicapés.

Préparation à l'oral

JOUR 43

Réussir sa présentation

Rappels

Le concours externe est un concours sur titre, sauf dérogation, aux personnes titulaires du CAP Accompagnement éducatif petite enfance (CAP AEPE) ou diplôme équivalent. L'entretien de 15 minutes ne prévoit pas de présentation. Toutefois, de nombreux jurys invitent le candidat à présenter son parcours pendant une durée de **2 à 3 minutes** à mettre en lien avec son projet professionnel.

Pour **le concours interne et de 3e voie**, l'entretien débute par une présentation du candidat à l'appui d'un document remis au jury retraçant le parcours professionnel. Ce document (modèle fixé par le ministère chargé des collectivités territoriales) est fourni par le candidat lors de son inscription et remis préalablement au jury. Le candidat dispose de la totalité du temps réglementaire soit **5 minutes maximum**.

Pour **le concours ASEM**, l'épreuve débute par un exposé de 3 minutes du candidat sur son parcours professionnel et sa motivation. Il est suivi d'un entretien avec le jury destiné à apprécier la capacité du candidat à exercer les fonctions d'ASEM, sa connaissance des missions d'un ASEM et de son environnement de travail ainsi que sa capacité à travailler en équipe et en autonomie avec les enfants. Les 3 dernières minutes de l'entretien sont consacrées à la transcription écrite, en 2 lignes maximum, d'un message relatif à une mise en situation professionnelle communiquée par le jury au candidat.

Dans les quatre cas de figure, toute présentation doit être préparée. Cependant se préparer ne veut pas dire réciter, il s'agit d'être en mesure de restituer l'analyse de votre parcours, dans un discours structuré, avec une expression simple et non familière, avec des éléments susceptibles de retenir l'attention des examinateurs.

Vous n'aurez pas le choix de tout énoncer, il vous faut choisir dans vos compétences, vos qualités, celles le plus en lien avec le référentiel métier d'ATSEM/ASEM.

À titre d'exemple vous pouvez suivre en vous l'appropriant ce canevas :

- Saluer le jury
- Décliner son identité
- Nommer le diplôme et/ou la situation actuelle au moment de la présentation au concours
- Présenter son expérience professionnelle ou autre expérience en lien avec la petite enfance en témoignant des compétences et qualités acquises et mobilisées
- Exprimer ses motivations
- Remercier le jury pour son attention et annoncer la fin de la présentation : « je suis prêt à répondre à vos questions

Présenter son expérience professionnelle en 2 ou 5 minutes doit permettre de démontrer que vous avez les compétences nécessaires à l'exercice des missions envisagées. Une présentation thématique est préférable à une présentation chronologique car elle met davantage en valeur votre expérience.

Le candidat ne peut recourir à aucun document pendant l'épreuve. Pour les concours interne et de 3e voie, la présentation devra avoir été préparée et mémorisée. Un exposé trop court ou trop long sera systématiquement sanctionné par un retrait de point sur le barème final.

Rappel

Entraînez-vous à répéter cette présentation à haute voix, puis devant des proches ou des collègues. Vous pouvez réaliser une fiche récapitulative pour vous aider à mémoriser les points clés importants pendant la préparation.

Un exercice efficace : le pitch

Une expression venant du cinéma, le pitch, éclaire l'objectif principal de la présentation qu'elle soit de 2/3 minutes ou de 5 minutes.

« Pitcher » un film, c'est en résumer l'idée générale en quelques phrases et donner l'envie d'en savoir plus. Une technique qui peut s'appliquer dans le cadre d'une présentation lors de l'épreuve orale. En effet, une présentation bien structurée permet une bonne mise en condition de l'entretien. La difficulté réside dans le passage de l'écrit à l'oral, pour y remédier il faut s'entraîner.

Trois éléments apparemment basiques sont à explorer sous forme de question :

- **qui êtes-vous ?** Votre nom, votre situation actuelle justifiant votre présence à ce concours ;
- **que proposez-vous ?** Résumé de votre parcours et de votre profil ;
- **en quoi vous distinguez-vous des autres ?** Qualité, aptitude particulière, raison qui peut pousser un employeur à vous recruter : un centre d'intérêt particulier en lien avec la petite enfance, une appartenance à une association, une expérience d'aide à la personne, etc. qui témoigne de votre sens du travail collectif, de vos capacités d'organisation ou de votre polyvalence.

Rédigez votre présentation, entraînez-vous à la dire à l'oral. Plus vous vous entraînez plus vous trouverez un ton naturel pour vous présenter dans le temps imparti.

Remarque

En testant votre présentation auprès d'une personne éloignée de la petite enfance, vous aurez l'occasion de vérifier la clarté de votre propos si la personne comprend facilement.

Entraînez-vous !

Préparation à l'oral

1. **Rédigez votre présentation.**
2. **Entraînez-vous et testez-vous à l'oral.**

JOUR 44

Aspects techniques du métier

Handicap et petite enfance : accueillir et scolariser

Accueillir

Deux situations se présentent le plus fréquemment :

- l'enfant est inscrit à l'école maternelle avec un handicap avéré. Le handicap peut être important, le passage à l'école est extrêmement attendu par les parents. Si cette étape est réussie, cela peut signifier une intégration sociale ultérieure possible ;
- les parents ont occulté des difficultés observées (à la maison ou en accueil) ou n'ont pas conscience des difficultés que rencontre leur enfant.

Dans tous les cas les échanges école-parents seront primordiaux ainsi que la collaboration enseignant-ATSEM/ASEM pour :

- partager ses observations (capacités, points forts, difficultés, limitations) ;
- informer les autres élèves, répondre de façon simple, prendre en compte les émotions de chacun ;
- travailler sur la mise en œuvre des règles de vie et leur harmonisation.

L'enseignant élabore un projet pédagogique spécifique pour l'enfant, en adéquation avec ses capacités, en privilégiant l'autonomie et la socialisation en complémentarité avec l'ATSEM/ASEM pour les gestes élémentaires (passage au toilettes, habillage), les repérages spatiaux et temporels.

Des outils d'aide à la scolarisation

Les Pôles inclusifs d'accompagnement localisés (Pial)

Les Pial sont une nouvelle forme d'organisation. Ils favorisent la coordination des ressources au plus près des élèves en situation de handicap (aides humaines, pédagogiques, éducatives et, à terme, thérapeutiques) pour une meilleure prise en compte de leurs besoins.

Le **Pial** concerne les écoles maternelles et mobilise l'ensemble des personnels de l'équipe pédagogique et éducative pour mettre en œuvre les réponses adéquates au niveau de la classe et de l'établissement dans lequel l'enfant est scolarisé.

À noter

Les **Pial** seront progressivement déployés jusqu'à leur généralisation en 2022.

Le projet personnalisé de scolarisation (PPS)

Il est élaboré par une équipe pluridisciplinaire de la Maison départementale des personnes handicapées (MDPH) à la suite de la demande de la famille.

Cette équipe comprend des professionnels dont un médecin, un psychologue, des enseignants spécialisés et un éducateur spécialisé. Elle est chargée d'évaluer la situation de l'enfant et ses besoins et communique les résultats à la CDAPH (Commission des droits et de l'autonomie des personnes handicapées) qui élabore le PPS.

Le PPS détermine les modalités de déroulement de la scolarité, assure la cohérence du parcours, en concertation avec les parents. Les parents disposent de 15 jours pour formuler un avis sur les propositions ou faire des observations. Après accord, il est validé par la CDAPH et est transmis à l'enseignant référent chargé de sa mise en œuvre.

La CDAPH peut décider, après évaluation des besoins, d'attribuer :

- une aide humaine avec l'intervention d'un AVS/AESH (auxiliaire de vie scolaire/accompagnant des élèves en situation de handicap) ;
- une aide technique fournie par l'inspection académique par du matériel pédagogique adapté (MPA) ;
- une aide aux transports pour les trajets domicile-école aller et retour.

L'enseignant référent de l'inspection académique

Il est chargé du suivi de la scolarité et de la mise en œuvre du PPS. Il assure plusieurs missions :

- accompagnement des parents : information, conseil, aide aux démarches auprès de la MDPH ;
- organisation et animation de réunions d'équipe de suivi de la scolarisation ;
- recueil des expertises et évaluations médicales, pédagogiques, sociales.

Le service d'éducation spéciale et de soins à domicile (SESSAD)

Ce service a vocation à apporter un soutien spécialisé aux enfants maintenus dans leur milieu de vie et d'éducation ordinaire, avec notamment l'organisation de soin médicaux et de rééducation : kinésithérapie, orthophonie, psychomotricité, etc.

Le réseau d'aides spécialisées aux élèves en difficulté (RASED)

Dès l'école maternelle, certains élèves attirent l'attention des enseignants car leur attitude envers l'activité scolaire, leur manière de répondre aux consignes ou leur mode d'adaptation à la vie collective sont révélateurs de difficultés susceptibles d'impacter leur avenir scolaire. Le RASED vient renforcer les équipes pédagogiques en apportant des compétences spécifiques permettant de mieux analyser ces situations particulières et de construire des réponses adaptées.

L'équipe éducative

C'est une instance fonctionnelle composée des personnes en responsabilité éducative d'un élève ou d'un groupe d'élèves. Elle comprend le directeur de l'école, le ou les enseignants concernés, les personnels du RASED, éventuellement le médecin PMI (protection maternelle infantile), les personnels paramédicaux et sociaux participant à l'intégration d'enfants en situation de handicap à l'école.

Le directeur d'école peut recueillir l'avis des ATSEM/ASEM.

Une équipe éducative est nécessaire pour l'intégration d'un enfant en situation de handicap, pour examiner la situation d'un élève présentant de grandes difficultés comportementales ou sociales ou toute situation de doute.

Le rôle de l'ATSEM/ASEM auprès de l'enfant en situation de handicap

Sans être spécifiquement qualifié, l'ATSEM/ASEM contribue au même titre que les autres membres de la communauté éducative à la vie collective à l'école.

L'ATSEM/ASEM n'assure pas seul la surveillance d'un enfant en situation de handicap ou la réalisation d'une activité avec lui.

L'ATSEM/ASEM participe, en collaboration avec l'enseignant, à préparer l'environnement pour qu'il soit le plus sécurisant et stimulant.

L'ATSEM/ASEM reconnaît les besoins spécifiques de l'enfant : sa différence, ses compétences, sa singularité, ses potentialités, son rythme propre de développement, son mode de communication.

Cela nécessite des ajustements initiés par l'enseignant :

- un temps d'adaptation des adultes plus long pour faire connaissance ;
- une plus grande souplesse ;
- une préparation de son arrivée pour lui et ses camarades ;
- des temps de concertation ;
- une attention soutenue à tout ce que manifeste l'enfant dans le non-verbal, dans son corps et ses comportements.

Afin de répondre à la mission de service public garante de la bienveillance, de la bientraitance des enfants accueillis, enfants plus vulnérables et empêchés par une incapacité, le projet d'école doit mobiliser des pratiques d'observation et de réflexion avec tous les membres de la communauté éducative.

La scolarisation des élèves à besoins éducatifs particuliers

La notion de « besoins éducatifs particuliers » est apparue récemment dans le système éducatif français et concerne des élèves très divers qui, en raison de situations particulières, peuvent rencontrer des difficultés d'apprentissage ou d'adaptation :

- situation de handicap due à une déficience ;
- troubles dys (-lexie, -praxie, -phasie, etc.) ;
- précocité intellectuelle ;
- maladie invalidante ;
- situation familiale et/ou sociale difficile ;
- enfants allophones (personne dont la langue maternelle est une langue étrangère dans la communauté où elle se trouve) nouvellement arrivés et enfants issus de familles itinérantes et de voyageurs.

Savoirs associés

- Les ressources du site Eduscol pour le service public de l'école inclusive.

Entraînez-vous !

Aspects techniques du métier

1. **Clémence bénéficie d'un PPS. Comment contribuez-vous à ce dispositif ?**
2. **Quel est le rôle de l'ATSEM/ASEM auprès d'enfants en situation de handicap ?**
3. **Les situations de handicap sont très variables, comment l'ATSEM/ASEM peut-il accompagner chaque enfant ?**
4. **Quels gestes professionnels sont à privilégier lors de l'accueil d'enfant en situation de handicap ?**

Vérifiez vos réponses

Aspects techniques du métier

1. Un projet personnalisé de scolarisation (PPS) est établi par la MDPH (maison départementale des personnes handicapées) pour tous les élèves en situation de handicap reconnu. Il « définit et coordonne » toutes les modalités. Le rôle de l'ATSEM/ASEM est d'assister l'enseignant en prenant en compte les préconisations du PPS. En cas de présence d'un AVS chargé d'accompagner l'élève sur les temps scolaire et périscolaire, l'ATSEM/ASEM doit s'attacher à faciliter sa scolarisation et l'acquisition des connaissances et compétences liées aux apprentissages premiers.
2. L'ATSEM/ASEM soutient tous les enfants dans leurs apprentissages, dans les actes de la vie quotidienne et dans la vie sociale (reformulation des consignes, habillage/déshabillage, repères dans les déplacements, relations en petits groupes, etc.).
3. Travailler avec des enfants handicapés ou des enfants présentant des suspicions de handicap nécessite des approches individualisées. Étiqueter un enfant uniquement en fonction de son état de santé doit être évité. Ce sont des enfants avant tout, et ils aspirent à des activités ordinaires avec leurs pairs.
4. Par exemple : partir de situations concrètes, en évitant un langage trop abstrait. Ne pas confondre les capacités graphiques ou orales avec la maturité intellectuelle. Utiliser des supports visuels (images, photos, pictogrammes, etc.).

Préparation à l'oral

JOUR 45

Une communication orale efficace

Se projeter

Les épreuves orales sont souvent redoutées par les candidats. La préparation augmente de 60 % les chances de réussite.

- **Rencontrez le jury.** En saluant, en disant « bonjour », vous créez une proximité relationnelle. C'est aussi une compétence centrale dans votre future profession.
- **Envisagez votre futur en tant que fonctionnaire.** L'objectif d'une épreuve orale est de convaincre le jury de vous sélectionner. Le jury doit voir en face de lui un ATSEM/ASEM dans son attitude et ses réponses, sachant mettre en avant ses motivations, ses qualités personnelles, son intérêt pour le service public. Le meilleur candidat est celui qui sait montrer qu'il sera un professionnel capable de s'adapter aux exigences de son métier, aux besoins des enfants et des familles, et qu'il connaît les problématiques de l'école, de son territoire, de sa ville, de sa région. Se projeter dans son futur grade d'ATSEM/ASEM est déterminant pour donner envie au jury d'être recruté.
- **Adoptez une posture qui inspire la confiance.** En position assise, le dos aligné, les jambes décroisées et les pieds bien posés sur le sol. Les mains posées sur la table pour trouver un appui stable.
- **Agissez de façon naturelle.** Si vous êtes nerveux, si vous vous sentez maladroit ou mal à l'aise, démarrez votre présentation lentement, prenez une bonne inspiration et commencez à vous détendre (au niveau des mains, des mâchoires).
- **Établissez un contact visuel.** Adressez-vous à une personne, lorsque vous l'avez regardée suffisamment pour sentir un lien s'établir, passez à une autre personne présente. Une des meilleures façons de conserver l'intérêt du jury est de maintenir le contact visuel.
- **Partagez votre enthousiasme.** Commencez l'entretien en souriant. Le sourire aide à réduire les tensions et le trac et favorise la connexion avec

les interlocuteurs. Les personnes qui sourient naturellement sont perçues comme des personnes empathiques qu'on a envie d'écouter.

- **Faites-vous entendre**. Assurez-vous de parler assez fort pour être entendu. En situation de stress, les personnes parlent plus vite. Essayez d'adapter la vitesse de votre débit, et soyez attentif au ton de voix.
- **Éliminez les distractions.** Certains mots ou expressions deviennent des distractions pour les personnes à qui vous vous adressez : « euh », « ah », « en fait », « donc euh », etc. En prenant conscience de ses propres tics de langage, on peut perdre l'habitude de leur usage.
- **Portez attention au langage non-verbal.** Il s'agit de tout ce qui s'exprime en plus des mots de façon spontanée et qui traduit notre climat intérieur : gestes, mimiques, mouvements du corps, regards, intonation, etc. En prenant conscience de certaines habitudes vous rendrez votre discours plus cohérent entre le message verbal et l'attitude corporelle.

À noter

Comme une épreuve sportive, l'oral se prépare. N'hésitez pas à vous entraîner à prendre la parole, à vous exercer en vous imaginant face au jury. Se chronométrer habitue à trouver le bon rythme. Se filmer, s'enregistrer, s'essayer avec un binôme permet de gagner en aisance.

Les différentes dimensions de l'oral

Les rapports des jurys rendent souvent compte du fait que beaucoup de candidats ne se sont pas préparés à la spécificité de la situation d'entretien et qu'ils semblent ignorer ses codes et ses règles de fonctionnement.

Le travail en amont pour construire un discours clair, structuré et modulable vous permettra de rester disponible à ce qui se joue au cours de l'entretien.

Développer sa capacité d'écoute

Votre capacité à décrypter et répondre aux attentes du jury se manifestera lorsque :

- vous regardez tous les membres du jury ;
- vous vous assurez de leur compréhension et de leur intérêt ;
- vous cherchez à vous décentrer de vos enjeux pour vous concentrer sur l'enjeu de la question ;
- vous devancez les éventuelles questions en expliquant, en complétant vos réponses ;
- vous demandez à reformuler la question plutôt que de répondre hâtivement à une question mal comprise.

Adopter une attitude adéquate

- Faites preuve de courtoisie et de discrétion en saluant les membres du jury.
- Attendez que l'un d'eux vous invite à vous asseoir et vous présente le déroulement de l'épreuve.
- Maîtrisez vos réactions spontanées et évitez la passivité comme l'agressivité.
- Argumentez afin de développer un point de vue professionnel.
- Gérez votre stress en respirant, en souriant, en buvant un peu d'eau.

S'exprimer oralement

Pour capter l'attention du jury, plusieurs outils peuvent être mobilisés :

- un langage clair, précis, des phrases courtes avec une idée par phrase ;
- une réponse construite avec un enchaînement logique des éléments de réponse, des arguments ;
- l'utilisation d'une voix claire, d'une bonne articulation ;
- un débit de parole adapté – ni trop rapide ni trop lent – favorisant la compréhension ;
- l'attention consciente des gestes pour ne pas parasiter l'attention du jury.

Cultiver l'interactivité

Une bonne interactivité lors de l'entretien avec une juste distance adaptée au cadre du concours crée de la proximité et ne cantonne pas les membres du jury dans un rôle de récepteur. La notion d'échange professionnel témoigne de savoir-être professionnel.

Maîtriser le temps

Éliminez les réponses par oui ou non. Une réponse trop rapide redonne immédiatement la parole au jury sans témoigner de votre savoir-faire. *A contrario*, évitez les détails qui font perdre le fil de la réponse et laissez la possibilité au jury de vous poser d'autres questions.

Des questions peuvent être formulées au cours de votre prise de parole. Le but n'est pas de vous déstabiliser mais de vous permettre de vous recentrer sur le sujet. Votre aptitude à vous adapter, à réagir témoigne de votre savoir-être professionnel. Acceptez les interruptions sans préjuger d'intentions négatives de la part du jury.

Le silence à votre initiative signifie que vous avez fini d'exposer votre pensée. Il faut assumer ce silence de quelques secondes pour laisser le temps au jury d'intégrer ce point ou de vous demander d'approfondir le sujet.

Démontrer ses compétences relationnelles

Les compétences relationnelles favorisent une communication fluide et constructive nécessaire pour le bon déroulement de l'entretien et indispensable dans le cadre de l'exercice du métier d'ATSEM/ASEM, métier de relation.

- Utilisez le « je » pour que le jury vous visualise en activité. Évitez le « on » imprécis et impersonnel.
- Utilisez des verbes d'action précis et variés, évitez le « faire » et « avoir ».
- Utilisez un langage accessible et soutenu (pas de jargon ni de familiarité).
- Portez attention à vos « évidences » : votre environnement n'est pas forcément celui des membres du jury et demande des précisions pour une meilleure compréhension de votre propos.
- Écoutez activement les questions du jury, par une attitude calme, ouverte avec considération. Laissez toujours les membres du jury s'exprimer jusqu'au bout même et surtout quand vous pensez savoir quoi répondre.
- Restez calme et à l'écoute quelles que soient les questions ou les réactions du jury. C'est le jury qui mène l'entretien. En démontrant votre compréhension des codes, vous renforcez le caractère interactif de l'entretien.

Entraînez-vous !

Préparation à l'oral

Testez-vous en binôme en simulation d'entretien en piochant des questions au hasard issues de cet ouvrage.

Aspects théoriques de la petite enfance

JOUR 46

La santé à l'école : les soins et l'urgence

Un protocole national

Un protocole national encadre l'organisation des soins et de l'urgence dans les écoles (*Bulletin officiel* n° 1 du 6 janvier 2000).

Le directeur de l'école a la responsabilité de mettre en place une organisation qui réponde au mieux aux besoins des élèves et des personnels. Il peut s'appuyer sur l'aide technique des infirmiers et médecins rattachés au département de l'inspection d'académie. Les soins et les urgences doivent être assurés par les personnes titulaires d'une formation premiers secours.

Les services de la protection maternelle infantile (PMI) organisent des consultations et des actions de préventions médico-sociale pour les tout-petits dans les écoles maternelles. Ces consultations sont aussi un outil de dialogue avec les familles.

À noter

- Le département a l'obligation de réaliser un bilan de santé pour les enfants en école maternelle qui comprend cinq étapes : un dépistage visuel, un dépistage auditif, un dépistage des troubles du langage, la prise des mensurations et un examen médical avec vérification des vaccinations.
- Les actions de prévention de la PMI portent notamment sur les soins dentaires, la prévention de l'obésité et la promotion de l'activité physique.

La pharmacie

Important

Aucun médicament ne peut être distribué hors cadre d'un PAI.

Un traitement ponctuel est administré à domicile, aucun médicament ne doit être apporté à l'école.

Les soins doivent être prodigués dans une pièce avec un point d'eau à commande manuelle, un distributeur de savon liquide et un distributeur de serviettes à usage unique pour le lavage des mains, équipée d'un distributeur de gants jetables à usage unique et d'une poubelle pourvue d'un sac plastique.

Les matériels et les produits doivent être vérifiés, remplacés et renouvelés.

Contenu de la pharmacie

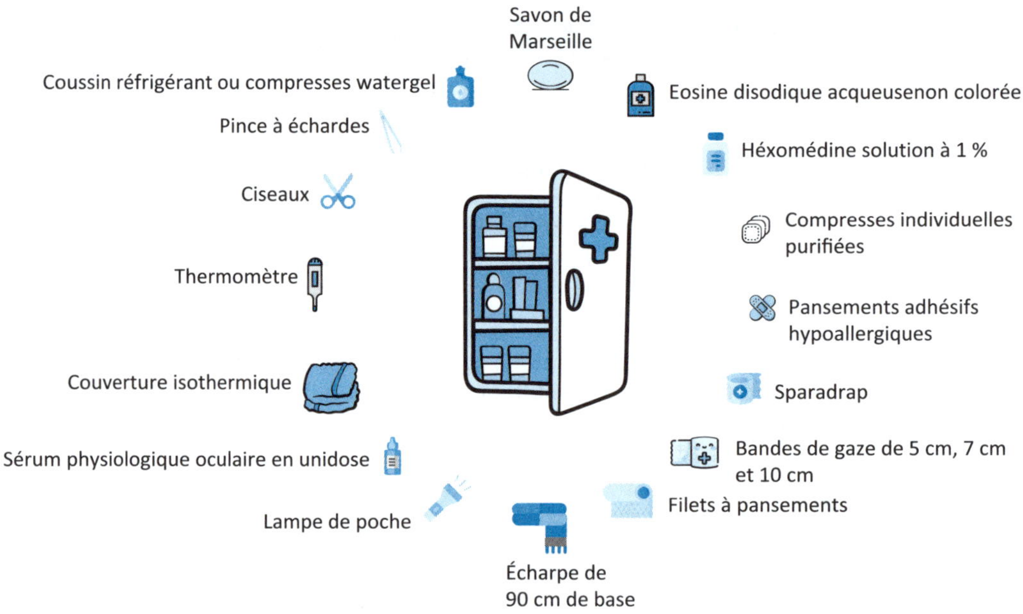

Remarque

En l'absence d'infirmier au sein de l'établissement, des consignes sur la conduite à tenir en cas d'urgence doivent être affichées dans l'école et la pharmacie reste fermée à clé.

La trousse de premiers secours

Lors des sorties scolaires, une trousse de secours facilement transportable doit être emportée et contenir :

- un antiseptique incolore type Chlorhexidine aqueuse ;
- des compresses ;
- une écharpe ;
- des pansements ;
- une bande ;
- des gants ;
- une paire de ciseaux ;
- les médicaments des enfants bénéficiant d'un PAI (projet d'accueil individualisé).

La fiche d'urgence

La fiche d'urgence est un document rempli par les parents en début d'année scolaire. Il contient les coordonnées de toutes les personnes à contacter en cas d'accident ou d'urgence, et précise la date du dernier vaccin antitétanique (primo-vaccination obligatoire dès la 1re année).

Il mentionne des informations concernant la santé de l'enfant, des précautions à prendre et les coordonnées du médecin traitant. Ce document est non-confidentiel et peut être consulté par tous les membres de la communauté éducative.

Les premiers soins

Les soins sont assurés par l'enseignant ou l'ATSEM/ASEM sous la responsabilité de l'enseignant durant les temps scolaires. Dans tous les cas, l'ATSEM/ASEM informe l'enseignant des soins prodigués.

Avant et après tout soin, il est impératif de procéder à un lavage des mains et de porter des gants à usage unique.

En cas de plaie superficielle

- Désinfecter avec de l'eau et du savon de Marseille ou un antiseptique.
- Partir du centre de la plaie vers l'extérieur avec une compresse.
- Laisser la plaie à l'air libre, mettre un pansement uniquement en cas de frottement.

Même protocole **en cas de plaie profonde**, puis protéger la plaie avec une compresse stérile. Une suture doit être effectuée par un médecin dans les 2 heures.

En cas d'épistaxis (saignement de nez) :

- Amener l'enfant près d'un lavabo.
- La tête penchée en avant, faire moucher l'enfant pour évacuer les caillots.
- Avec une compresse stérile comprimer la ou les narine(s) plusieurs minutes.

En général, l'hémorragie s'arrête. Si le saignement ne s'arrête pas après 20 minutes, appeler les parents.

En cas d'hématome, de contusions (bosse, coup, pincement)

Appliquer de l'eau froide, un coussin réfrigérant, ou de la glace placée dans des compresses stériles ou un linge propre.

En cas de vomissements et/ou diarrhée

- Amener l'enfant aux toilettes.
- Le changer si besoin.
- Le laver si besoin.
- L'allonger et vérifier sa température.
- Vérifier l'existence d'un PAI et appeler les parents.

En cas de chute sur les dents

Toute chute peut être à l'origine d'un traumatisme dentaire et doit faire l'objet d'une consultation. En tant que professionnel de la petite enfance, le rôle de l'ATSEM/ASEM est de sensibiliser les parents à ce sujet.

- En cas de chute sans conséquence apparente sur les dents : un point avec les parents au moment des transmissions sur les circonstances de la chute.
- En cas de saignements légers : nettoyer la bouche à l'eau claire ou au sérum physiologique, observer. Une consultation dentaire dans la journée est préconisée.
- En cas de choc important associé à des saignements importants : nettoyer le mieux possible, une consultation s'impose rapidement. Prévenir les parents.
- Si la dent est expulsée, la conserver dans le sérum physiologique. La remise en place n'est pas conseillée, les risques d'infections sont très importants.

En cas de chute sur la tête ou le dos

- Évaluer son état de conscience : l'enfant crie ou pas, bouge ou pas, respire facilement ou pas, saigne ou pas. S'il a un pouls et une ventilation, le mettre en PLS (position latérale de sécurité). Un enfant inconscient sans pouls ni ventilation doit bénéficier **sans délai** de gestes de réanimation cardio-respiratoire, le SAMU (service d'aide médicalisée d'urgence) doit être appelé sans délai.
- Faire un bilan de la chute avec l'enfant conscient tout en lui parlant sans le bouger.
- Appeler les urgences.

- Éventuellement le couvrir, rester avec lui.
- Vérifier son état de conscience en lui parlant.
- Si suspicion de fracture, le laisser dans la position où il a le moins mal.
- Si l'enfant se calme vite, semble aller bien, le laisser se reposer avec de la glace sur la zone d'impact. L'ATSEM/ASEM reste vigilant le reste de la journée à l'apparition d'autres symptômes (vomissements, somnolence, maux de tête, etc.).

En cas de difficultés respiratoires

L'enfant respire mal, son abdomen se soulève, il devient pâle, présente une toux sèche, il paraît épuisé.

- Laisser l'enfant dans la position où il est le mieux pour respirer.
- Le rassurer, vérifier l'existence d'un PAI, si oui suivre les prescriptions.
- Si absence de PAI, appeler le SAMU et suivre les consignes du médecin régulateur.

Les règles de bases des situations d'urgence

- Garder son calme sans cri ni gestes de panique.
- Rassurer l'enfant en lui parlant doucement et en lui expliquant ce qui se passe.
- Sécuriser le lieu de l'accident, assurer la surveillance des autres enfants avec un autre adulte.
- Examiner le niveau de gravité.
- Alerter les secours (ses collègues ou le SAMU).
- Intervenir dans la limite de ses compétences ou sous la direction d'un médecin régulateur du SAMU.
- Dans tous les cas noter l'incident ou l'accident dans le registre de soins placé près de la pharmacie.

Attention

- Il est fortement conseillé aux ATSEM/ASEM de préparer le PSC 1 (prévention et secours civiques de niveau 1) qui comprend une heure d'initiation à la réduction des risques (IRR), voire le PSC 2, plus complet.
- Le SAMU peut être joint au 15 ou depuis un téléphone qui peut être géolocalisé par le 112. Les appels sont reçus par les assistants de régulation médicale (ARM) qui les transmettent si nécessaire au médecin régulateur. Ce dernier peut envoyer des secours et autoriser un geste médical ainsi que la prise d'un médicament prescrit dans le cadre d'un PAI.
- **Le registre de soins** est tenu par les personnes amenées à prodiguer des soins aux élèves. Le nom de l'élève est mentionné, la date et l'heure, les mesures prises, l'orientation prise : surveillance attentive, retour au domicile, prise en charge par les services d'urgence. Tous les incidents concernant la santé des élèves sont notifiés aux parents par écrit. Le registre de soins est placé sous la responsabilité du directeur de l'école.

Le protocole d'alerte

Le protocole d'alerte précise les gestes à appliquer en cas de danger. Il est affiché dans l'école, dans toutes les classes et près de tous les téléphones.

Il est divisé en deux étapes.

Observer

La première étape consiste à observer la situation en répondant aux questions suivantes afin de déterminer l'urgence de la situation :

- le blessé ou le malade répond-il aux questions ?
- respire-t-il sans difficulté ?
- saigne-t-il ?
- de quoi se plaint-il ?

Alerter

Une fois la situation observée, il convient, en cas de situation dangereuse, d'alerter en suivant les étapes suivantes :

- alerter le SAMU en composant le 15 sur le téléphone ;
- indiquer l'adresse détaillée du lieu de l'accident (établissement, gymnase, ville, rue, etc.) ;
- préciser le type d'événement (chute, difficulté respiratoire, etc.) ;
- décrire l'état observé au médecin du SAMU ;
- décrire la lésion (aspect, surface, localisation) ;
- si possible, l'âge de la personne, la cause et le nombre de victimes ;
- ne pas raccrocher le premier ;
- laisser la ligne téléphonique disponible.

Les conseils donnés par le SAMU doivent être appliqués. Il convient également de couvrir et rassurer l'enfant. Donner à manger ou à boire à l'enfant est à proscrire. En cas d'évolution de l'état, il peut être nécessaire de rappeler le 15.

Une fois la situation sous contrôle, il est important de prévenir la personne qui organise l'accueil des secours ainsi que le chef d'établissement, l'infirmier et la famille.

Entraînez-vous !

Aspects théoriques de la petite enfance

1. **La vaccination est-elle obligatoire pour les enfants ?**
2. **Un élève est victime de saignements de nez. Quelle est la conduite à tenir ?**
3. **À quoi sert la fiche d'urgence ?**
4. **En quoi consiste la mission de gestion des stocks de la pharmacie de l'école ?**

Vérifiez vos réponses

Aspects théoriques de la petite enfance

1. Les enfants doivent êtres vaccinés contre la coqueluche, l'hépatite N, l'Haemophilus influenzae de type B, le pneumocoque, le méningocoque de type C, la rougeole, les oreillons, la rubéole, la diphtérie, le tétanos et la poliomyélite. L'enfant qui fréquente l'école doit être à jour de ses vaccins obligatoires sauf contre-indication médicale. Si ce n'est pas le cas, le directeur procède à une admission provisoire et les parents disposent de trois mois pour régulariser la situation. À défaut, l'enfant est exclu de l'école.
2. Pour stopper une hémorragie, il faut asseoir l'enfant, la tête en avant pour éviter la déglutition du sang, le faire se moucher, comprimer la ou les narines avec un doigt pendant 5 minutes. Si le saignement continue, il faut maintenir la compression. Une surveillance de l'état de l'enfant est nécessaire et prévenir les secours d'urgence peut être nécessaire selon les cas.
3. La fiche d'urgence contient tous les renseignements utiles en cas d'urgence médicale. Il contient les contacts des personnes à prévenir, les coordonnées du médecin traitant, les observations particulières (allergies, traitement en cours, précautions à prendre, etc.), etc.
4. La personne chargée de la gestion de la pharmacie doit s'assurer que le matériel est présent, propre et correctement rangé. Il vérifie que les produits n'ont pas dépassé la date de péremption et liste les éléments à renouveler. Il s'assure qu'elle contient les consignes à tenir en cas d'urgence ainsi que les médicaments des élèves bénéficiant d'un PAI sont bien présents.

JOUR 47

Aspects techniques du métier

Les risques professionnels

Exercer le métier d'ATSEM/ASEM implique, comme dans toutes les professions, d'être exposé à des risques qu'il convient de connaître et d'anticiper afin de les limiter au maximum.

Risques physiques

Les troubles musculo-squelettiques (TMS) recouvrent un large ensemble d'affections de l'appareil locomoteur qui se traduisent par des douleurs et une gêne fonctionnelle plus ou moins importante, mais souvent quotidienne.

Exemples :

- les postures contraignantes avec la nécessité de se pencher souvent en avant, de s'accroupir pour se mettre au niveau des enfants ;
- le rangement des objets souvent ramassés au sol ;
- dans la classe, au restaurant scolaire, lors du passage aux toilettes, la répétition de postures contraignantes du fait du mobilier qui est adapté à la taille des enfants et pas des adultes ;
- lors des ateliers, la manutention répétitive des équipements et matériels à installer et à ranger ;
- les gestes répétitifs liés à l'activité d'entretien.

Risques d'accident du travail :

- les risques de chute lors du nettoyage de vitre, en cas de sol mouillé ;
- les risques de coupure avec les massicots ou cutter pour la préparation du matériel pédagogique.

Risques liés à l'exposition au bruit

Dans une collectivité, le bruit généré par les cris et les pleurs des jeunes enfants entraîne un niveau sonore élevé, source de stress et de fatigue.

À noter

Le niveau sonore dans un restaurant scolaire peut atteindre 90 dB (décibels) ce qui correspond à un seuil de danger pour l'audition. (120 dB correspondant au seuil de douleur *ex.* : sirène d'urgence).

Risques biologiques

L'ATSEM/ASEM est exposé à des micro-organismes infectieux et des parasites.

Exemples :

- la transmission par des agents infectieux véhiculés par les liquides biologiques lors de soins : sang, selles, urine, linge souillé par des vomissements, griffures sont des situations fréquentes à risque infectieux ;
- contact avec des poux, la gale, la varicelle.

Risques chimiques

L'ATSEM/ASEM utilise des produits d'entretien qui sont potentiellement dangereux.

Exemples :

- projection d'un produit sur la peau ou dans les yeux (brûlure, irritation, etc.) ;
- réaction allergique à certains composants (dermatite de contact, asthme) ;
- inhalation de vapeurs toxiques ;
- absorption provoquant une intoxication ;
- risques électriques.

L'ATSEM/ASEM utilise quotidiennement des appareils et des équipements électriques qui peuvent être défectueux, avec un risque majoré en cas de présence d'eau.

Exemples :

- manipulation d'une prise de courant défectueuse ;
- manipulation d'un aspirateur dont le câble d'alimentation est dénudé.

Risques psychosociaux

Stress, fatigue, épuisement, etc., les situations liées aux facteurs émotionnels du travail sont nombreuses : charge émotionnelle dans l'accueil de très jeunes enfants, sentiment de non-reconnaissance du travail accompli, tensions internes (décalage entre travail idéal et réel) et conflits entre adultes. Dans un environnement où la pénibilité et le stress sonore ne sont pas toujours reconnus, le risque de souffrance psychologique est important.

Attention

Les services publics sont confrontés à une augmentation des comportements sociaux exigeants voire agressifs chez une partie des usagers. Les services de l'enfance n'échappent pas à cette tendance et la dimension relationnelle de ces métiers est de plus en plus largement sollicitée, notamment dans les situations de grandes difficultés (précarité sociale et/ou financière, maladie, carence affective).

La prévention

Moyens de prévention

L'autorité territoriale est chargée de veiller à la sécurité et à la protection de la santé des agents placés sous sa responsabilité (décret du 10 juin 1985 hygiène et sécurité du travail). L'Éducation nationale représentée par le directeur d'école est conjointement un acteur de la prévention des risques professionnels.

Les enjeux de cette prévention sont de trois types :

- humain : santé, bien-être, reconnaissance dans le travail ;
- économique : coût de l'absentéisme, meilleur service rendu ;
- juridique : responsabilité de l'employeur et de la hiérarchie.

Les mesures préventives résident dans :

- une organisation du travail collectif ;
- des aménagements ergonomiques et acoustiques des équipements et espaces de travail ;
- le respect des règles d'hygiène, avec des équipements de protection individuelle adaptés et un suivi de surveillance médicale.

Attitude de prévention

La prévention des risques professionnels ne se résume pas à l'ensemble des mesures à prendre pour éviter qu'une situation de travail ne se dégrade au point qu'un accident ou une maladie survienne.

C'est aussi une attitude : le comportement individuel (méconnaissance ou négligence) a parfois autant d'importance que la stratégie et les moyens de prévention collectifs. Une culture sécuritaire est renforcée par la sensibilisation aux risques associée à l'implication des agents et de leurs instances respectives.

L'information et la formation continue sont fondamentales pour lutter efficacement contre les facteurs de risque.

Chaque agent doit être en mesure d'évaluer ses propres points de vigilance vis-à-vis de ces risques professionnels :

- avoir une vision réaliste de l'exercice quotidien de l'ATSEM/ASEM ;

- appréhender les risques professionnels dans son contexte de travail et les mesures de prévention associées ;
- prendre connaissance des FDS des produits d'entretien utilisés et faire usage des EPI (équipements de protection individuelle) ;
- signaler tout équipement/matériel défectueux ;
- respecter toutes les mesures de sécurité ;
- mobiliser des postures ergonomiques.

Savoirs associés

- La démarche PRAP (prévention des risques liés à l'activité physique) : être acteur de sa propre prévention.

À noter

L'Institut national de recherche et de sécurité propose une démarche de formation aux salariés ayant une part importante d'activités physiques dans leur travail pour participer à l'amélioration des conditions de travail du point de vue organisationnel, humain, technique.

Entraînez-vous !

Aspects techniques du métier

1. **Vous devez organiser votre chariot de ménage de façon à limiter vos risques professionnels. Comment vous y prenez-vous ?**
2. **Quels sont les risques professionnels auxquels l'ATSEM/ASEM est exposé ?**
3. **Comment l'ATSEM/ASEM peut-il veiller à sa propre sécurité ?**

Vérifiez vos réponses

Aspects techniques du métier

1. Le chariot de ménage doit être préparé avant de commencer l'entretien des locaux. Il doit contenir tout ce dont l'ATSEM/ASEM va avoir besoin pour ses travaux de nettoyage. À défaut, il sera contraint de faire des allers et retours entre les pièces à nettoyer et le local réservé aux matériels et produits d'entretien, ce qui occasionnerait une perte de temps et d'énergie. Il positionne sur le chariot un sac-poubelle neuf, reconstitue son stock de toutes les recharges nécessaires (papier-toilette, savon, gants, etc.), prépare le matériel d'entretien et le bac de désinfection, installe les balais, etc. Il est important de positionner sur le plateau supérieur les matériels, produits et fournitures utilisés fréquemment afin de limiter les mouvements de flexion et extension pour prendre quelque chose dans la partie basse du chariot.
2. Comme dans tout métier, l'ATSEM/ASEM est exposé à un certain nombre de risques : risques physiques (posture contraignante dans un environnement adapté à la taille des enfants, chute, gestes répétitifs, etc.), le bruit (fort niveau sonore notamment au restaurant scolaire), les risques infectieux et parasitaires (liés à la transmission par les enfants), risques électriques (matériel défectueux), risques chimiques (produits d'entretien), risques routiers (lors des trajets scolaires ou travail/domicile) et risques psychosociaux.
3. L'ATSEM/ASEM veillera à toujours bien prendre connaissance des recommandations d'usage des produits d'entretien et à utiliser le matériel mis à sa disposition (blouse, gants, chaussures antidérapantes, etc.). Il devra signaler tout matériel défectueux et respectera scrupuleusement les consignes de sécurité en vigueur. Enfin, il prêtera attention à sa posture afin d'éviter de se faire mal au dos lorsqu'il se baisse ou porte des choses lourdes.

Préparation à l'oral

JOUR 48

Gérer son stress

Un rapport entre exigences extérieures et ressources intérieures

Avoir le trac, ressentir un certain stress avant la présentation du concours face à un jury est courant. Il se manifeste par des sensations, en général passagères, plus ou moins fortes selon les personnes :

- **physiques** : boule au ventre, gorge nouée, bouche sèche, tremblements, muscles tendus, bouffées de chaleur, palpitations, etc. ;
- **émotionnelles** : anxiété, perte d'estime de soi, manque de confiance ;
- **mentales** : pensées négatives, évaluation biaisée ;
- **comportementales** : difficulté de concentration, d'analyse, de prise de décision.

Le stress est un ensemble de réactions physiologiques, physiques et émotionnelles de l'organisme en réponse à une situation donnée. Les réactions et les conséquences face au stress dépendent de chaque personne en fonction de sa perception et de sa capacité d'adaptation.

Ces symptômes physiques surviennent automatiquement, échappent au contrôle et au raisonnement, et s'expriment plus fortement les heures ou les minutes précédant l'entretien.

Les anticipations négatives (peur de mal dire, mal faire, peur d'un jugement négatif) accentuées par le cadre formel de l'entretien (temps limité, expression du jury, etc.) renforcent l'enjeu.

Le stress apparaît parce que le candidat évalue négativement les exigences de l'entretien et se perçoit peu équipé ou préparé pour les satisfaire.

Des actions sont essentielles pour éliminer les risques de stress :

- réduire sa surcharge émotionnelle en déléguant certaines contraintes familiales et/ou personnelles ;
- augmenter ses ressources : gérer son temps de préparation, s'entraîner aux situations d'entretien.

Prévention

Optimiser son potentiel le jour J nécessite d'adopter des actions préventives en amont :

- chercher à mieux connaître son rythme : quels sont les meilleurs moments pour me préparer à l'entretien (matin/soir) ? Quelle est la façon de mémoriser qui me correspond le plus (visuelle, auditive) ?
- trouver une organisation équilibrée (planning de révision, entraînements avec son réseau, soirée détente, etc.) ;
- évaluer ses progrès : identifier ses progrès et les valoriser contribue à augmenter la confiance en soi, qui renforce à son tour la motivation. Repérer ses acquis et ses axes d'amélioration permet de mieux cibler les besoins d'entraînements et de personnaliser son plan de préparation ;
- persévérer dans son cheminement, pas à pas, garder un rythme régulier ;
- adopter un mode de vie sain : alimentation équilibrée, sommeil régulé, activités physiques, moments de détente, etc. contribuent à augmenter les capacités d'attention et de concentration ;
- s'entourer et solliciter des personnes-ressources (collègues, proches, autres professionnels de la petite enfance).

Les quatre piliers dans la gestion de stress sont : **planification et rigueur**, **état d'esprit**, **mode de vie** et **détente**.

Outils et actions anti-stress

Dans son article « Parler en public : 10 astuces pour lutter contre le trac » pour l'Inserm, Antoine Pelissolo, psychiatre, livre 10 astuces qui vous aideront à aborder l'entretien plus sereinement.

1. **Acceptez** votre trac, votre stress. Acceptez que le trac et le stress soient également le signe d'une vigilance, d'une concentration, d'une motivation, bref de votre volonté de faire une bonne prestation.
2. **Estimez** vos enjeux à leur juste hauteur (sans minimiser ni surestimer). Si cet oral est décisif pour vous, faites le point sur les questions suivantes : « Que se passerait-t-il si cela ne se déroulait pas comme souhaité ? ». Ajustez, relativisez l'enjeu du résultat de l'oral et ses conséquences afin de permettre de vous préserver d'une pression démesurée, souvent contre-productive.
3. **Préparez** votre intervention.
4. Pour diminuer le stress, lié d'une part à la nouveauté d'une situation jugée difficile et d'autre part, au fait de maîtriser son sujet (sur le fond et la forme), **entraînez-vous** à répondre aux questions, aux situations professionnelles, seul ou avec des personnes de confiance.
5. **Préparez** votre présentation personnelle dans les limites de temps : vous aurez entre 2 et 5 minutes pour présenter votre parcours. Chronométrez-vous.
6. Plus vous aurez expérimenté et pratiqué ces aptitudes en vous aidant d'enregistrement audio et/ou vidéo, plus vous aurez confiance en vous, et plus votre esprit pourra se concentrer sur les points sensibles de la situation

réelle. Par la répétition, vous **mémorisez** les connaissances, les cheminements et les articulations importantes entre les savoirs.

7. **Apprenez** à utiliser votre respiration pour rester calme et concentré.
8. **Exercice** : concentrez-vous durant 2 minutes sur votre respiration, ralentissez-la et contrôlez-la par le ventre (muscles de l'abdomen). Inspirez lentement, profondément, puis prenez conscience de l'expiration en soufflant lentement par le nez ou la bouche entrouverte. À chaque expiration portez attention à la détente, au relâchement possible de vos muscles. Vous pouvez poser une main sur votre ventre pour bien sentir les mouvements respiratoires. En pratiquant régulièrement cet exercice, vous pourrez l'appliquer dans les derniers jours de préparation et les derniers moments d'attente avant l'entretien.
9. **Visualisez** la scène en vous concentrant sur vos propres actions. Visualisez-vous en les décrivant : « je dis ..., je m'adresse à tout le jury, je laisse place aux questions, je reste attentif, je prends un léger temps pour réfléchir, etc. ». Cette visualisation dans les limites du temps alloué (entre 2 et 5 minutes) diminuera le stress par familiarisation avec la situation.
10. **Évoquez** des expériences positives. **Souvenez-vous** d'une réussite antérieure, visualisez des encouragements, créez une image mentale favorable afin de commencer l'entretien dans un climat intérieur optimiste.

En conclusion

- Gérer son stress ne s'improvise pas. Comme un sportif se prépare physiquement, il se prépare aussi mentalement. Par exemple un skieur va réviser dans sa tête la descente de la piste, en visualisant les passages et les attitudes corporelles. Ce travail de conditionnement avant l'épreuve permet d'optimiser la concentration sans se laisser perturber par l'enjeu de la course.
- Gardez en tête que vous vous présentez devant le jury car vous avez été déclaré admissible, vous avez franchi le premier obstacle et votre présence est légitime.
- Autorisez-vous à l'optimisme, ignorer la possibilité que ça se passe bien est une stratégie d'échec.

Entraînez-vous !

Préparation à l'oral

1. **Pratiquez des techniques de respiration relaxante.**
2. **Testez des techniques de visualisation positive.**
3. **Adaptez votre planning à vos contraintes et respectez des plages horaires de travail personnel.**

JOUR 49

Interview - ASEM

« Les enfants, c'est ma vie ! »

Rachida Cogne a 54 ans, le sourire et la bonne humeur dans la voix. Femme volontaire et énergique, elle exerce depuis vingt ans en tant qu'ASEM, dans une école privée sous contrat dans les Hauts-de-Seine, en région parisienne. Un établissement qui compte 537 élèves. Passionnée, elle témoignait l'an dernier de la richesse de son métier, de son quotidien, ses enjeux et des difficultés.

« Il y a trois classes de maternelle dans mon école, petite, moyenne, grande section, les deux premiers niveaux avec 30 enfants et le troisième avec 31 », explique d'emblée Rachida. « Sincèrement, cela fait beaucoup dans chaque classe » ajoute-t-elle.

Dans sa carrière, Rachida a travaillé sur les trois niveaux et est actuellement avec les grands. Ce qui l'a attirée dans ce métier ? « L'amour des enfants, répond-elle spontanément. J'adore travailler avec eux. Et particulièrement le bricolage. Je suis très bricoleuse. Dans mon ancien immeuble, une maman avait vu ce que je faisais et m'avait parlé de l'idée d'aller travailler à l'école. J'ai tenté… me disant que c'était temporaire. Depuis 20 ans, c'est temporaire ! » dit-elle en riant, ajoutant : « Les enfants, c'est ma vie ! »

Elle temporise sur les difficultés qu'elle a pu rencontrer : « Avec les enseignants, ce n'est pas toujours facile mais avec le temps, j'ai appris à les connaître, à travailler avec eux. Tout comme avec les directrices qui se sont succédé. Sept au total. J'ai l'habitude de dire ce que je pense quand quelque chose ne va pas, donc ce peut être difficile. Mais me voilà la plus ancienne des ASEM de l'école ! »

Rachida le reconnaît, elle n'a reçu aucune formation. « J'avais trois enfants. J'ai appris le métier sur le tas. J'ai travaillé avec la même enseignante pendant 14 ans. Et ce ne fut pas facile, reconnaît-elle. En fait, je ne connaissais pas mes droits, ni les responsabilités qui m'étaient ou non incombées. »

De longues journées au côté des enfants

Les journées de Rachida commencent à 8 h 00 avec la garderie du matin. À 8 h 30, les enfants vont en classe avec l'enseignante et les ASEM les accompagnent pour participer aux activités. « L'enseignante, après avoir donné les consignes, prend un groupe et moi l'autre, explique-t-elle. Ensuite, je fais, par exemple, du collage sur le cahier de vie, jusqu'à 11 h 30/11 h 45. Puis, on descend à la cantine, on fait déjeuner les enfants jusqu'à 13 h 30. Nous avons une pause jusqu'à 14 h 00 et je reviens avec l'enseignante pour finir les activités. De 16 h 00 à 16 h 30, il y a le goûter. Puis la sortie. Et enfin les activités périscolaires jusqu'à 17 h 40. Nous poursuivons avec l'accueil du soir jusqu'à 18 h 30. Au total, cela représente 40 heures par semaine. Voire 41 heures... je ne compte pas mes heures. »

Les moments préférés de la journée de Rachida ? « Toutes les activités manuelles. Je suis artiste dans l'âme, s'exclame-t-elle. En arts visuels, on m'appelle souvent. Je trouve plein d'idées. Les activités auxquelles je participe vont de la peinture au graphisme mais aussi la motricité. Quand on s'entend très bien avec la prof, c'est très intéressant. Tout est dans le relationnel ».

Aimer les enfants et adaptabilité, des qualités indispensables

Quand on lui demande les qualités nécessaires pour devenir ATSEM/ASEM, elle répond spontanément : « Aimer les enfants, avant tout. Parce que, reconnaît-elle, si on n'aime pas vraiment les enfants et qu'on ne s'entend pas bien avec l'enseignante... on lâche tout. Mais un sourire, la reconnaissance des enfants qui se jettent dans mes bras, le matin, à l'accueil, c'est ce qui me fait me lever le matin ». Une affection qui la touche particulièrement : « On passe 40 heures par semaine avec eux, en classe mais aussi pendant la pause méridienne, la garderie, le goûter. »

Les qualités des ATSEM au quotidien ? « Un bon relationnel avec tout le monde, être accueillante, sociable dans toutes les circonstances, être réactive et rapide... avoir le sourire, toujours ».

Dans sa carrière, Rachida a su évoluer au cours de ces années. « Je suis syndiquée et responsable nationale à la SNEC-CFTC. Je suis devenue responsable de vie scolaire et participe aux négociations salariales. J'organise des réunions avec les ASEM, les éducateurs ; je vois les emplois du temps, travaille avec la commission restauration pour établir les menus. Ces fonctions ne m'ont pas empêchée de vouloir conserver un mi-temps en classe pour garder le contact avec les enfants. Je ne veux pas les quitter. Et puis, c'est un ensemble. Il faut garder le contact avec le terrain. Je suis dynamique et ne m'assois pas de la journée. Un vrai sport ».

Un besoin de reconnaissance

Quand elle pense aux différentes décisions gouvernementales sur la nécessité de former les ATSEM, elle n'est pas convaincue que les ASEM qui sont de droit privé (et donc rémunérés par les écoles par les organismes de gestion des établissements, OGEC) seront concernés. « Nous avons besoin de reconnaissance dans ce métier que ce soit les ASEM et ATSEM. On se sent oubliés vis-à-vis des enseignants, souvent mis à l'écart alors qu'on passe beaucoup de temps avec les enfants. Ils se confient à nous sur les situations difficiles qu'ils vivent. Mais souvent, on ne nous a pas mis au courant. Le savoir nous permettrait d'avoir la meilleure réaction possible face à l'enfant. C'est pourquoi, je crois qu'une formation conjointe enseignants/ASEM serait la bienvenue pour expliquer le vécu, ce qu'on pourrait améliorer en termes de communication. »

Les questions salariales sont aussi au cœur des débats. Dans le privé, il existe des strates qui n'évoluent pas forcément, malgré l'expérience, ce que déplore Rachida. « Il faut bien connaître les lois, ce que les ASEM ignorent souvent. »

Mais Rachida le reconnaît : elle n'aurait pas aimé être ATSEM « car leur rôle est beaucoup plus limité auprès des enfants, puisqu'ils sont en charge du ménage une partie du temps. Une situation qui s'est aggravée avec les contraintes sanitaires dues à la covid-19 où le focus est mis sur le ménage ».

La chose la plus étonnante que les enfants lui ont appris ? « De rire de tout, des bonheurs comme des malheurs. Les petits se confient souvent à nous. Ils ont beaucoup d'humour. Tout ce qu'ils font, même mal, ils le prennent à la rigolade. C'est ce que nous devons faire aussi. Les enfants sont plus sages que les adultes. Ils nous donnent, chaque jour, des leçons de vie. »

Propos recueillis par Marie-Hélène Abrond

Pour information, Rachida Cogne a créé et administre une page Facebook pour les ASEM de droit privé. Il existe aussi un groupe ATSEM que vous pouvez retrouver sur le réseau social Facebook.

Préparation à l'oral

JOUR 50

La mise en situation professionnelle

Présentation des situations

Le décret n°2010-1068 du 8 septembre 2010 fixant les modalités d'organisation du concours d'ATSEM précise, s'agissant de l'épreuve orale des concours interne et de 3e voie, que « l'entretien se poursuit par une conversation visant à apprécier, le cas échéant sous forme de mises en situation professionnelle, la capacité du candidat à analyser son environnement professionnel et à résoudre les problèmes les plus fréquemment rencontrés par un ATSEM. »

Très concrètement, le jury d'une part, pose des questions pour évaluer le niveau de connaissances des candidats, et d'autre part, propose plusieurs situations professionnelles leur demandant quelle serait leur posture dans chacune d'elle.

Ce type d'évaluation place le candidat dans une situation de résolution de problème concret et habituel pour un ATSEM/ASEM en s'appuyant sur des questions contextualisées :

- l'alarme incendie se déclenche alors que vous surveillez la sieste des élèves de petite section. Que faites-vous ?
- un élève de moyenne section refuse de manger son entrée au restaurant scolaire. Que faites-vous ?
- l'enseignant de la classe de petite et moyenne sections vous demande de surveiller les petits alors qu'il effectue une sortie scolaire avec les moyens. Que faites-vous ?
- les élèves ont terminé l'activité proposée par l'enseignant, mais il n'est pas encore l'heure de la récréation ou de la sortie. Que faites-vous ?
- un parent insiste pour avoir des informations sur le comportement de son enfant en classe. Que faites- vous ?
- vous encadrez un groupe d'enfants lors d'une sortie scolaire. Un des enfants veut aller aux toilettes. Comment gérez-vous la situation ?

Ces questions se rapprochent des énoncés des QCM de l'épreuve d'admissibilité du concours externe.

Chaque question vous indique le type de connaissances en lien avec le sujet et les attendus du jury :

Situation professionnelle	Connaissances	Eléments de réponse attendus par le jury
L'enseignant de la classe de petite et moyenne sections vous demande de surveiller les petits dans la classe alors qu'il effectue une sortie scolaire avec les moyens.	**Savoirs** Les limites du métier d'ATSEM/ASEM Les relations hiérarchiques et fonctionnelles de l'ATSEM/ASEM Modalités de surveillance et d'encadrement des élèves	L'ATSEM/ASEM ne peut pas assurer la surveillance seul des élèves durant le temps scolaire, ils sont sous la responsabilité de l'enseignant de leur classe. En cas de problème de surveillance sur le temps scolaire, le directeur doit être alerté. Il est de sa responsabilité d'organiser la surveillance de ces élèves.
	Savoir-faire Capacité de communication adaptée à la situation	L'ATSEM/ASEM doit rappeler qu'il ne peut pas règlementairement surveiller les enfants pendant son absence. L'ATSEM/ASEM peut proposer à l'enseignant son assistance pour la surveillance des élèves pour une absence de courte durée si l'enseignant se trouve à proximité.
	Savoir-être Réserve Bon sens Sang-froid	Le candidat n'a pas à émettre d'avis sur la demande de l'enseignant. Le candidat se positionne au regard de ses connaissances et non de son opinion.

Méthodologie

Face à une mise en situation professionnelle, deux étapes sont essentielles :

- analysez la question pour identifier la thématique principale et repérer les éléments de réponse ;
- mobilisez vos connaissances et structurez-les pour formuler une réponse cohérente et adaptée.

Deux conditions sont indispensables pour réussir :

- une bonne maîtrise du champ de connaissances associé à l'exercice des fonctions d'ATSEM/ASEM : entretien des locaux, environnement territorial, etc. ;
- la pratique par un entraînement régulier pour se sentir suffisamment à l'aise afin de produire spontanément une réponse argumentée, bien construite et utilisant un vocabulaire professionnel.

À noter

Le jury sanctionne les réponses révélant des comportements inappropriés : langage trop familier, méconnaissance des règles, jugement, réaction excessive, etc.

Entraînez-vous !

Préparation à l'oral

Utilisez le tableau ci-dessus pour faire le point sur vos savoirs/savoir-faire/savoir-être et projetez-vous dans un environnement, qui peut être différent de ceux que vous connaissez, pour énoncer clairement vos actions.

JOUR 51

Aspects théoriques de la petite enfance

L'accueil de l'enfant malade

Généralités

Tout enfant qui arrive malade à l'école de façon occasionnelle sans PAI, doit rentrer chez lui. **À titre exceptionnel et sur décision du directeur**, il peut rester à l'école avec un traitement donné par l'enseignant en suivant l'ordonnance.

En cas de maladie contagieuse apparue dans l'école ou dans la classe (gastro-entérite, grippe, varicelle, etc.) les consignes d'hygiène seront renforcées, en particulier le lavage des mains.

Dans tous les cas :

- soit l'enfant ne paraît pas inquiétant : appel des parents ;
- soit l'enfant a des symptômes qui alertent : appel du SAMU puis des parents.

En cas d'hyperthermie

L'enfant devient grognon, apathique voire somnolent, le visage devient rouge, les yeux brillants, le front (ou sa nuque) est chaud au toucher (avec le dos de la main sur le front). L'enfant peut présenter des frissons, se plaindre d'avoir froid, ou des douleurs.

Le thermomètre frontal indique plus de 38° C. La fièvre est une élévation de la température au-dessus de 38°C pour un enfant normalement couvert, en l'absence d'activité physique intense, dans une ambiance tempérée. La fièvre est un symptôme, c'est une réponse de l'organisme en réaction à une infection bactérienne ou virale.

Conduite à tenir :

- appel des parents ou, s'ils ne sont pas joignables, toute personne mentionnée sur la fiche d'urgence ;
- hydrater, proposer à boire ;
- garder l'enfant à l'intérieur, allongé si possible ;
- le rassurer (lui donner son doudou), rester avec lui ;
- vérifier s'il existe un PAI.

À noter

L'ATSEM/ASEM, comme tout personnel de l'école, n'est pas habilité à donner un médicament antipyrétique. La priorité est de prévenir les parents afin qu'ils viennent chercher leur enfant, pour sa prise en charge et pour prévenir le risque d'une contagion plus importante auprès des autres enfants.

Les mesures en cas de maladie contagieuse

Lorsqu'une maladie contagieuse est suspectée en milieu scolaire, seul un médecin de PMI ou un médecin de santé scolaire sont habilités à établir ou confirmer un diagnostic.

Voici le tableau des conduites à tenir sur les principales pathologies rencontrées à l'école.

Maladies	Durée d'éviction du sujet porteur	Mesures à prendre pour la collectivité
Coqueluche	30 jours à compter des premières quintes ou 5 jours à compter du début du traitement.	Pas de désinfection des locaux.
Diphtérie	30 jours d'éviction à compter de la guérison clinique.	Renforcement des règles d'hygiène individuelle et collective.
Fièvres typhoïdes et paratyphoïdes	Éviction jusqu'à guérison clinique.	Renforcement des règles d'hygiène individuelle et collective.
Gale	Éviction jusqu'à guérison clinique.	Désinfection de la literie.
Hépatite A	Éviction jusqu'à guérison clinique.	Renforcement des mesures d'hygiène rigoureuses collectives et individuelles.
Impétigo	Éviction jusqu'à guérison clinique.	Renforcement des règles d'hygiène individuelle (mains – ongles).
Infection par le VIH (virus du sida) ou le virus de l'hépatite B	Pas d'éviction.	Utilisation systématique de gants à usage unique pour toute plaie soignée à l'école.

Maladies	Durée d'éviction du sujet porteur	Mesures à prendre pour la collectivité
Méningite cérébro-spinale	Éviction jusqu'à guérison clinique.	Prophylaxie médicamenteuse des sujets au contact. Si méningite du groupe A ou C, vaccination des sujets ayant des contacts fréquents. Pas de fermeture de l'école ou de désinfection des locaux.
Méningite virale	Éviction jusqu'à guérison clinique.	
Pédiculose (poux)	Pas d'éviction si traitement.	Désinfecter la literie, laver les draps et les taies d'oreiller.
Rougeole, oreillons, rubéole	Éviction jusqu'à guérison clinique.	Vaccination recommandée chez les personnes non vaccinées et n'ayant pas eu antérieurement la maladie. Dès qu'un cas de rubéole se déclare, les femmes en âge de procréer doivent être informées et le signaler à leur médecin.
Scarlatine	Éviction jusqu'à présentation d'un certificat médical attestant du traitement.	Si épidémie (3 cas en 8 jours dans la même classe), prélèvement de gorge et traitement antibiotique à l'initiative des autorités sanitaires.
Teigne	Éviction jusqu'à la présentation d'un certificat attestant qu'un examen microscopique a montré la disparition de l'agent pathogène.	Dépistage systématique. Surveillance et traitement si nécessaire.
Tuberculose	Éviction jusqu'à la présentation d'un certificat attestant la non-contagiosité.	Dépistage systématique.
Varicelle, syndrome grippal	Éviction jusqu'à guérison clinique.	

À noter

En cas de fièvre (38 °C ou plus) ou de symptômes évocateurs de covid-19, l'enfant ne doit pas se rendre à l'école et les parents prennent avis auprès du médecin traitant pour les mesures à prendre.

Les symptômes évocateurs du covid-19 sont (survenue brutale d'un ou plusieurs signes cliniques suivants) : infection respiratoire aiguë avec fièvre ou sensation de fièvre, douleur musculaire inexpliquée, maux de tête inhabituels, diminution ou perte du goût ou de l'odorat, altération de l'état général. Une rhinite seule n'est pas considérée comme un symptôme évocateur de covid-19.

Le projet d'accueil individualisé

Le projet d'accueil individualisé (PAI) est un document écrit qui précise les adaptations à apporter à la vie de l'enfant en collectivité.

Il concerne les enfants (et les adolescents) atteints de troubles de la santé commeune pathologie chronique (asthme), une allergie ou une intolérance alimentaire.

Le PAI peut concerner le temps scolaire mais aussi le temps périscolaire.

Élaboration

Le PAI est élaboré à la demande des parents et/ou du directeur avec l'accord de la famille. Il est établi en concertation avec le médecin scolaire, le médecin de PMI et le médecin traitant. Le document est signé par les différents partenaires et ensuite communiqué aux personnes de la communauté éducative concernées. Cependant le secret médical empêche la communication des motifs qui ont conduit à la rédaction du PAI, les aspects médicaux évoqués le sont avec l'accord de la famille et sous contrôle du personnel médical.

Contenu

- Régime alimentaire à appliquer.
- Conditions des prises de repas.
- Prise de médicaments sur le temps scolaire.
- Soins médicaux et paramédicaux.
- Aménagements pédagogiques.
- Dispense de certaines activités incompatibles avec la santé de l'enfant.
- Protocole d'intervention d'urgence avec description des signes d'alerte, symptômes visuels, mesures à prendre pour la mise en sécurité de l'enfant.

Le PAI peut être reconduit, revu ou adapté en fonction de l'évolution de la pathologie ou en prévision d'une sortie scolaire.

Le PAI est un dispositif de droit commun qui permet de répondre aux besoins éducatifs particuliers des élèves et ne nécessite pas de recourir à la MDPH (maison départementale des personnes handicapées).

Attention

- Le plan d'accompagnement personnalisé (PAP) permet à tout élève présentant des difficultés scolaires durables en raison d'un trouble des apprentissages de bénéficier d'aménagements et d'adaptations de nature pédagogique, sans relever de la CDAPH (Commission des droits et de l'autonomie des personnes handicapées).
- Tous les médicaments destinés aux élèves ayant un traitement dans le cadre d'un PAI doivent être clairement identifiés et stockés dans une armoire à pharmacie ou dans un meuble à clé dans la classe de l'élève.

Entraînez-vous !

Aspects théoriques de la petite enfance

1. **Un enfant est atteint de pédiculose, comment réagissez-vous ?**
2. **Pendant le déjeuner, un enfant s'étouffe avec une pomme. Que faites-vous ?**
3. **Au cours de la sieste, vous constatez que Tom a de la fièvre. Que faites-vous ?**

Vérifiez vos réponses

Aspects théoriques de la petite enfance

1. La pédiculose est une parasitose très contagieuse qui se manifeste par la présence de poux au niveau du cuir chevelu. Elle se traduit par des démangeaisons qui conduisent la personne infestée à se gratter la tête. L'ATSEM/ASEM en fait part discrètement à l'enseignant et veille à réduire les risques de contamination (échanges de bonnets, lavage du linge, nettoyage des tapis, peignes, vêtements de poupées, etc.).
2. Des claques dans le dos pour faire ressortir le corps étranger ou la méthode d'Heimlich sont des solutions à adopter. La méthode d'Heimlich consiste à se placer derrière l'élève, placer le poing au-dessus du nombril de l'enfant avec la deuxième main par-dessus de sorte d'entourer l'enfant dans ses bras. Il faut ensuite comprimer vers l'arrière et vers le haut jusqu'à 5 fois.
3. L'ATSEM/ASEM n'est pas habilité à donner des médicaments aux enfants. Il doit alors prévenir l'enseignant qui contactera les parents. En attendant, pour faire baisser la température, il faut découvrir l'enfant, lui demander de rester allongé et le faire boire régulièrement.

Connaissance des institutions et du métier

JOUR 52

Les sigles : se repérer

AESH : accompagnant des élèves en situation de handicap

APC : activités pédagogiques complémentaires

APE : activités péri-éducatives

APEL : association de parents d'élèves de l'enseignement libre

ASEM : agent spécialisé des écoles maternelles

ATSEM : agent territorial spécialisé des écoles maternelles

ASE : aide sociale à l'enfance

AVS : auxiliaire de vie scolaire

BAFA : brevet d'aptitude aux fonctions d'animateur

CCAS : centre communal d'action sociale

CAP AEPE : certificat d'aptitude professionnelle accompagnant éducatif petite enfance

CDEN : conseil départemental de l'éducation nationale

CLIS : classe pour l'inclusion scolaire

CNFPT : centre national de la fonction publique territoriale

DASEN : direction académique des services de l'Éducation nationale

DDEC : direction diocésaine de l'enseignement catholique

EPS : éducation physique et sportive

FCPE : fédération des conseils de parents d'élèves de l'enseignement public

GS : grande section

IA : inspecteur d'académie

IEN : inspecteur de l'Éducation nationale

IME : institut médico éducatif

MDPH : maison départementale des personnes handicapées

MS : moyenne section

OGEC : organisme de gestion de l'enseignement catholique

PAI : projet d'accueil individualisé

PAP : plan d'accompagnement personnalisé

PLS : position latérale de sécurité

PLU : plan local d'urbanisme

PMI : protection maternelle infantile

PPMS : plan particulier de mise en sécurité

PPRE : projet personnalisé de réussite éducative

PPS : projet personnalisé de scolarisation

PS : petite section

PSC1 : premiers secours civiques niveau 1

RASED : réseau d'aides spécialisées aux élèves en difficulté

SDIS : service départemental d'incendie et de secours

SAMU : service médical d'urgence

SMUR : service mobile d'urgence et de réanimation

TDAH : trouble de déficit de l'attention – hyperactivité

TLS : troubles spécifiques du langage

TOC : trouble obsessionnel compulsif

TPS : toute petite section

ULIS : unité localisée pour l'inclusion scolaire

VAE : validation des acquis de l'expérience

ZEP : zone d'éducation prioritaire

Aspects techniques du métier

JOUR 53

Une journée type

Principes d'organisation du temps scolaire

La semaine scolaire doit être organisée selon les principes suivants :

- 24 heures d'enseignement hebdomadaire pour tous les élèves ;
- une répartition hebdomadaire sur 9 demi-journées : lundi, mardi, jeudi, vendredi toute la journée et mercredi matin ;
- une journée de 5 h 30 maximum, avec demi-journée de moins de 3 h 30 ;
- une pause méridienne d'1 h 30 minimum ;
- les élèves peuvent bénéficier d'un soutien sous forme d'activités pédagogiques complémentaires (APC) en plus des 24 heures hebdomadaires (dans la limite d'un volume annuel de 36 heures).

Les activités périscolaires

Le PEdT (projet éducatif du territoire) est un cadre partenarial pour identifier l'offre des activités périscolaires et formaliser un projet éducatif dans le cadre d'un accueil collectif de mineur (ACM) déclaré auprès des services de la DRJSCS ou dans le cadre d'un accueil en garderie.

Une succession de tâches

Exemple d'une journée type avec la succession des différentes tâches (variable selon l'organisation interne de l'école).

Le temps scolaire : matin 8 h 30-11 h 30 après-midi 13 h 30-16 h 30.

Un temps de 10 minutes est prévu à chaque accueil de l'enfant et sa famille : 8 h 20 et 13 h 20.

Une journée type

Le temps de travail des ATSEM/ASEM est fixé à 35 heures par semaine. Le plus souvent les congés annuels ne sont accordés que pendant les vacances scolaires.

L'amplitude d'ouverture des locaux scolaires, le temps de présence des enfants, les temps d'entretien pendant les périodes scolaires et les congés sont à prendre en compte pour établir les emplois du temps. La commune peut proposer un temps plein, un temps partiel, des heures complémentaires, un temps de travail annualisé.

Horaires	Activité	ATSEM/ ASEM	Avec l'enseignant	Particularité
7 h 30	• Accueil périscolaire garderie du matin	☑		Temps périscolaire
8 h 15	• Rangement du linge, Préparation du dortoir	☑		
	• Concertation possible ATSEM/ASEM-enseignant, équipe ATSEM/ASEM	☑	☑	
	• Préparation d'atelier	☑		
	• Gestion des inscrits restauration scolaire	☑		
8 h 20	• Accueil des enfants	☑	☑	
	• Préparation et organisation matérielle	☑	☑	
	• Installation des diverses activités	☑	☑	
	• Atelier	☑	☑	
	• Gestion des travaux des élèves	☑		
	• Passage aux toilettes	☑	☑	
	• Habillage	☑	☑	
	• Rangement de la classe	☑		
11 h 25	• Pause déjeuner	☑		
11 h 30	• Prise en charge des enfants pour l'accompagnement au restaurant scolaire	☑		Temps périscolaire
	• Accompagnement repas	☑		
	• Temps d'animation	☑		
	• Passage aux toilettes	☑		
	• Accompagnement temps de sieste et surveillance	☑		

Horaires	Activité	ATSEM/ ASEM	Avec l'enseignant	Particularité
13 h 20	• Accueil des enfants qui ne fréquentent pas le temps méridien	☑	☑	
	• Préparation et installation des activités	☑	☑	
	• Accompagnement des réveils échelonnés	☑	☑	
	• Aide à l'habillage	☑	☑	
	• Passage aux toilettes	☑	☑	
	• Atelier	☑	☑	
	• Gestion des travaux des élèves	☑		
	• Rangement de la classe	☑		
	• Nettoyage - gestion du linge	☑		
	• Remise en état du dortoir	☑		
	• Départ des enfants		☑	
16 h 35	• Accompagnement des enfants en accueil périscolaire	☑		Temps périscolaire
	• Participation et animation	☑		
17 h 00	• Nettoyage du matériel pédagogique	☑		Temps communal hors présence d'enfants

Entraînez-vous !

Aspects techniques du métier

1. **Quels sont les temps forts de la journée de l'enfant à l'école maternelle auxquels l'ATSEM/ASEM doit être particulièrement attentif ?**
2. **Quels sont les points de vigilance à avoir lors de déplacements avec les élèves au sein de l'école ?**

Vérifiez vos réponses

Aspects techniques du métier

1. L'accueil du matin, les passages aux toilettes, les déplacements, la pause méridienne, la fin de journée de classe, le temps périscolaire du soir.
2. L'ATSEM/ASEM doit être attentif à la sécurité affective : prévenir les élèves du changement, s'assurer de leur compréhension et de leurs repères. Il doit être attentif à la sécurité du groupe : compter les enfants, s'assurer de l'accessibilité des couloirs et locaux, donner des consignes claires et ludiques sur l'organisation du déplacement et responsabiliser les enfants à tour de rôle pour le bon déroulement.

Préparation à l'oral

JOUR 54

Derniers conseils

Vous êtes admissible à l'épreuve orale

Vous êtes candidat à la fonction publique et admis aux épreuves orales : Félicitations !

Pour la prochaine étape avant la réussite, la bonne attitude est de se donner un maximum de moyens pour ne pas être en situation d'improvisation et impressionner favorablement les membres du jury par votre préparation.

Entraînement

Le taux de présence aux oraux frôle souvent les 90 %, donc pour arriver en candidat bien préparé, il faut savoir travailler de manière anticipée sur son attitude, sur le contenu des réponses et entretenir sa bonne condition physique pour un métier qui en a besoin.

La tenue à porter le jour de l'oral

Votre apparence doit être soignée et vous devez porter des vêtements dans lesquels vous vous sentez à l'aise. Votre tenue sera cohérente avec l'image du cadre d'emploi de l'ATSEM/ASEM. Vous devez rester neutre, c'est-à-dire éviter tout signe d'appartenance à une religion, un syndicat, un parti politique, etc.

Les premières minutes

L'épreuve démarre dès que vous entrez dans la pièce. En souriant et en saluant tous les membres du jury, vous contribuez à créer de l'enthousiasme. Avant le début de l'entretien, les membres du jury se présentent et déclinent leurs fonctions, généralement ils rappellent les modalités de l'épreuve. Pendant ces premières minutes, les exercices de respiration suffisamment pratiqués vont vous soutenir pour rester concentré et disponible.

Trois éléments à faire ressortir de vos expériences

À partir de toute expérience, vous devez être capable d'énoncer :

- ce que vous avez réalisé ;
- ce que vous avez appris ;
- ce qui va vous être utile dans votre futur métier d'ATSEM/ASEM.

Culture générale

Les concours de la fonction publique doivent permettre de déceler les meilleurs agents. Les candidats qui disposent d'une culture générale et citoyenne sont des potentiels lauréats. Vous avez dû le démontrer à l'écrit, il vous faut à nouveau le prouver à l'oral.

Que votre préparation soit une « réactivation » ou une « remise à niveau » , votre intérêt est de valoriser aussi vos connaissances annexes, votre curiosité intellectuelle, votre ouverture d'esprit et votre réel intérêt pour la petite enfance.

Communication

70 % de la communication orale est para-verbale, elle comprend le regard, les mimiques faciales, la gestuelle.

- Pensez à rester dans une posture d'échange et d'ouverture : attention aux bras croisés, aux gestes répétés pour déplacer une mèche de cheveux, aux froncements des sourcils si vous ne comprenez pas une question, etc.
- Pensez à moduler votre voix : un discours vivant capte l'attention de l'auditoire.

L'attitude du jury

Dans les consignes données aux membres du jury, l'empathie est de mise. Soyez convaincu que votre jury est bienveillant. Son rôle n'est pas de vous piéger mais de réussir à cerner le meilleur de vous-même.

Restez concentré sur le propos du jury sans vous focaliser sur les attitudes ou essayer de les interpréter (ce qui parasiterait votre réflexion).

Le jury n'est pas là pour vous aider, il ne vous donnera pas d'indication sur la validité de vos propos et de vos réponses. Certains membres du jury peuvent présenter une forme de provocation. Gardez votre objectif en tête : démontrer vos aptitudes à exercer les fonctions d'ATSEM/ASEM en restant calme et posé.

Confiance

En contribuant à installer un climat de confiance, vous favorisez l'écoute et la réceptivité du jury. Bâtir une relation de confiance passe par trois outils incontournables :

- écoute ;
- adaptabilité ;
- flexibilité.

Ces outils développent la responsabilisation et éloignent les rapports asymétriques fondés sur la peur de l'autre (ici la peur du jury).

Ce sont les mêmes règles qui vous seront utiles dans votre futur métier dans ses fortes composantes relationnelles et émotionnelles.

Les mettre en œuvre prouvera au jury que vous serez à même de gérer les situations professionnelles parfois difficiles que vous rencontrerez dans le cadre de vos fonctions.

Envisagez votre futur en tant que fonctionnaire

Dépassez l'idée de « l'examen scolaire ». C'est en vous projetant dans votre futur grade que vous révélerez un professionnel capable de se situer dans sa future administration, qui connaît les enjeux des services aux familles, de l'éducation et de son territoire.

Fin de l'entretien

À la fin de la phase des questions de contrôle des connaissances et des aptitudes, le jury peut vous interroger sur des aspects plus personnels :

- comment pensez-vous concilier vie professionnelle et vie privée ?
- quels sont vos centres d'intérêt ?
- quels sont vos qualités et défauts ?
- quel est le dernier fait d'actualité qui vous a marqué et pourquoi ?
- etc.

Aucune de ces questions ne présente de difficultés pour quelqu'un qui se connaît bien et qui s'y est préparé. Exprimez-vous avec simplicité et authenticité. Pensez à suivre l'actualité la semaine précédant l'oral et notamment ce qui concerne la petite enfance (rythmes scolaires, port du masque, impact des écrans, etc.). C'est une occasion qui vous est donnée de montrer votre curiosité et votre ouverture d'esprit.

Avant de partir, remerciez les membres du jury pour leur attention. Souriez, levez-vous et rassemblez vos affaires sans chercher à vous rhabiller immédiatement (vous le ferez dehors). Replacez votre chaise sans bruit.

L'épreuve est finie, l'attente des résultats commence.

JOUR 55

Devenir ASEM

Le dossier d'admissibilité du concours ASEM

Inscription et présentation

Les candidats au concours ASEM de la Ville de Paris s'inscrivent :

- sur internet sur le site www.paris.fr/recrutement en sélectionnant le concours correspondant ;
- ou en retirant un dossier papier en le demandant ou en le retirant à l'adresse suivante pendant les horaires d'ouverture (de 9 heures à 17 heures tous les jours sauf les week-ends et les jours fériés).

MAIRIE DE PARIS

Direction des ressources humaines – Bureau du recrutement 2,
rue de Lobau

75004 PARIS

Le dossier dument rempli est à adresser par voie postale ou sous format numérique.

Depuis 2018, le concours ASEM ne prévoit plus qu'une seule épreuve, un entretien avec le jury. L'écrit d'admissibilité est supprimé et remplacé par une sélection sur dossier.

La sélection sur dossier permet de vérifier que les candidats remplissent les conditions pour participer au concours mais par uniquement. En effet, le dossier d'inscription comprend une lettre de motivation et un document type à remplir qui permet d'apprécier l'expérience et le parcours professionnel des postulants.

Le dossier à remplir comprend deux parties :

- une présentation des parcours de formation et professionnel ;
- la réponse à 5 questions concernant l'ASEM et son environnement professionnel.

Dans les pages suivantes, sont présentés les éléments de ce dossier à renseigner et nos conseils pour réussir cette étape du concours.

Nom d'usage : ....

Nom de famille : ....

Prénom(s) : ....

Important

Le nom d'usage est le nom d'épouse pour les femmes mariées. Le nom de famille est le nom de jeune fille pour les femmes mariées. N'omettez pas d'indiquer les différents prénoms figurant sur votre état civil.

Parcours de formation et parcours professionnels (expérience)

Diplômes obtenus et formations suivies		
Autre(s) diplôme(s) obtenu(s) et/ou formation(s) suivie(s)	Année et pays d'obtention	Observations éventuelles

Important

Ne mentionnez pas dans ce tableau le CAP Petite Enfance ou le CAP AEPE mais bien les autres diplômes détenus ainsi que les formations suivies. Compte tenu du nombre de lignes contenues dans le tableau, mettez l'accent sur les diplômes/formations les plus pertinents au regard du concours ASEM. La colonne « Observations éventuelles » vous permet de préciser les spécialités, les mentions, le type de validation (examen ou VAE), etc.

Parcours professionnel			
ATTENTION : indiquez en commençant par l'expérience la plus récente. Si plusieurs expériences professionnelles recouvrent les mêmes fonctions, merci d'indiquer par exemple dans « Détailler les fonctions assurées » : « idem poste n° 3 ».			
Période d'emploi (du ... au ...)	Poste occupé	Employeur	Détailler les fonctions assurées

Important

Le bureau de recrutement attend une information exhaustive sur votre parcours professionnel. Vous avez la possibilité de dupliquer le tableau autant de fois que nécessaire.

Prenez votre temps et soyez méthodique afin d'être lisible et clair.

Détaillez les missions sur les postes occupés en vous servant de vos fiches de poste par exemple.

Vous répondrez aux cinq questions à réponse courte impérativement au maximum en 15 lignes manuscrites ou 10 lignes dactylographiées.

Entraînez-vous !

Devenir ATSEM/ASEM

Répondez aux questions suivantes en tenant compte des remarques indiquées pour chacune d'entre elles. Nous ne proposons pas de corrigés car c'est à vous de juger de la qualité de vos réponses.

1. **En tant qu'ASEM à Paris, quelles sont vos missions ?**

Important

- Sur la forme, respectez bien la consigne quant à la longueur de la réponse à donner. À défaut, vous pourriez ne pas être sélectionné(e). Faites preuve de concision.
- Sur le fond, la question porte sur les missions de l'ASEM.

2. **L'ASEM aide l'enseignant pour la préparation et la réalisation des activités pédagogiques organisées dans les classes. Quelles fonctions concrètes recouvrent cette mission ?**

Important

Cette question « zoome » sur la fonction d'assistance de l'ASEM auprès de l'enseignant dans les activités pédagogiques de la classe.

Proposez une définition générale et détaillez comment s'exerce cette mission d'assistance dans le quotidien professionnel de l'ASEM.

3. **Quel est l'entretien journalier effectué par une ASEM à Paris ? Quels types de produits et matériels d'entretien utilise-t-elle ?**

Important

Il s'agit des tâches d'entretien effectuées pendant la période scolaire. Énumérez les tâches d'entretien quotidiennes effectuées par l'ASEM.

Détaillez les différents types de produits d'entretien utilisés et leurs fonctions. Faites de même pour les équipements/matériels liés à l'entretien des locaux.

4. **Qu'est-ce que la laïcité ? Et quelles conséquences dans les écoles pour les élèves, les personnels et les parents ?**

Important

Donnez une définition de la laïcité.

Vous pouvez partir des principales dispositions de la charte de la laïcité et donner une déclinaison concrète de leur mise en œuvre au sein de l'école maternelle.

5. **En qualité d'ASEM à Paris, vous allez être amenée à gérer les activités proposées aux enfants durant les temps périscolaires. À quoi devez-vous veiller et à quel(s) besoin(s) doivent répondre les activités proposées ?**

Important

Commencez par définir et énumérer les temps périscolaires auxquels participe l'ASEM.

Pour chacun des temps identifiés (garderie, restauration scolaire, etc.), précisez les besoins des enfants (physiologique, détente, éducatif, etc.) et ce à quoi il faut veiller (respect des règles de vie collective, pas de mise en danger, etc.).

JOUR 56

Devenir ASEM

La lettre de motivation du concours ASEM

Votre lettre de motivation doit faire état de votre souhait de devenir ASEM en démontrant votre intérêt pour cette profession, votre connaissance du métier, vos aptitudes à l'exercer d'une part et en situant votre démarche dans un projet professionnel plus global, d'autre part.

Ce courrier doit être personnalisé, livré un peu de vous-même tout en n'oubliant pas l'objectif visé : convaincre le jury de la convergence entre votre profil et celui recherché par la Ville de Paris.

La lettre de motivation vient en complément du dossier administratif à renseigner. Évitez les redites entre ces deux documents. Insérez les seules informations susceptibles d'intéresser les recruteurs. Développez votre propos en apportant arguments et exemples.

Accordez de l'importance à la forme autant qu'au fond. Faites des phrases simples, claires et surtout sans faute d'orthographe. La lettre ne doit pas dépasser une page, être bien structurée et aérée.

Prenez soin de rappeler dans votre courrier vos nom, prénom et coordonnées, de le dater, de rédiger une formule de politesse et de terminer par votre signature.

Pour vous aider, suivez le « canevas » proposé ci-après, sachant qu'il vous faudra développer, pour chaque paragraphe, une argumentation personnelle et suffisante pour convaincre le jury.

Nom Prénom

Adresse

Tél.

E-mail

Mesdames et Messieurs les Membres du Jury

À ....,

Le ....

Objet : candidature au concours ASEM Ville de Paris

Mesdames, Messieurs,

Je présente ma candidature au concours d'ASEM dans la mesure où ce métier ....

....

Je me suis documenté(e) sur la profession et je pense avoir une représentation réaliste du métier, notamment ....

....

J'ai des aptitudes pour devenir ASEM, à savoir ....

....

Par ailleurs, je suis ....

....

Le métier d'ASEM répond à mes aspirations professionnelles. Il me permettra d'œuvrer, à mon niveau, ...

....

En vous remerciant de l'attention portée à ma candidature, Je vous prie d'agréer, Mesdames, Messieurs, l'assurance de ma considération distinguée.

Signature

Moment de vérité

Testez-vous en conditions réelles

Vous avez suivi avec assiduité ces 56 jours de préparation dans le but de briller au concours d'ATSEM/ASEM. Le moment de vérité est arrivé : êtes-vous paré(e) pour le concours ?

Si vous vous sentez prêt(e), découvrez la réponse en effectuant ces sujets d'annales. Dans la mesure du possible, nous vous recommandons de respecter le temps imparti. Rendez-vous à la fin de chaque journée pour vérifier vos réponses. Bonne chance !

JOUR 57 Annales

Annales 2022 - Sujet 1

1. Concernant le système éducatif français :

A L'instruction est obligatoire à partir de 3 ans
B L'instruction est obligatoire à partir de 6 ans
C L'Éducation nationale recrute et rémunère les professeurs des écoles
D La maternelle correspond aux apprentissages fondamentaux
E Les professeurs des écoles sont des fonctionnaires territoriaux

2. La commune est compétente en matière de :

A Construction et entretien des collèges et des lycées
B Construction et entretien des écoles primaires
C Construction et entretien des universités
D Gestion du personnel enseignant
E Gestion du personnel territorial dans les écoles primaires

3. En tant que fonctionnaire, territorial ou non, vous devez :

A Obéir à votre supérieur hiérarchique
B Effectuer les tâches qui vous sont confiées
C Choisir d'exécuter les tâches que vous préférez
D Informer le public
E Divulguer toute information à caractère professionnel

4. En votre qualité d'ATSEM :

A Vous êtes sous l'autorité unique du maire
B Vous êtes sous l'autorité unique du directeur d'école
C Vous êtes sous l'autorité hiérarchique du maire et sous l'autorité fonctionnelle du directeur d'école
D L'organisation du travail sur le temps scolaire est définie par le DGS
E L'organisation du travail sur le temps scolaire est défini par les ATSEM de la ville

5. **Que signifie le sigle PPMS et qu'implique-t-il ?**
   - A Parcours personnel de mise en scolarisation (pour un enfant porteur de handicap)
   - B Plan Particulier de Mise en Sûreté
   - C Conduite à tenir quand survient un risque majeur extérieur à l'école qui nécessite un confinement
   - D Protocole Particulier de Maintien Sanitaire en cas d'épidémie
   - E Plan qui détaille le protocole à mettre en œuvre en cas d'intrusion et/ou d'attentat

6. **Au cours du second trimestre, sur le temps d'accueil du matin, Nour 3 ans ½ est assise par terre depuis le départ de son père et pleure :**
   - A Vous allez la voir et lui faites remarquer qu'elle est bien la seule à pleurer
   - B Vous la laissez pleurer : elle a eu tout le temps de s'adapter depuis le début de l'année
   - C Vous prenez le temps d'échanger avec elle et de la rassurer
   - D Vous lui proposez un jeu qu'elle affectionne particulièrement
   - E Vous l'isolez afin de ne pas perturber le groupe

7. **L'acquisition de l'autonomie est un enjeu de l'école maternelle. En votre qualité d'ATSEM, comment participez-vous à cet apprentissage ?**
   - A En accompagnant chaque enfant dans l'apprentissage des règles de vie
   - B En repérant les situations de maltraitance
   - C En assistant et en verbalisant les actions pour apprendre aux enfants à s'habiller seuls
   - D En prodiguant les soins de base aux enfants blessés
   - E En accompagnant les enfants dans les règles d'hygiène

8. **Anaïs, élève de grande section, vient d'avoir un accident de propreté pendant la récréation. L'enseignant fait appel à vous, alors que vous êtes en train d'installer un atelier en classe. Comment réagissez-vous ?**
   - A Anaïs a 5 ans ½, elle n'a plus l'âge de se faire pipi dessus : vous la réprimandez
   - B Vous lui demandez d'aller aux toilettes le temps de finir votre installation
   - C Vous l'accompagnez discrètement aux toilettes et la consolez car, gênée, elle pleure
   - D Vous la rassurez et lui apportez un change pour qu'elle puisse se changer avec votre aide si nécessaire
   - E Vous en parlez à l'enseignant : Anaïs a souffert récemment d'une infection urinaire

9. **Alors que le réveil de sieste se fait de manière échelonnée pour les enfants, l'un d'eux a uriné sur le bord du lit en se levant :**
   - A Vous enlevez les draps, nettoyez le lit et le sol immédiatement
   - B Vous en discutez, expliquez et dédramatisez la situation avec l'enfant
   - C Vous effectuez dès que possible le lavage des draps et du sol
   - D Vous effectuez dès que possible le nettoyage du mobilier
   - E Vous aérez la pièce une fois le dortoir vide

10. Arthur s'est cogné pendant la récréation, il a une bosse sur le front :

A Vous lui demandez s'il a mal autre part

B Vous lui donnez un cachet de paracétamol pour prévenir la douleur

C Vous lui posez une poche de glace sur le front

D Vous pouvez demander conseil au SAMU

E Vous le rassurez et l'enseignant le gardera en observation

11. Dans un contexte sanitaire habituel, quelles sont les tâches d'entretien à effectuer quotidiennement ?

A Laver les jeux et les jouets

B Aspirer et laver les sols

C Nettoyer les casiers et porte-manteaux

D Nettoyer avec un produit désinfectant les lavabos, cuvettes de toilettes, chasses d'eau

E Réapprovisionner les sanitaires en papier toilette, savon, essuie-mains

12. Victor est ravi : ses grands-parents viennent exceptionnellement le chercher ce soir ! À leur arrivée à 16h30, ils vous sollicitent alors que l'enseignant est occupé avec d'autres parents. Quels renseignements pouvez-vous apporter ?

A Vous leur indiquez que Victor a dormi 1h à la sieste et qu'il est en pleine forme

B Vous leur mentionnez que Victor a beaucoup de difficultés en graphisme mais qu'il se débrouille bien pour repérer les lettres.

C Vous indiquez qu'une équipe éducative est prévue la semaine prochaine avec les parents pour évoquer ces difficultés en graphisme

D Vous relatez les problèmes de comportement de Victor en classe

E Vous leur dites que Victor s'est régalé ce midi avec le plat végétarien

13. L'alarme incendie se déclenche dans les locaux de l'accueil de loisirs où vous vous trouvez avec un petit groupe d'enfant :

A Vous appelez les pompiers avant tout

B Vous évacuez le groupe dont vous êtes responsable par la sortie de secours la plus proche

C Vous faites mettre manteaux et chaussures, en vitesse, aux enfants avant de sortir

D Vous comptez les enfants avant d'évacuer, puis vous faites l'appel une fois au point de rassemblement

E Vous appelez les secours, comptez les enfants et évacuez le groupe

14. En votre qualité d'ATSEM, durant le temps de récréation :

A Vous pouvez surveiller seul(e) les élèves de l'école

B Vous pouvez surveiller les élèves de l'école avec un(e) autre collègue ATSEM

C Vous n'avez pas à assurer seul(e) la surveillance de la récréation

D vous en profitez pour prendre une pause

E Vous pouvez surveiller les élèves en présence d'un enseignant

15. Concernant le temps de sieste, en votre qualité d'ATSEM, il convient :

A De mettre en place un rituel adapté favorisant l'endormissement des enfants

B De surveiller seul(e) la sieste

C D'obliger tous les enfants à dormir

D De positionner la sieste rapidement après le repas

E De sortir en récréation dès leur lever afin de mieux les réveiller

16. Inès, 4 ans, déjeune depuis un mois en restauration scolaire. Elle joue avec la nourriture à chaque repas. Comment réagissez-vous ?

A Vous l'isolez à une table non dressée : elle ne pourra plus jouer avec la nourriture

B Vous la laissez manger, mais vous la punirez au moment de la récréation

C Vous intervenez avec bienveillance et fermeté pour qu'elle cesse de jouer avec la nourriture

D Vous vous moquez d'elle en impliquant ses camarades : « Regardez, Inès, elle n'a toujours pas compris qu'on n'a pas le droit de jouer avec la nourriture »

E Vous échangez avec Inès pour lui rappeler les règles à table et lui indiquez que vous avez confiance en elle et qu'elle va réussir

17. Quel est le rôle de l'ATSEM durant un atelier graphique ?

A S'asseoir à une table avec les enfants

B Rappeler les consignes de l'atelier

C Installer les enfants et profiter de l'occasion pour prendre une pause pendant que les enfants sont concentrés

D Prendre la main de chaque enfant en difficulté pour lui permettre de réaliser de « belles traces graphiques »

18. Les 28 élèves de la classe de moyenne section de l'école se rendent aux jardins familiaux de la ville à une quinzaine de minutes de marche :

A Le directeur ou la directrice doit être présent

B En plus de l'enseignant et de l'ATSEM, 2 autres accompagnateurs sont nécessaires

C C'est une sorte de proximité, à pied, la classe peut s'y rendre uniquement avec l'enseignant et l'ATSEM

D En plus de l'enseignant et l'ATSEM, 1 autre accompagnateur est nécessaire

E Les adultes comptent régulièrement les enfants

19. Vous utilisez un produit d'entretien sur lequel sont apposés les pictogrammes suivants :

A Le produit est inflammable

B Il est recommandé d'utiliser ce produit avec des EPI

C Le produit est répertorié comme dangereux

D Le produit es corrosif

E Le produit est comburant

20. **Lina demande à aller aux toilettes en cours de matinée, vous êtes seule avec elle et constatez qu'elle présente de nombreux hématomes dans le dos. Quelle est votre réaction ?**

A Vous appelez immédiatement le 119 avant d'en avertir qui de droit

B Vous écoutez l'enfant s'il se confie à vous

C Vous en parlez à l'enseignant

D Vous échangez avec vos collègues ATSEM

E Vous prévenez l'assistante maternelle qui vient chercher Lina à midi

Corrigé

1. **A-C** L'instruction est obligatoire à partir de 3 ans depuis la rentrée 2019.
Le ministère de l'Éducation nationale recrute par concours les professeurs des écoles qui deviennent fonctionnaire d'État.

2. **B-E** La commune est responsable des bâtiments des écoles primaires (maternelle et élémentaire).
Collège/lycée → Département
Universités → Région
La commune est responsable de tous les agents territoriaux et contractuels affectés dans les écoles.

3. **A-B-D** Rappel : tout fonctionnaire est soumis à une :
   - Obligation de service
   - Obligation d'obéissance hiérarchique
   - Obligation d'information au public

   Obligation de neutralité, obligation de secret professionnel, obligation de discrétion professionnelle, obligation de réserve.

4. **C** La réponse C correspond à la définition de la double hiérarchie de l'ATSEM.

5. **B-C-E** Le Plan Particulier de Mise en sûreté est élaboré face aux risques majeurs d'origine naturelle, technologique ou d'urgence particulière.

6. **C-D** L'ATSEM par sa présence et sa posture répond aux besoins de l'enfant :
   - Besoin de réconfort et de réassurance
   - Besoin de considération et d'acceptation
   - Besoin d'intégration et d'appartenance

7. **A-C-E** L'ATSEM contribue au développement de l'autonomie :
   - Par l'apprentissage des règles de vie
   - Par l'apprentissage des règles d'hygiène
   - Par l'aide en associant gestes et langage

8. **C-D_E** L'ATSEM contribue dans son rôle éducatif à répondre aux besoins de l'enfant :
   - Être rassuré
   - Être compris

   Les informations permettant de mieux accompagner un enfant sont échangées au sein du binôme enseignant-ATSEM

9. **B-C-D-E** Attention au mot « immédiatement », c'est le piège dans la formulation des réponses.

10. **A-C-E** 1ers soins : vérifier – rassurer - surveiller
En cas d'hématome, de contusions (bosse, coup, pincement) : appliquer de l'eau froide, un coussin réfrigérant ou de la glace placée dans des compresses stériles ou du linge propre.

11. **B-C-D-E** Au quotidien :
- Entretenir les sols (balayage humide ou aspiration) et lavage si nécessaire
- Entretenir le mobilier (dépoussiérage et lavage si nécessaire)
- Nettoyage et désinfection des sanitaires
- Réapprovisionnement

12. **A-E** L'ATSEM échange avec la famille uniquement sur les éléments de la vie quotidienne : repas, sieste, temps méridien.

13. **B** Le déclenchement de l'alarme incendie signifie : quitter impérativement et immédiatement le bâtiment.
Évacuer, Rassembler, Compter.

14. **E** La surveillance de la récréation ne fait pas partie des missions de l'ATSEM, c'est un temps qui peut être assuré uniquement en présence d'u enseignant.

15. **A-B-D** Rituels pour sécuriser les enfants
L'ATSEM peut surveiller seul(e) la sieste qui reste un temps sous la responsabilité de l'enseignant.
La sieste doit être organisée au plus près de la fin du repas.

16. **C-E** La bienveillance pour prendre en compte les besoins et le rythme de l'enfant, la fermeté pour respecter le cadre.
L'échange et la valorisation pour l'autonomie et la socialisation.

17. **B-E** L'enseignant peut déléguer un atelier à l'ATSEM qui :
- Rappelle les consignes
- Encourage les élèves

18. Au moins l'enseignant + 1 adulte pour une sortie.
Au-delà de 16 élèves, un adulte supplémentaire pour 8 élèves supplémentaires.
Pour 28 élèves l'enseignant plus 3 adultes sont nécessaires.
La surveillance doit être continue lors des sorties scolaires.

19. **B-C-D** Les pictogrammes permettent d'identifier des produits dangereux nécessitant le port d'Équipement de protection individuel.
Le premier indique le risque de sensibilisation cutanée, de lésions oculaires, une toxicité aiguë.
Le deuxième indique un produit corrosif.

20. **B-C** Lorsque l'ATSEM est alerté par des signes physiques ou ses observations sur le comportement d'un enfant, il en parle à l'enseignant.
L'ATSEM, agent fonctionnaire territorial est soumis au secret professionnel.

Annales 2022 - Sujet 2

1. **Dans la classe où vous travaillez, un enfant a souvent des accidents de propreté. En tant qu'ATSEM que faites-vous ?**

A. Vous proposez à cet enfant des passages aux toilettes réguliers et individuels.

B. Vous lui proposez des passages aux toilettes à heure fixe.

C. Vous demandez à ses parents de vous apporter des couches.

D. Vous faites comprendre aux parents que leur enfant n'est pas prêt pour venir à l'école.

E. Vous valorisez auprès de l'enfant et de ses parents les demi-journées sans accident.

2. **Un enseignant vous demande de prendre en charge un petit groupe de 5 élèves pour un atelier de langage. Il vous demande de partir vous installer avec eux dans la bibliothèque qui est contiguë aux salles de classe pour être plus au calme. Comment réagissez-vous ?**

A. Vous acceptez volontiers car vous pourrez montrer ainsi vos qualités éducatives.

B. Vous acceptez dans la mesure où vous savez exactement ce que vous devez faire avec les enfants, combien de temps cette activité doit durer et qu'il y a d'autres adultes à portée de voix en cas de problème.

C. Vous refusez catégoriquement car vous ne devez jamais vous trouver seul(e) avec un groupe d'enfants.

D. Vous refusez parce que c'est trop de responsabilités.

E. Vous refusez parce que vous ne saurez pas comment gérer la situation si un enfant a un problème une fois installés dans la bibliothèque.

3. **Un enfant de la classe a un PAI. Quelles en sont les raisons possibles ?**

A. L'enfant, atteint de diabète, a un traitement médical à suivre sur temps scolaire et périscolaire.

B. L'enfant a des troubles du spectre autistique et doit être accompagné d'un AESH.

C. L'enfant va chez l'orthophoniste sur le temps scolaire et a donc un emploi du temps aménagé.

D. L'enfant est allergique à différents aliments.

E. L'enfant est atteint d'une insuffisance cardiaque.

4. **L'enseignant vous demande de préparer le matériel que les élèves pourront utiliser pour découvrir les mélanges de couleurs et créer celles du cercle chromatique. Quel matériel mettez-vous à disposition des élèves ?**

A. Des feutres et des crayons de couleurs.

B. Des feuilles de couleurs.

C. Des feuilles blanches.

D. Des pinceaux et des barquettes, assiettes ou palettes.

E. Des nuanciers ou des tableaux de mélange de couleur.

F. Des pots de gouache avec une dizaine de couleurs différentes.

G. Des pots de gouache avec les trois couleurs primaires.

5. **Depuis quelques temps un élève de moyenne section est triste et vous dit que son papa et sa maman « font la bagarre très fort ». Que pouvez-vous faire ?**

A. En parler au directeur de l'école.

B. Ne rien dire car vous êtes soumis(e) au secret professionnel.

C. En parler le soir à la maman lorsqu'elle vient chercher son enfant.

D. En parler à l'enseignant de la classe.

E. Prendre le temps d'écouter l'enfant et chercher une activité qui peut lui changer les idées.

6. **Vous êtes chargé(e) de la préparation d'un atelier pour que les 24 élèves de la classe travaillent sur le schéma corporel. Vous disposez de piques à brochettes de 21 cm pour les bras et les jambes ainsi que de gommettes pour les yeux des bonhommes. En sachant que chaque bras et chaque jambe mesure 7 cm, combien de gommettes et de piques à brochettes sont nécessaires pour que chaque enfant puisse réaliser son bonhomme ?**

A. 24 gommettes et 32 piques

B. 48 gommettes et 64 piques

C. 48 gommettes et 24 piques

D. 48 gommettes et 32 piques

E. 24 gommettes et 24 piques

7. **Cette année, dans votre classe, un enfant en fauteuil roulant est accompagné d'une AESH. Que faites-vous ?**

A. Vous n'avez aucun rôle particulier auprès de cet enfant puisqu'il a une AESH.

B. Lorsque l'AESH est absent c'est vous qui prenez sa place et vous occupez uniquement de cet enfant.

C. Vous vous renseignez sur les adaptations nécessaires à faire pour les différents temps de la journée.

D. Vous veillez à vous occuper de lui de façon à faciliter son intégration au sein du groupe.

8. **Ce matin, un enfant ukrainien vient d'arriver dans la classe. Il ne parle pas un mot de français. Que faites-vous ?**

A. Vous faites comme avec les autres enfants, il suivra ce que font les autres.

B. Vous demandez aux parents de rester exceptionnellement le premier jour pour faire la traduction.

C. Vous lui parlez en français lentement et vous lui montrez bien ce qu'il faut faire. La parole et les gestes vont l'aider à comprendre.

D. L'enseignant et vous avez anticipé, vous savez dire bonjour, bienvenue et quelques mots en ukrainien pour rassurer l'enfant et bien l'accueillir.

E. Vous demandez à l'enseignant de s'en occuper car vous ne voyez pas comment aider cet enfant.

9. **Une de vos collègues crie fréquemment pour tenter de faire baisser le niveau sonore dans le restaurant scolaire. Que faites-vous ?**

A. Vous haussez également le ton pour vous faire entendre.

B. Vous lui expliquez discrètement en choisissant bien vos mots que sa manière de faire n'est pas adaptée.

C. Vous proposez une comptine de retour au calme pour les enfants.

D. Vous profitez d'une visite de votre responsable pour vous plaindre du comportement des enfants et de celui de votre collègue.

E. Vous évoquez le sujet en réunion d'équipe pour réfléchir ensemble à des alternatives.

10. Pour le dernier jour de l'année de l'accueil périscolaire du soir, l'équipe a décidé d'organiser un goûter festif. Vous allez le préparer avec les enfants puis inviter les parents. Quelles propositions retenez-vous pour ce goûter ?

A. Des gâteaux au yaourt cuisinés et décorés par les enfants.

B. Des mousses au chocolat préparées par les enfants.

C. Des salades de fruits exotiques pour le plaisir de s'initier à de nouvelles saveurs.

D. Des petits bols de noisettes, amandes et cacahuètes.

E. Des cakes du commerce et décorés de bonbons par les enfants.

11. De 11h30 à 12h15, vous surveillez un temps de jeux dans la cour de récréation pour des enfants de grande section qui mangent au deuxième service. Ils utilisent le toboggan dans tous les sens : couchés, la tête en avant ou en arrière, en remontant la pente… Que faites-vous ?

A. Vous les laissez continuer car ils ont besoin de se défouler après une matinée de classe.

B. Vous leur indiquez que le toboggan c'est chacun à son tour.

C. Vous leur demandez de faire une pause dans leur jeu pour refixer les règles d'utilisation du toboggan de la cour de l'école.

D. Vous les privez de l'accès au toboggan car c'est trop dangereux dans ces conditions.

12. Le conseil d'école est l'assemblée qui prend les décisions importantes de l'organisation de l'établissement. Indiquez les réponses exactes :

A. C'est le directeur de l'école qui préside le conseil d'école.

B. Le budget de l'établissement est voté en conseil d'école.

C. Tous les parents d'élèves sont invités au conseil d'école.

D. Le conseil d'école ne peut avoir lieu qu'en présence du Maire de la commune en personne.

E. Les ATSEM peuvent assister au conseil d'école sur invitation.

13. Vous allez exercer dans une commune où toutes les écoles ont la particularité de relever des programmes « Réseau d'éducation prioritaire renforcé ». Ces établissement se caractérisent par :

A. Une présence renforcée d'agents de police aux abords des écoles.

B. Un nombre d'enfants de moins de 3 ans scolarisés plus important qu'ailleurs.

C. Des classes de grande section ne dépassant pas le plus souvent les 15 élèves par enseignant.

D. Un nombre important de familles rencontrant des difficultés sociales nécessitant d'être accompagnées sur le volet éducatif.

E. Une organisation des emplois du temps des ATSEM qui peut vous obliger à changer de classe au cours d'une même journée de travail.

F. Des parents dits « démissionnaires » qui ne s'intéressent pas à ce que font leurs enfants.

14. Que pouvons-nous trouver dans la pharmacie de l'école ?

A. Du paracétamol.

B. De l'arnica.

C. De l'éosine.

D. Des compresses.

E. Des pansements.

F. Du coton stérile.

15. En tant qu'ATSEM, vous êtes placé :

A. Sous l'autorité de tutelle de l'Inspecteur de l'Éducation nationale.

B. Sous l'autorité hiérarchique du Maire, ou son représentant.

C. Sous l'autorité fonctionnelle du Directeur d'école sur les temps scolaires et périscolaires.

D. Sous l'autorité fonctionnelle du Maire sur les temps périscolaires.

E. Sous l'autorité fonctionnelle de l'enseignant sur les temps scolaires.

16. L'alerte incendie retentit pendant la sieste. En tant qu'ATSEM, que faites-vous ?

A. C'est certainement un enfant qui a appuyé, vous allez d'abord vous renseigner avant de réveiller les enfants.

B. Vous réveillez immédiatement les élèves.

C. Vous fermez les fenêtres, vous restez dans le dortoir et attendez les pompiers.

D. Vous emmenez au plus vite les enfants au point de rassemblement.

E. Vous rhabillez les enfants et leur mettez leurs chaussures le plus rapidement possible avant de les faire sortir.

F. Vous faites assoir les enfants au point de rassemblement et vous les comptez.

17. En tant qu'ATSEM :

A. Vous êtes rattaché(e) au ministère de l'Éducation nationale.

B. Vous faites partie de la Fonction publique territoriale.

C. Vous pouvez librement exprimer vos opinions personnelles dans le cadre professionnel.

D. Vous travaillez 1 607 heures par an si vous exercez à temps complet.

E. Vous pouvez cumuler votre emploi avec de la garde d'enfants sans autorisation de votre employeur si c'est en dehors de votre temps de travail.

F. Vous ne pouvez pas porter de signe visible d'appartenance religieuse dans l'exercice de vos fonctions.

18. L'instruction est obligatoire à partir de 3 ans, que signifie cette obligation ?

A. Lorsqu'un enfant atteint l'âge de 3 ans, il doit être scolarisé dès le 1er jour d'école qui suit son anniversaire.

B. Cette obligation concerne tous les enfants atteignant l'âge de 3 ans au cours de l'année civile, même s'ils ne sont pas encore propres.

C. Pour les plus jeunes, l'école n'est obligatoire que le matin.

D. L'école à la maison reste possible sur autorisation.

E. Les enfants de 2 ans ne peuvent plus être accueillis à l'école.

19. Un enfant refuse de donner la main à un autre parce que sa peau est « toute marron ». Comment vous positionnez-vous ?

A. Vous dites à cet enfant qu'il est raciste.

B. Vous le réprimandez car vous trouvez cette attitude inadmissible et contraire à la fraternité.

C. Vous en parlez à l'enseignant.

D. Vous en parlez aux parents des deux enfants.

E. Vous cherchez des histoires sur la différence et la tolérance pour les lire aux enfants lors de la garderie du soir.

F. Vous expliquez aux enfants en quoi ils sont différents mais aussi semblables.

20. Quels écogestes et bonnes pratiques adoptez-vous dans le cadre de vos missions d'ATSEM ?

A. Vous évacuez les eaux usées uniquement dans les siphons de sol ou les cuvettes des toilettes.

B. Vous aérez les locaux tous les matins, minimum 45 minutes.

C. Vous évitez le surdosage de produits, inefficaces et coûteux.

D. Vous éteignez les lumières en quittant les salles de classe.

E. Vous utilisez des essuie-mains en tissu (torchons) en cuisine pour limiter la consommation de papier à usage unique.

Corrigé

1. **A-E** Le ministère de l'Éducation nationale affirme « l'éducation de la propreté se fait conjointement à l'école et dans sa famille ».
L'ATSEM et l'enseignant sont appelés à effectuer les gestes d'hygiène nécessaires pour conduire l'enfant à franchir cette étape, dans le respect de sa maturation et de son intimité. »

2. **B** La fonction d'aide pédagogique à l'enseignant comprend la prise en charge d'atelier délégué sous la responsabilité de l'enseignant.

3. **A-D-E** Le projet d'accueil individualisé (PAI) est un document écrit qui précise les adaptations à apporter à la vie de l'enfant présentant des troubles de santé (pathologies chroniques, allergies , intolérances alimentaires).

4. **C-D-E-G** Un cercle chromatique est **une sorte de roue sur laquelle se positionnent des couleurs différentes. (...) Les couleurs primaires** s'y retrouvent au nombre de trois : le cyan (bleu), le magenta (rouge) ainsi que le jaune. Sur ce cercle apparaissent aussi **les couleurs secondaires,** représentées par le vert, le violet et l'orangé. Enfin, **les couleurs tertiaires** naissent du mariage entre une couleur primaire et sa complémentaire.

5. **D-E** Chaque observation d'un enfant qui questionne l'ATSEM doit être transmise à l'enseignant.
L'ATSEM est garante de la sécurité physique et affective de l'enfant.

6. **D** Les yeux : 2 gommettes par enfant = $2 \times 24 = 48$
Les bras et les jambes : 4×7 cm par enfant = 28 cm
Pour 24 enfants : $28 \times 24 = 672$ cm
Chaque pique mesure 21 cm.
Combien de piques ? 672 : 21 = 32

7. **C-D** Le rôle de l'ATSEM est de favoriser la socialisation de l'enfant en situation de handicap, de développer et valoriser le potentiel de l'enfant.
L'ATSEM assiste l'enseignant dans l'accueil des enfants présentant des besoins éducatifs particuliers.

8. **C-D** Entre 2 et 4 ans, les enfants ont besoin d'action pour exprimer du sens, les mots ne leur suffisent pas. Leur répertoire est en cours de développement. Et c'est par un ancrage dans les gestes et les situations connues et vécues que le langage construit.
Connaître quelques mots dans la langue maternelle de l'enfant allophone pour sa sécurité affective.

9. **B-C-E** L'ATSEM doit mobiliser une communication professionnelle, faire preuve de savoir-faire dans l'animation auprès d'un groupe d'enfant, développer une attitude réflexive dans les situations de travail.

10. **A-E** La circulaire relative à la « sécurité des aliments : les bons gestes » permet aux équipes éducatives de disposer d'un cadre de référence pour organiser les activités culinaires. Dans un cadre festif exceptionnel, les gâteaux au yaourt sont à privilégier ou les cakes du commerce pour une meilleure traçabilité.

11. **C** Lors du temps périscolaire, l'ATSEM est responsable de la sécurité du groupe d'enfants, Le rôle éducatif implique de rappeler les règles et leur donner un sens. L'exclusion ou la suppression d'une activité ne répond pas aux besoins de jeu et d'exploration des enfants.

12. **A-E** Le maire doit être présent ou son représentant. Les parents d'élèves sont représentés par les parents d'élèves élus. Les ATSEM peuvent être invités par le directeur d'école sans droit de vote.

13. **B-C-D** La politique d'éducation prioritaire a pour objectif de corriger l'impact des inégalités sociales et économiques sur la réussite scolaire par un renforcement de l'action pédagogique et éducative dans les écoles et établissements des territoires qui rencontrent les plus grandes difficultés sociales.

14. **D-E** Tout médicament, produit coloré, coton sont interdits dans la pharmacie de l'école.

15. **C** Attention à la formulation des réponses. L'ATSEM est placée sous l'autorité hiérarchique du Maire et sous l'autorité fonctionnelle du directeur d'école. C'est la définition de la double hiérarchie.

16. **B-D-F** La conduite à tenir se résume à :
Réveiller – Évacuer – Rassembler – Compter

17. **B-D-F** L'ATSEM est un agent appartenant à la fonction publique territoriale.
Un temps plein correspond à 1607 heures.
La laïcité est une obligation de tout fonctionnaire (neutralité religieuse).

18. **B-D** L'obligation d'instruction scolaire est en place depuis la rentrée 2019. Les parents peuvent être autorisés à faire une Instruction En Famille (IEF) avec agrément de l'inspecteur d'académie.

19. **C-E-F** Le rôle du professionnelle de la petite enfance est d'accompagner chaque enfant dans cet apprentissage de la diversité, dans le respect de ce qu'il est, et dans la conviction d »un « bien-vivre ensemble ».

20. **A-C-D-E** Réaliser un écogeste, c'est prendre en considération les valeurs qui fondent le développement durable : la protection de l'environnement, l'équité sociale, la solidarité, le principe de responsabilité et de précaution.

85272 - (I) - OSB 80° - P313 - LUM - BTT

Dépôt légal : avril 2023
DUPLIPRINT
733, rue Saint-Léonard, 53100 MAYENNE
N° 2981032D

Imprimé en France